中共四川省委省直机关党校资助出版

新时代农民工
公民道德意识培育

吴俊蓉○著

西南财经大学出版社
Southwestern University of Finance & Economics Press
中国·成都

图书在版编目(CIP)数据

新时代农民工公民道德意识培育/吴俊蓉著.—成都:西南财经大学
出版社,2024.2
ISBN 978-7-5504-6085-0

Ⅰ.①新… Ⅱ.①吴… Ⅲ.①民工—公民教育—社会公德教育—
研究—中国 Ⅳ.①D422.62

中国国家版本馆 CIP 数据核字(2024)第 020173 号

新时代农民工公民道德意识培育

XIN SHIDAI NONGMINGONG GONGMIN DAODE YISHI PEIYU

吴俊蓉 著

责任编辑:王 利
责任校对:植 苗
封面设计:墨创文化
责任印制:朱曼丽

出版发行	西南财经大学出版社(四川省成都市光华村街55号)
网 址	http://cbs.swufe.edu.cn
电子邮件	bookcj@swufe.edu.cn
邮政编码	610074
电 话	028-87353785
照 排	四川胜翔数码印务设计有限公司
印 刷	四川五洲彩印有限责任公司
成品尺寸	170mm×240mm
印 张	18
字 数	300 千字
版 次	2024 年 2 月第 1 版
印 次	2024 年 2 月第 1 次印刷
书 号	ISBN 978-7-5504-6085-0
定 价	88.00 元

前言

改革开放以来，在城市因工业化进程加快而对劳动力需求增加、农村因农业生产经营方式转变而对劳动力需求减少的情况下，大量的农村剩余劳动力开始向城镇转移。在过去相当长一段时间里，这些转移劳动力的农民身份并未改变，却以其生产和生活方式所具有的农民与工人的两栖特征而获得了"农民工"的称谓。进入 21 世纪以来，农民工以其庞大的人口规模、重要的社会成员地位、巨大的社会贡献和面临的多重生存困境，引起了社会的广泛关注。中国特色社会主义进入新时代，随着建成社会主义现代化强国目标的确立和农民工相关政策的调整，农民工面临着融入城市的新困惑。

研究农民工公民道德意识培育，一是基于对国家现代化要求与农民工公民道德之间存在一定张力的政治关切，回应新时代公民道德建设和以人为本的新型城镇化建设对农民工公民道德素质提升提出的新要求。二是基于对农民工因文化场域转换而产生心理困扰的人文关切，回应农民工自身融入现代城市文明的文化心理再塑造的现实需要。

本书一共分为 8 章。

第 1 章为绪论，提出研究的缘由和价值，梳理相关论题的研究情况，说明本书的研究方法与研究思路。

第 2 章为公民与公民道德建设的历史与现实考察。本章首先从公民概念的内涵入手，通过梳理公民道德在西方文化中的演变历程分析公民道德的基本要素，并根据中国学者对公民道德的阐释来界定本书所论及的公民道德的内涵。其次回顾在新中国成立初期至改革开放前、改革开放初期和进入 21 世纪后头十年这三个历史阶段，我国公民道德建设的理论基础、主要举措和取得的成效。最后在分析新时代我国公民道德建设面临的新形势基础上，阐释新时代公民道德建设的新理论和新政策，归纳新时代公民道德建设的新举措与新成就，论述新时代对农民工公民道德发展提出的新要求。

第3章为新时代农民工公民道德意识培育的背景及理论资源。本章主要追溯农民工产生与发展的历史背景、主要阶段及农民工公民道德意识的变化情况，分析新时代农民工所面临的主要困惑，论述农民工公民道德意识培育的必要性。一直以来，农民工的城市准入、工作与生活受到国家相关政策的直接干预。随着国家政策的调整、整个社会对农民工认识的变化和农民工对自身生存境遇认知的变化，农民工公民道德意识呈现出历时性特征。新时代农民工在城市生存，尤其是在适应城市公共生活方面仍然面临着一些困境，其公民道德意识的培育已经势在必行。本章还论及农民工公民道德意识培育的相关理论资源，即马克思主义公民道德意识理论、思想政治教育相关理论、中国特色社会主义民主法治理论和国外公民教育相关理论。

第4章为新时代农民工公民道德意识现状的调查与分析。本章首先根据农民工发展历史过程中遇到的城市公共生活困扰，确立了农民工公民道德意识考察的主要维度。其次通过对全国范围内农民工的调查和访谈，结合其他学者相关研究成果与发现，分析农民工公民道德意识总体情况。在农民工公民道德意识的四个考察维度中，农民工的权利意识最强，公共责任意识最弱，民主法治意识较强，公共参与意识中等偏弱。在权利意识方面，农民工的社会权利意识最强，民事权利意识次之，政治权利意识再次之。在公共责任意识方面，农民工的爱国意识较强，宽容意识和合作意识中等偏弱，公益意识较弱，政治责任意识极弱。在民主法治意识方面，农民工对法律权威有高度的认同，守法意识较强，但他们的民主意识很弱，对契约精神和人本精神知之甚少，法律信仰还远未建立。在公共参与意识方面，农民工的经济参与意识最强，尤其表现在与其利益密切相关的经济活动的参与上，但其参与政治活动和社会公共活动的意识依次减弱。同时，农民工公民道德意识因性别、年龄、文化程度和收入水平等的不同又有差异。

第5章为新时代农民工公民道德意识薄弱的原因分析。从我国公民文化发育情况来看，中国传统臣民思想的固执性、中国启蒙思想的局限性和新中国公民观念发展的曲折性都是导致包括农民工在内的整个社会成员公民道德意识薄弱的历史根源。从农民工自身的公民实践来看，由于农民工生存的物质基础相对薄弱、社会保护不足和自身综合素质局限，他们的维权活动、政治参与活动、文化参与活动和社会公共参与活动等还存在诸多问题。从农民工公民道德意识培育政策及其实施情况来看，相关政策虽涉及农民工城市文明教育和素质提升方面的要求，但缺少直接针对公民道德意识培育的任务。农民工培训内容总体上仍然以职业技能培训为主，而以融合性与发展性为主的城市文化适应力的培训较少。农民工公民道德意识培育实践主要存在理论准备不足、主体责任不明和管理不完善等问题。

第6章为新时代农民工公民道德意识培育的目标、原则与内容。基于对公民道德意识功能的考量，农民工公民道德意识培育的目标在于培育新时代中国特色社会主义好公民、维护稳定的国家政治秩序、构建和谐有序的社会公共领域和提高农民工城市生活适应能力。农民工公民道德意识培育的基本原则有四，即在思想基础上遵循主导性与多样性的结合，在交往关系上遵循主体性与公共性的结合，在内容选择上遵循同一性与差异性的结合，在实施方法上遵循继承性与创新性的结合。农民工公民道德意识培育的主要内容包括丰富农民工的公民道德知识、强化农民工的国家认同意识、培育农民工的公共精神和提高农民工的公民能力。

第7章为新时代农民工公民道德意识培育的实践路径。本章从宏观、中观、微观层面探讨了国家、网络媒体、培训机构、企业、社区和农民工自身的公民道德意识培育策略。国家层面的农民工公民道德意识培育就是国家通过可控制和调节的资源，制定相关政策，引导完善相关的配套机制，以此提供良好的政策导向、制度支持和物质基础。同时，在宏观层面还要发挥基于互联网的媒体对公民文化氛围的营造作用，即借助主流媒体以明确公民文化导向、介入大众媒体以传播优良的公民文化、关注自媒体以校正不良的公民文化倾向。中观层面的农民工公民道德意识培育是培训机构、企业、社区利用各种资源，丰富农民工的公民知识，并进行训练与引导，造就合格公民的过程。微观层面的农民工公民道德意识培育可以从农民工自我学习、自我实践和自我反思三个方面进行。

第8章为结束语，对本书的结论进行了归纳，对未来研究的方向进行了展望。

本书试图在农民工研究叙事方式上有所创新。本书在生存论预设下的"生存—经济"叙事模式和公民权视野下的"身份—政治"叙事模式这两种农民工问题研究方式的基础上，力图建立农民工研究的"心理—文化"叙事方式，分析农民工面临的文化场域转换问题。农民工在从农村走向城市或由同质文化圈进入异质文化圈的过程中，不能较好地适应以公民文化为特征的现代城市文化，成为其产生文化焦虑的重要原因。公民道德意识的培育是缓解这种文化焦虑、提高农民工文化适应力的重要手段。本书所确立的农民工公民道德意识培育目标、原则、内容和实践路径，都主要围绕农民工文化心理市民化展开。

本书是在笔者的博士毕业论文的基础上修改而成的。博士毕业论文初稿是在党的十九大前后形成的，而此后公民道德建设要求随着《新时代公民道德建设实施纲要》的颁布有了许多新的变化。同时，近几年来农民工的相关情况已经有了一些大的变化，尤其是农民工在城市的长期居留并融入城市已经基本成为事实，"农民工"称谓转向"新产业工人"已成为必然。因此，笔者在修改中特别关注了新时代公民道德建设新理论和新实践、农民工总体情况及城市公共生活的新变化，并在相应的地方进行了修改。但是，本书的主要部分仍然保持了博士毕业论文的原貌。这一方面是因为博士毕业论文凝聚着许多老师的智慧和心血。在博士毕业论文的开题、外审和答辩中，老师们在给予高度评价的同时，也提出了许多有益的建议和详实的修改意见。因此，笔者希望沿着老师们指引的方向继续深入研究。另一方面是因为博士毕业论文也凝聚着笔者奋斗的汗水。在博士毕业论文的写作过程中，笔者常常为理解相关理论而夜不能寐，为弄懂相关政策而多方咨询，为调查研究而四处奔波，其中的酸甜苦辣至今令人回味。当然，笔者在研究中仍然面临一些困惑，感觉对有些问题的探究仍不够深入。因此，笔者也希望保留自己求学时期不够成熟的思考和写作状态，以勉励自己不断开拓前进。

在此，笔者要特别感谢导师——西南财经大学马克思主义学院曾获教授。在笔者毕业之后的几年里，曾获教授仍然一如既往、不辞辛劳地指导笔者的学术研究和教学工作。笔者也要特别感谢现在工作单位的领导和同事，感谢他们对笔者论著的出版给予的支持和帮助。

吴俊蓉
2023 年 9 月于成都

目录

1 绪论

世界各国现代化发展历程表明，工业化、城镇化的发展必然伴随着农业人口的大规模转移，转移农业人口城市化是先发国家解决城乡移民问题的基本经验。由于特殊的经济与社会发展条件，我国的农业剩余劳动力主要以其或城或乡的生存状态而演变为农民工问题。在当下，依托以人为核心的新型城镇化战略，以农民工市民化作为解决农民工问题的主要路径，已经在全社会形成较为广泛的共识，而且已经被纳入政府工作日程。本书基于对新时代公民道德建设和社会主义现代化强国建设要求的思考，研究农民工的公民道德意识培育，为其融入现代城市生活提供文化心理支持，同时为构建公民与国家、公民与社会、公民与公民之间的良性互动关系打下基础，并以此服务于维护国家意识形态安全与社会的稳定和谐。

1.1 选题缘由与研究意义

1.1.1 选题缘由

改革开放以来，在城市因工业化进程加快而对劳动力需求增加、农村因农业生产经营方式转变而对劳动力需求减少的情况下，大量的农村剩余劳动力开始向城镇转移。在过去相当长一段时间里，这些农村转移劳动力的农民身份并未改变，却以其生产与生活方式所具有的农民与工人的两栖特征而获得了"农民工"的称谓。农民工是在我国经济结构转型和体制转轨时期大量出现的，伴随着我国工业化、城市化、农业现代化进程加速发展而成长起来的一个特殊社会群体。进入 21 世纪以来，农民工以其庞大的人口规模、重要的社会成员地位、巨大的社会贡献和面临的多重生存困境，引起了党和政府的深切关怀与社会的广泛关注。

2022 年，我国农民工人数已经达到 2.96 亿，占劳动年龄人口的 34%、就业人口的 40%[①]。他们已经被公认为新型劳动大军，是现代产业工人的重要组成部分，也是城市新市民的重要来源。从历史现象的视角来观察，农民进城务工是我国城乡人口流动与迁移的主要方式，形成了传统体制之外的生产要素流动新通道，是中国工业化、城镇化和农业现代化的表现特征之一。从历史主体的视角来观察，农民进城务工是我国农民改变自身落后生存状态的一大创举，打破了城乡二元体制的壁垒，缓解了城乡之间的对立和差异，在一定程度上起着社会减震器的作用[②]。一方面，农民工在一定程度上推动了"三农"问题的解决，支撑了工业和服务业的发展，促进了城市的建设与繁荣，加速了常住人口城镇化率的提升；另一方面，农民工为我国的经济体制改革、社会管理体制改革和政治体制改革提供了重要动力，对中国式现代化道路的探索发挥了正向功能。因此，无论是从经济基础还是从上层建筑来看，农民工都对中国特色社会主义建设做出了重要贡献。

但是，在过去相当长一段时间里甚至直至今日，农民工曾经面临、现在仍然在一定程度上面临着劳动权益保障、社会保障、医疗保障、随迁子女教育问题等多重生存困境，出现了所谓的"农民工问题"这一特有的社会现象。农民工问题实际是"城乡二元结构长期积累的问题在体制转轨、社会转型快速期的集中释放"[③]，"包含了经济利益、社会权益、政治权力及文化融洽、精神和谐"等多方面内容[④]。农民工问题的有效解决关系到我国最大规模的流动人口的城市融入，关系到我国产业结构的调整和优化、城镇化质量的有效提高和全面深化改革的稳步推进，需要广角度、多层次、全方位探索。

纵观世界各国现代化发展历程，工业化、城镇化的发展必然伴随着农业人口的大规模转移，转移农业人口城市化是先发国家解决城乡移民问题的主要历史经验。发展经济学理论中关于"农村人口城市化"（urbanization

---

① 国家统计局. 中华人民共和国 2022 年国民经济和社会发展统计公报 [EB/OL]. https://www.gov.cn/xinwen/2023-02/28/content_5743623.htm.

② 李培林. 再析新时期利益格局变动中的若干热点问题 [J]. 社会学研究, 1995 (5): 24-34.

③ 韩长赋. 中国农民工的发展与终结 [M]. 北京: 中国人民大学出版社, 2007: 2.

④ 郑功成, 黄黎若莲. 中国农民工问题: 理论判断与政策思路 [J]. 中国人民大学学报, 2006 (6): 2-13.

of rural population）和"农业剩余劳动力非农化"（deagriculturalization of surplus agricultural laborers）的论题，既是对发展中国家解决农村剩余劳动力问题实践经验的总结，又为其提供了理论和实践指引。进入21世纪以来，特别是党的十八大以来，我国依托以人为核心的新型城镇化国家战略，以农民工市民化作为解决农民工问题的主要路径，已经在全社会形成较为广泛的共识，而且已经被纳入政府工作日程。从2013年中央城镇化工作会议以来，尤其是《国家新型城镇化规划（2014—2020年）》出台以来，国家发展改革委每年都会组织相关部门召开专题会议并出台专门的文件，部署每一年度的新型城镇化建设和城乡融合发展重点任务。2014—2022年，国家新型城镇化工作的年度会议和文件，都将以农民工为主体的农业转移人口市民化议题放在了首位。

2022年底，我国顺利实现了1亿非户籍人口在城镇落户的预期目标，常住人口城镇化率和户籍人口城镇化率分别达到65.2%和45.4%。从先发国家历史经验来看，城镇化率达到65%以后，人口会加速在大中城市和城市群集中。在此情况之下，我国农业转移人口市民化政策相应做出调整。《国家新型城镇化规划（2021—2035年）》明确了"立足基本国情、遵循客观规律、因势利导、顺势而为"的新型城镇化新方略，强调以县域为基本单元推进城乡融合发展，坚持以工补农、以城带乡，推进城乡要素双向自由流动和公共资源合理配置。《"十四五"新型城镇化实施方案》则对户籍制度改革、基本公共服务提供机制、农业转移人口劳动技能提升、随迁子女基本公共教育保障、社会保险统筹层次和参保覆盖率、农民工劳动权益保障等方面提出了更加细化的要求。由此，随着农民工市民化进程的深入推进，农民工在城市的深度融合成为必然趋势和迫切要求。

从马克思主义关于人的发展理论来看，以农民工为主体的农业转移人口的生存和发展不仅取决于其物质生存条件的改善，也取决于其精神的自由与和谐。换言之，农民工市民化，既包括物质生存方面，也包括精神文化方面。在农民工的城市物质生活条件稳步改善的条件下，其精神文化的城市融入的重要性日益凸显，这也是农民工市民化运行的基本逻辑。以理论逻辑观之，农民工市民化既是新型城镇化的目的、任务和手段，也是其过程、结果和确证。以实践逻辑观之，农民工市民化既是农民工实现平等公民身份和社会权益、获得公共服务和社会福利的过程，也是农民工生产与生活方式、思维方式、文明素养和社会认同等融入现代城市文明的过程。因此，农民工市民化不仅需要突破户籍、就业、教育、社会保障等各项制度的藩篱，让农民工顺利进入城市，而且需要有成熟的城市公共生活意识作为其文化心理支撑，让农民工真正融入城市。在城市公共生活意识中，公民道德意识是其基础和核心。因此，农民工公民道德意识培育就成为当下和未来应当关注的论题，这就是本书选题的缘起。

1.1.2　研究意义

农民工现象是我国工业化、城市化和现代化进程中出现的特有现象。在过去相当长一段时间里，"农民工"称谓显示了这一群体的职业身份与户籍身份两相分离：职业是城市工人，但户籍身份却是农民，没有城市居民资格；也体现了这一群体地域身份和文化身份的两相分离：生活在城市，文化归属性却指向农村，缺少城市认同感。农民工身份的内部矛盾性，暗示了该群体在城市社会中的边缘性地位。本书的研究目的就在于培育农民工的现代公民道德意识，为其最终摆脱在城市中的边缘地位、融入现代城市生活提供文化心理支持，同时为构建公民与国家、公民与社会、公民与公民之间的良性互动关系打下基础，并以此服务于维护国家意识形态安全与社会的稳定和谐。本书的研究既有理论价值，又有实践价值。

就理论价值而言，本书的研究主要有三个方面的意义。其一，推进农民工问题研究。目前，农民工问题研究主要有两种模式，一种是以农民工流动、制度、素质、歧视、阶层或者阶级这五种基本研究视角形成的生存论预设下的"生存—经济"叙事模式，直面农民工的户籍、就业、教育、社会保障等生存问题；另一种是以农民工身份的三种基本权利，即民事权利、政治权利和社会权利为分析依据所形成的公民权视野下的"身份—政治"叙事模式，在对比农民工与市民的差别化身份中来探讨农民工面临的生存困境。本书在农民工研究的"生存—经济""身份—政治"视角基础上，以这一群体的公民道德发展为立足点，以其社会融入为目标，力图建立农民工研究的"心理—文化"叙事方式。二是推进中国式现代化研究。党的二十大报告提出中国式现代化的基本特征之一就是物质文明与精神文明相协调的现代化，在新的历史条件下如何推进两个文明协调发展就成为必须深入探讨的时代论题。农民工的公民道德意识培育将这一论题聚焦到特定社会群体身上，而这一群体身份的过渡性特征本身也是中国式现代化进程中特有的现象。因此，研究农民工公民道德意识培育，促进农民工的全面发展，以此推动社会精神文明的进步，其研究目标指向之一就是中国式现代化。其三，推进思想政治教育研究。20世纪80年代以来，世界多数国家将公民教育纳入国家课程体系，我国与之对应的主要是思想政治教育。尽管我国的思想政治教育与公民教育在教育性质和内容上有相通之处，但是二者的话语体系、具体内容的侧重点和教育方式方法仍然存在着较大的差异。从总体上看，我国的公民道德意识教育在思想政治教育中的分量还不足。同时，农民工群体是一个具有典型时代特征和现实意义的研究对象，但思想政治教育对这一群体的公民意识状况的关注还比较欠缺。本书力图通过对农民工群体的研究来拓展思想政治教育研究的对象，通过对农民工公民道德意识的培育研究来深化思想政治教育研究的内容。

就实践价值而言，本书的研究有三个方面的意义。其一，有助于破解城乡二元结构困局，加快国家现代化步伐。农民工思想观念尤其是以公民道德意识为核心的现代公共意识薄弱，将户籍制度规约下的城乡二元结构内化为文化心理上的城乡二元结构，这无疑会成为我国现代化进程的羁绊之一。早在2013年，习近平总书记就提出了新型城镇化理念，指出新型城镇化是城镇化的深化，不是土地城镇化，而是人口城镇化，其首要任务是促进有能力在城镇稳定就业和生活的常住人口有序实现市民化。2014年，《国家新型城镇化规划（2014—2020年）》指出，我国城镇化发展由速度型向质量型转型势在必行。农民工是农业转移人口的重要组成部分，培育农民工公民道德意识将有助于提升其融入城镇的素质和能力。本书的研究基于新型城镇化的基本理念，以提升农民工公民道德素质为目标，力图推动我国城镇化发展由速度型向质量型转变，并以此推进国家现代化的历史进程。其二，有助于农民工打破小农意识，树立公民道德意识。改革开放以来，工作在城市的农民工主要来自农村，他们多数人的青少年时期成长在农村，自幼受到小农意识的熏染，缺少以公民道德意识为核心的现代公共生活意识。即使是在城市中成长起来的农民工二代，也因城乡二元结构在城市演化而成的农民工与户籍市民所形成的新二元结构使农民工与市民有了天然的区隔而造成了农民工群体交往相对同质化，农民工二代的公民道德意识仍然相对缺乏。本书较为系统地梳理了农民工公民道德意识培育的目标和具体内容，可以为农民工打破小农意识、树立现代公民道德意识提供参照。其三，有助于维护国家意识形态安全与社会的和谐稳定。在当下，从国家意识形态安全的角度来看，农民工公民道德意识的培育可以使农民工对国家的政治系统有更为深刻和全面的了解，正确认识公民与国家的关系，为强化农民工的政治认同和国家认同意识打下文化心理基础。同时，农民工公民道德意识的培育可以使农民工对自身的公民身份有更深刻的认识，为其理性维护自身的公民权利和履行公民义务、增强公共责任意识、提高公共参与能力服务，并以此构建良好的社会秩序。

1.2 文献综述

1.2.1 国内文献综述

"农民工"这一群体的正式称谓出现于改革开放后，学者们对农民工问题的广泛研究是在 20 世纪 90 年代之后。本节简要介绍与农民工公民道德意识相关的农民工的产生与发展、农民工市民化研究情况，着重介绍公民道德和农民工公民道德意识培育研究情况。

1.2.1.1 农民工相关研究

（1）农民工的产生与发展

我国农民工是在农村剩余劳动力转移过程中产生的，他们在城市的生产与生活状况受到国家政策的直接干预，因此研究者们主要依据国家政策演变，并结合农民工自身的特点来划分农民工产生与发展过程。

农民工的产生与发展与国家农民工相关政策的变迁直接相关。国务院研究室课题组将农民工的相关政策划分为三个阶段，即从"自由迁移"到"严格控制"、从"离土不离乡"到"离土又离乡"、从"消极应对"到"积极引导"[①]。金维刚、石秀印根据经济与社会发展因素，将国家农民工政策划分为四个阶段，即被动应对（1978—1991 年）、管理限制（1992—2002 年）、积极引导（2003—2005 年）、全面推进（2006 年以来），认为其经历了从紧到松、从严到宽、从无序到规范、从消极被动到积极主动的发展过程[②]。刘怀廉概括了我国农民非农化就业政策演变的基本特点，即从紧到松、从严到宽、从无序到规范、从歧视到公平，他据此将农民工流动历史划分为控制流动、允许流动、控制盲目流动、规范流动和公平流动

---

① 国务院研究室课题组. 中国农民工调研报告 [M]. 北京：中国言实出版社，2006：2.
② 金维刚，石秀印. 中国农民工政策研究 [M]. 北京：社会科学文献出版社，2016：169.

五个阶段①。这些划分虽然有差别，但总体趋势保持一致，为农民工发展的阶段划分提供了基本依据。

韩俊等人根据农民工流动地域和流动规模的变化，将农民工的发展分为三个阶段：20 世纪 80 年代初期到 80 年代末期，以就地转移为主；20 世纪 90 年代初期到 21 世纪初期，为大规模跨地区流动阶段；21 世纪初期到目前，为稳定增长阶段②。宁夏、叶敬忠将农民工流动划分为三个阶段，即 20 世纪 80 年代初期到 80 年代末的就地转移与选择性准入阶段、20 世纪 80 年代末至 90 年代末的民工潮与歧视性控制阶段、2000 年至今的农民工流动多元化与多元推动的制度变迁阶段③。赵宝柱以中华人民共和国成立为起点，把农民工的发展分为六个阶段，即自由期（1958 年以前）、蓄势期（1958—1977 年）、萌芽期（1978—1983 年）、成长期（1984—1993 年）、壮大期（1994—2002 年）、助力发展期（2003 年以来）六个阶段④。王春雷将农民工城市化发展分为三个阶段，即职业非农化阶段（1984—1991 年）、地域城市化阶段（1992—2003 年）、身份市民化阶段（2004—2014 年）⑤。

尽管学者们所确定的农民工产生和发展的主要阶段及其时间节点有差异，但与农民工政策变化的总趋势保持了一致。这些研究为本书论及的农民工发展阶段的划分及其公民道德发展问题的提出提供了直接的参考。

（2）农民工的市民化

①关于农民工市民化内涵的研究。研究者们研究的视角虽有差异，但总体可以归纳为两个方面，即内在素质市民化和外在身份市民化。在早期的研究中，学者们将农民工从总体上纳入农民的范畴，主要讨论"农民市民化"问题。姜作培将农民市民化视为工业化推动下的农民的非农化过程，表现为农民身份、地位、工作方式和生活方式的市民化⑥。郑杭生将农民市民化视为农民素质和职业转变的过程，通过这一过程，农民获得了

① 刘怀廉. 中国农民工问题 [M]. 北京：人民出版社，2005：26.

② 中国农民工战略问题研究课题组. 中国农民工现状及其发展趋势总报告 [J]. 改革，2009（2）：5-27.

③ 宁夏，叶敬忠. 改革开放以来的农民工流动：一个政治经济学的国内研究综述 [J]. 政治经济学评论，2016（1）：43-62.

④ 赵宝柱. 新生代农民工培训：意愿与行动 [M]. 北京：中国社会科学出版社，2016：8-15.

⑤ 王春雷. 中国"农民工"研究（1984—2014）[M]. 武汉：湖北教育出版社，2017：15.

⑥ 姜作培. 城市化进程中农民市民化问题 [J]. 国家行政学院学报，2003（4）：36-39.

拓展潜能、提升市民素养的机会，并在获取市民户籍的基础上，学习如何适应城市生活并融入其中①。进入 21 世纪以来，"农民工市民化"逐渐取代了"农民市民化"研究而成为主流。刘传江将农民工市民化具体分为以下几个方面：农民工的职业从次要、非正规化向首要、正规化转变，农民工自身文化、素养的市民化转变及提高，农民工思维方式、生活方式及行为方式的城市化②。缪青以公民权利为视角，认为农民工市民化就是农民借助制度化渠道进入城市公共生活，逐渐获得平等的经济、政治和社会权利，成为具有权责意识和公共精神的现代公民的过程③。

②关于农民工市民化现状的研究。尽管学者们对市民化程度的认识有差异，但对其总体趋势的把握大致相似，大都认同农民工在城市社会中普遍处于边缘化或底层地位，农民工市民化还远未完成。李强认为，二元劳动力市场将大部分农民工排斥在城市社会之外，农民工在城市社会分层体系中处于底层地位④。王春光认为，农民工并没有取得完整的市民资格，农民工"半城市化"实际上是城市化不完全的表现⑤。陈丰提出了"虚城市化"概念，表现为农民工虽然致力于向市民转化，却受到选举制度、户籍制度和社会保障制度政策的阻碍；农民工就业、子女教育等方面遭到市民的排挤，而成为在城市与农村之间游离的特殊群体⑥。刘传江将农民工市民化分为两个阶段，即农村剩余劳动力向城市农民工转化阶段和城市农民工向产业工人以及城市市民转变阶段。目前农民工还处于第一阶段向第二阶段迈进的艰难转型之中⑦。刘小年将农民工市民化拆分为两个阶段，认为他们已经经历了经济市民化阶段，正处在社会市民化阶段⑧。学者们

① 郑杭生. 农民市民化：当代中国社会学的重要研究主题 [J]. 甘肃社会科学，2005 (4)：4-8.

② 刘传江. 中国农民工市民化研究 [J]. 理论月刊，2006 (10)：5-12.

③ 缪青. 农民市民化要重视城市文明教育和公民教育 [J]. 经济社会体制比较，2009 (3)：111-115.

④ 李强. 关注转型时期的农民工问题（之三）户籍分层与农民工的社会地位 [J]. 中国党政干部论坛，2002 (8)：16-19.

⑤ 王春光. 农村流动人口的"半城市化"问题研究 [J]. 社会学研究，2006 (5)：107-122.

⑥ 陈丰. 从"虚城市化"到市民化：农民工城市化的现实路径 [J]. 社会科学，2007 (2)：110-120.

⑦ 刘传江，徐建玲. 中国农民工市民化进程研究 [M]. 北京：人民出版社，2008：27-30.

⑧ 刘小年. 农民工市民化的共时性研究：理论模式、实践经验与政策思考 [J]. 中国农村观察，2017 (3)：27-41.

对农民工市民化现状的判断为本书分析农民工公民道德意识需求提供了直接的理论支持。

③关于农民工市民化策略的研究。研究者们依据市民化的制约因素提出相应策略，主要包括取消以户籍制度为核心的制度屏障、提升农民工整体素质、构建以社区为依托的农民工组织管理体系和提高各参与主体对农民工市民化重要性的认识，等等。朱力认为，农民工进入城市后，其经济生活、社会交往和价值观念等方面都发生了变化，市民化就是其在新环境下的继续社会化①。田凯提出农民工城市化的三个层面，即经济融入、社会融入和心理融入②。郑杭生提出农民工市民化不仅需要外部"赋能"，也需要农民工自身"增能"③。韩长赋、陆学艺、黄泰岩等学者提出要为农民工市民化提供政策保障、构建社会支持体系，彻底打破城乡分治的二元体制。金喜在总结了地方政府通过户籍制度改革推动的三种农民工市民化实践模式，即差异化落户政策、就地市民化和迁徙式市民化④。学者们提出的策略对本书的研究提供了大的方向和框架结构，但具体内容还有待深化。

1.2.1.2 公民道德相关研究

从 2001 年到 2019 年，《公民道德建设实施纲要》（以下简称"老纲要"）和《新时代公民道德建设实施纲要》（以下简称"新纲要"）先后出台。社会主义公民道德研究涉及要义与内容、应然与实然、理论与实践等多个论题。

（1）公民道德的要义与内容

学者们从马克思主义理论、伦理学、政治学、教育学、社会学等多个学科视野论及公民道德。李萍、余玉花等从公民与国家、社会的政治关系、伦理关系来定义公民道德，强调公民道德的政治性与公共性，认为公民道德是公民在参与国家政治生活与社会公共生活中应该遵守的行为规范，是公民权利和义务辩证统一的公共道德。檀传宝等从教育学的视角出发，以公民身份为基础，认为公民道德教育是将公共生活的道德准则内化

---

① 朱力. 群体性偏见与歧视：农民工与市民的摩擦性互动 [J]. 江海学刊, 2001 (6)：48-53.

② 田凯. 关于农民工的城市适应性的调查分析与思考 [J]. 社会科学研究, 1995 (5)：90-95.

③ 郑杭生. 农民市民化：当代中国社会学的重要研究主题 [J]. 甘肃社会科学, 2005 (4)：4-8.

④ 金喜在. 中国农民工市民化的路径与政策研究 [M]. 北京：科学出版社, 2017：99-112.

为公民自主自觉的道德意识与行为选择的教育，其目标是让社会成员成为一个好公民，而不强调成为好人。

老纲要明确了公民道德建设的总体思路，即以为人民服务为核心，以集体主义为原则，以爱祖国、爱人民、爱劳动、爱科学、爱社会主义为基本要求，以社会公德、职业道德、家庭美德为着力点，新纲要则在此基础上明确了对个人品德的基本要求。由此，上述思路成为学界研究公民道德内容的基本依据。焦国成从伦理学的角度辩证论述了公民道德的基本问题，主要涉及四个方面：以国家与公民、公民与社会、公民与公民为主的基本伦理关系；公民道德的感受性、反思性和规范性的关系；公民道德中的权利和义务关系以及公民道德中的责任与自由关系。

(2) 公民道德的应然与实然

学者们对公民道德应然性的分析主要集中在其价值与功能方面。公民道德对于社会的价值是随着时代发展而逐渐凸显的，公民道德发展有着政治、法律等外在制度所没有的韧性、饱和度以及对人的深层次影响作用[①]。李萍强调公民道德与发展中国家现代化正相关，对于形成向上向善的社会风气、增强国家认同意识和社会凝聚力、促进现代社会的稳定与发展起着重要作用[②]。

学者们对公民道德的现状判断主要有调查统计、理论概括、叙事判断等分析形式。吴潜涛等在全国范围进行了大规模调研，结果显示我国公民总体道德风貌明显改善，道德滑坡倾向已经被明显扭转，风清气正的社会风尚、社会主义新型人际关系正在形成[③]。虽然我国的公民道德有较强的行为规范导向、义务为主等特点，表现为建构式模型，公民的个性、参与、公正等特征还没有得到充分的展现[④]，但是，改革开放以来，我国公民道德有四大转向：从封闭向开放转变、从理念向实际转变、从泛政治化向生活世界转变、从高度共识向多元分化转变[⑤]。我国公民道德中的个别不良现象主要表现为社会公德缺失、家庭伦理道德失范和职业道德滑坡。

① 朱亚宾. 公民道德发展基本规律研究 [J]. 井冈山大学学报（社会科学版），2015 (5)：28-35.

② 李萍. 公民道德新论：现代化进程中的中国公民道德研究 [M]. 北京：中国人民大学出版社，2021：1-2.

③ 吴潜涛. 当代中国公民道德状况跟踪调查研究 [M]. 北京：人民出版社，2022：36.

④ 李萍. 公民日常行为是考察公民道德的基石 [J]. 道德与文明，2005 (2)：25-29.

⑤ 杨明. 新时期我国公民道德发展的四个转向 [J]. 唯识，2014 (5)：27-31.

这既有历史的积淀，也有现实的原因，如社会转型的影响、法制不健全、道德教育虚化以及道德权威缺失等①。

（3）公民道德教育的理论与实践

公民道德教育研究的视角有三种，即基于公民身份的道德教育、以道德为核心的公民道德教育、综合公民与道德的社会成员的道德教育。中国社会在从封建专制到社会主义民主法制的现代化转型过程中，最为缺失的是"公民的人格"，因而强调基于公民身份的道德教育，即"公民道德的教育"；公民道德教育既要体现公共领域道德的教育，它具有鲜明的现代社会的时代特点，又要注重对公民所应有的全部道德素养的培育，具有一般道德教育的性质②。公民教育需要在家庭生活中处理好夫妻、长幼、邻里关系，在职业生活中处理好从业人员与服务对象、职业与职工、职业与职业之间的关系，在社会交往和公共生活中处理好人与人、人与社会、人与自然之间的关系③。

学者们根据新时代公民道德建设新要求，就公民道德教育的价值、主体、语境、策略进行了多维度的探讨。新时代公民道德建设呈现出崭新的内涵与更高的价值追求，必须坚持正确的政治方向、核心价值观的价值指引、人民群众的主体地位、法律支持与制度保障④。公民道德多元主体共建的需要在二元协同合作的基础上向三元协同合作迈进，同时需要法治和制度条件、伦理和精神条件、现代技术性条件来提供保障⑤。在现代城市文明语境中推进新时代公民道德建设，需要汲取工业文明之工具理性的精华，发挥道德利他本色的关怀属性，在兼容并包中推动不同文明的交融和发展⑥。在新时代科技条件下，我国公民道德建设模式由"管制型""管理型"向"治理型"转变势在必行⑦。

---

① 王萍英. 关于加强公民道德建设的几点思考 [J]. 中央社会主义学院学报, 2012 (6): 117-121.

② 檀传宝. 努力加强"公民道德的教育" [J]. 人民教育, 2011 (24): 2-4.

③ 曾建平, 代峰. 公民道德建设与核心价值认同 [J]. 道德与文明, 2010 (6): 96-100.

④ 王维国. 新时代加强公民道德建设的战略思考 [J]. 思想理论教育, 2019 (12): 47-53.

⑤ 龙静云, 吴涛. 多元主体共建: 新时代公民道德建设的重要路径 [J]. 中州学刊, 2020 (11): 92-99.

⑥ 王习胜, 杨晓帆. 现代城市文明语境中的公民道德建设探要 [J]. 道德与文明, 2020 (6): 117-123.

⑦ 王晓丽, 徐鑫钰. 基于科技发展的我国公民道德建设模式的演变历程 [J]. 道德与文明, 2022 (3): 67-75.

1.2.1.3　农民工公民道德及相关研究

从可查阅的文献来看，学界关于农民工公民道德的研究比较有限。直接论述这一主题的有兰春红、高福营、邱喜华、金伟娜、徐志轩等的硕士毕业论文，主要论及新生代农民工公民道德现状、提升对策、公共意识培育、个别地域农民工道德建设这几个论题。徐旖分析了农民工城市公德缺失的现状及其原因，提出借助"一带一路"倡议，从公德教育、法制建设、农民工身份转变及公共环境建设等方面提高农民工的公德素养，促成新型城镇化的良性稳步发展①。农民工公民道德相关研究主要包括三个方面。

（1）关于农民工思想观念、价值观念的研究。易永卿剖析了城镇化导致农民工的社会公德、职业道德、家庭美德观念的变化，提出了相应的道德建设原则、目标和引导策略。冯菲菲分析了农民工利益观念、人生价值观念、伦理观念等思想观念变化情况，探讨了这些变化所表现出的矛盾及其根源，提出了农民工思想观念调适的主要路径。吴凯波以城镇化建设为背景，探讨农民工价值观形成、现状、特点与成因，提出农民工价值观教育引导的有效对策。乔谦在分析新生代农民工当前思想道德状况及其原因的基础上，提出了改善新生代农民工思想道德状况的具体路径。周建华概括了农民工面临的文化活动贫乏、文化生活低俗、文化水平低下、文化交往的封闭性和文化活动组织化程度低等问题，分析了其背后的政策制度、工作条件和心理障碍等因素。

（2）关于农民工公民意识的研究。研究者们针对农民工公民意识现状，既有理论层面的分析，也有实证层面的分析。王桂芳、汪勇和郭文亮等学者从理论层面论及农民工或青年农民工缺乏公民意识，其主要表现为主体意识不强、维权意识不强、责任意识不强②。杨莉芸认为农民工公民意识相当薄弱，具体体现为主体意识缺失，权利意识缺乏，公共意识淡漠，法治意识淡薄③。谭利认为，尽管农民工自身受教育程度普遍提高，民主与法制资讯使青年农民工公民意识有所增强，但其现状仍然不尽如人意，农民工主体意识尚未形成，权利意识强于义务意识，公共责任意识较

---

① 徐旖. "一带一路"背景下农民工城市公德素养的建设 [J]. 黑河学院学报, 2019 (7)：70-71.

② 王桂芳. 农民工公民意识现状分析及对策研究 [J]. 中共山西省委党校学报, 2008 (2)：81-83；汪勇，郭文亮. 公民意识诘难青年农民工及其培养刍议 [J]. 大连理工大学学报（社会科学版）, 2009 (1)：78-80.

③ 杨莉芸. 公民意识：农民工市民化的内在驱动力 [J]. 求索, 2012 (5)：199-201.

为淡薄①。潘建甫、冯小雨、宋婷婷、王歆玫、李奋生对农民工或者新生代农民公民意识现状进行了调查分析，得出了大致相同的结论：农民工或新生代农民工身份意识不明确、主体意识薄弱、法律意识不强、权责意识淡薄、道德意识弱化，具有爱国情感，缺乏爱国理性等。研究者们主要从两个方面提出农民工公民意识提升的路径：一是农民工自身素质提升，二是政府推动相关制度的改革、完善和落实。具体措施主要有：发展市场经济、健全政治参与制度、消除城乡二元体制、加强文化建设，增强农民工公民意识。王敏以"场域—惯习"为理论基础，提出了农民工公民教育的另一种思路：一是借助城市公共生活的参与平台，促进实现农民场域向现代公民场域的转换；二是以"城市适应性"为主旨，加强农民工公民教育，实现由农民惯习向现代公民惯习的转换②。

（3）关于农民工公民道德相关的其他研究。①关于农民工的政治参与权利意识。熊易寒以公民权利作为分析工具，认为新生代农民工权利意识更加强烈，更接近公民人格③。杨莉芸认为，农民工具有较强的参政能力和参政意识，但他们在城市的政治参与中实际处于"缺位"状态，应从改革选举法和选举制度、完善信访制度、发展农民工非政府组织和培育公民意识等方面提高农民工政治参与的能力和素养，以影响政治过程和结果④。秦阿琳、徐永祥认为，农民工自发组织、内部正式组织以及外部中介组织三类组织的发育不良与农民工的参与不足，制约了其权利意识的生产⑤。高洪贵认为，农民工在政治认知上表现为相对缺乏基本政治知识和对政治参与活动的价值认知不明确，在政治参与态度上表现为政治关心偏颇、政治效能感低和政治信任度高，在政治参与行为上表现为边缘性和不均衡性等⑥。②关于农民工的法律意识。研究者们大都认为，受自身文化素质较低、传统小农思想束缚、执法环境不健康、法律援助机制不完善和户籍与社会保障制度的缺陷等因素的影响，农民工法律意识淡薄，表现为对法律

---

① 谭利. 青年农民工公民意识的培育与塑造 [J]. 广东青年干部学院学报, 2008 (3)：12-15.
② 王敏. 场域：惯习论视阈下农民工公民教育研究 [J]. 成人教育, 2015 (8)：30-32.
③ 熊易寒. 新生代农民工与公民权政治的兴起 [J]. 开放时代, 2012 (11)：90-104.
④ 杨莉芸. 突破与创新：构建农民工城市政治参与的长效机制 [J]. 求实, 2013 (9)：56-61.
⑤ 秦阿琳，徐永祥. 农民工权利意识的生产与再生产：一个社会组织化的视角 [J]. 华东理工大学学报（社会科学版），2014 (5)：38-45.
⑥ 高洪贵. 中国农民工政治参与：制度环境、现状分析与实现路径 [D]. 长春：吉林大学，2013：66-75.

认识不到位，法律知识缺乏、观念淡薄、信仰缺失、能力不足，守法意识不强等特征。为此，要加强法律教育，强化普法宣传，建设公正、权威、高效的司法制度，营造健康的法治环境和拓宽法律援助途径等，以提升农民工的法律意识①。

1.2.2　国外文献综述

尽管农民工是在户籍制度规约下的中国特有现象，但农业社会向工业社会转变、农业人口向工业人口转变是世界各国经济与社会发展的普遍现象。国外发展经济学和社会学相关理论，既可以为解释农民工现象提供参考，也可以为我国农民工公民道德意识的培育提供思想资源。

1.2.2.1　劳动力迁移研究

当代发展经济学家对发展中国家劳动力迁移现象进行了研究，"二元经济结构"理论是其代表。威廉·阿瑟·刘易斯（William Arthur Lewis）将发展中国家劳动部门分为传统农业和现代工业两种性质完全不同的部门，提出了"二元经济结构模型"，认为现代部门将不断发展和扩大，二元结构最终将转化为一元结构②。他还分析了农村人口迁移的主要原因，即城乡收入差距拉大、乡村学校加速发展、发展和福利开支集中于城市③。费景汉（John C. H. Fei）等人修正了刘易斯的模型，提出人口的增加、工业部门资本存量的增长和农业技术的进步决定了农业剩余劳动力的转移速度，由此形成了费景汉—拉尼斯模式④。迈克·托达罗（Michael P. Todaro）提出了托达罗模型，分析了发展中国家国内人口迁移的特征、原因及过程，认为城乡预期收入差异是农业劳动力由乡村迁入城市的主要动机⑤。

当代人口学对城乡劳动力迁移流动进行了广泛的关注，唐纳德·博格

---

①　王丽英. 提升河北省农民工法律意识的路径探析 [J]. 河北学刊，2012 (9)：164-166；董理. 新时期农民工法律意识问题探究 [J]. 农业经济，2015 (8)：91-92；康永琴. 浅析新生代农民工法律意识的缺失与构建 [J]. 农业经济，2015 (11)：84-85；宋博纳. 我国农民工法律意识提升问题研究 [J]. 农业经济，2015 (11)：86-87；薛维然，杨康. 中国新生代农民工法律意识影响因素研究 [J]. 农业经济，2015 (11)：82-83.

②　刘易斯. 二元经济论 [M]. 施炜，等译. 北京：北京经济学院出版社，1989：1-46.

③　刘易斯. 二元经济论 [M]. 施炜，等译. 北京：北京经济学院出版社，1989：91.

④　GUSTAV RANIS, JOHN C H Fei. A Theory of Economic Development [J]. American Economic Review, 1961, 51 (4)：533-565.

⑤　JOHN R HARRIS, MICHAEL P TODARO. Migration, Unemployment and Development：A Two-Sector Analysis [J]. The American Economic Review, 1970, 60 (1)：126-142.

（D. J. Bogue）提出的"推拉理论"是其中的典型代表。博格认为，人口迁入地"拉力"和迁出地"推力"相互作用是人口转移的重要原因：在人口迁出地产生"推力"的主要因素包括人口过剩型失业、经营成本增加、自然资源枯竭、农业生产风险高和收入水平较低等，在人口迁入地产生"拉力"的主要因素包括较多的就业机会、良好的教育条件、完善的基础设施和较高的工资收入等。

1.2.2.2　中国农民工的研究

20世纪90年代以来，国外学者开始关注中国农民工的生存状态及公民权利、公民身份等公民道德意识相关问题。他们主要以社会学的研究方式，采用抽样调查、访谈等方法研究中国农民工公民身份、维权行为、文化心理的变化等公民道德意识相关问题。

苏黛瑞（Dorothy J. Solinger）是较早分析农民工公民权（citizenship）的学者。她在《在中国城市中争取公民权：农民、国家与市场逻辑》一书中，以 T. H. 马歇尔的公民身份所包含的三种基本权利为分析工具，从农民工、国家和市场三者之间的关系来考察城市农民工权利问题。她将中国城市中的人口划分为两类，一类是有城市户口的人，即为政府所承认的具有城市居民资格的人；另一类是没有城市户口的农民工，其城市居民资格并未得到官方承认，类似于国外的移民。因此，对于农民工而言，最迫切的问题不是单纯地争取就业和公共服务，而是要获取城市公民资格[①]。应该说，苏黛瑞对中国农民工面临的生存问题把握得比较准确，但是若单纯地以公民资格来比照中国的农民工问题会有失偏颇，因为农民工的城市成员资格并没有上升到国家公民资格的问题，而且她对中国政府对农民工的积极态度和解决农民工问题的阶段性特征等方面的理解还不全面。瑞雪·墨菲（Rachel Murphy）着重考察了江西农村的返乡农民工，分析了这一群体给中国社会带来的深刻影响。她认为，在中国经济的发展过程中，农民工的作用日渐凸显。虽然农民工在城市工作和生活中面临诸多困扰，但是其城市生活经历的确对他们自身的成长产生了积极影响，既开阔了他们的视野，又因经济收入的增加和能力的提升而得到农村社会的尊重。返乡农民工不仅曾经为城市的发展做出了贡献，而且对农村的社会和经济变革具

---

① 苏黛瑞. 在中国城市中争取公民权：农民、国家与市场逻辑 [M]. 王春光，单丽卿，译. 杭州：浙江人民出版社，2009：3-7.

有重要影响力，成为农村变革的重要推动力量①。

加拿大学者 Nalini Mohabir 和另外两名中国学者 Yanpeng Jiang 和 Renfeng Ma 于 2012 年和 2015 年通过对上海和安徽两地的农民工、政府官员的访谈发现：在过去的 30 多年里，农村劳动力流入城市，为中国的城市化和工业化提供了灵活和廉价劳动力的蓄水池；近十年来，由于经济发展速度下滑，出现了农民工回流现象。在这种情形之下，虽然第一代农民工愿意返回农村，但是新生代农民工依然愿意留在城市里②。

国外学者对中国农民工的研究主要以社会学和政治学为分析工具，打破了国内以经济政策为手段研究农民工问题的主流方式，将农民工问题研究的重点由对外部因素的考察转向了对农民工本身的关注，为国内研究农民工问题提供了一些值得借鉴的思路和方法。

1.2.2.3 移民价值观融合研究

移民价值观融合研究的代表性理论有"同化论""熔炉论""多元文化论"和"共同价值观"等，前两者强调主流文化对边缘文化的统领，后两者强调文化共存。罗伯特·E. 帕克（Robert Ezra Park）分析了移民成为边缘人的深层原因，认为移民存在文化上的差异，很难融入新的环境而陷入边缘人的尴尬境地。他以达尔文进化论观点为分析方法，把族群之间的互动过程划分为相遇、竞争、适应、同化四个阶段，并认为四个阶段"显然是递进的、不可逆转的"③。戈登（Cordon Milton）对文化和结构性同化做了概念性的区分，认为同化是一个长期的过程，主要包括文化和行为、社会结构、婚姻、身份认同、态度接受、行为接受、公共生活同化七个阶段④。R. 布雷顿（Raymond Breton）认为移民可以通过一些过程来建立和完善自己的"移民社区"，这一组织完善的移民社区将最终失去它的民族性而趋于消亡。乔治·辛普森（George Eaton Simpon）认为，如果不同文化传统的民族群体生活在一起，人口众多、文化影响力强大、处于主要地

---

① 瑞雪·墨菲. 农民工改变中国农村 [M]. 黄涛，王静，译. 杭州：浙江人民出版社，2009：1-8.

② NALINI MOHABIR, YANPENG JIANG, RENFENG MA. Chinese floating migrants：Rural-urban migrant laborers' intentions to stay or return [J]. Habitat International, 2017, 60 (3)：101-110.

③ ROBERT EZRA PARK. Human Migration and the Marginal Man [J]. American Journal of Sociology, 1928, 33 (6)：881.

④ CORDON MILTON. Assimilation in American Life [M]. New York：Oxford University Press, 1964：85-86.

位的社会群体往往会同化处于次要地位群体中的某些成员。

1.2.2.4 人的现代化研究

社会学关于人的现代化的研究是经典现代化理论的重要组成部分，"有助于我们认清农民与市民在社会属性上的差异"①。这些研究主要包括：英格尔斯关于人的现代化理论、梅因关于"契约社会"与"身份社会"对立的研究、迪尔凯姆有关有机团结与机械团结的研究、藤尼斯关于"礼俗社会"与"法理社会"关系的分析、韦伯关于"前现代社会"与"现代社会"对立的阐述、帕森斯关于五种模式变量的分析、雷德非尔德关于"俗民社会"与"都市社会"的研究、福柯和齐美尔对市民及市民心理的研究、吉登斯关于从传统活动场合解放出来的群体趋向选择多元生活风格的分析等。

迪尔凯姆认为社会类型有机械团结和有机团结两种类型，前者是一种建立在异质性的社会成员相互依赖基础上的社会纽带，后者是一种通过强烈的集体意识将同质性的个体结合在一起的社会纽带。梅因在其《古代法》一书中，阐述了西方从原始社会以父权制、身份制为核心的习惯法到以契约法为标志的法典化时期的法治文明发展历程，和从专制到民主、从荒蛮到文明的人类社会发展历程，并由此概括出从身份到契约的运动是人类社会运动的规律。他认为，契约逐步取代了源于家族身份的关于权利与义务的互惠形式，是个人和个人之间的契约关系得以建立的社会进步运动，即"从身份到契约的运动"②。滕尼斯将社会演变状态分为两类，一类是礼俗社会，一类是法理社会。在礼俗社会中，人与人之间以亲密的私人感情即以血缘、亲缘、伦理、宗教为纽带的感情为基础，社会形式主要包括家庭、乡村和城镇。在法理社会中，人与人之间的关系依靠法律、法规维系，人们的感情联系主要建立在目的、利益的基础之上，并且互相之间保持一定的距离，社会的主要形式为股份公司、大城市、民族国家和正在发展的工业社会。人类社会的发展历史就是从礼俗社会向法理社会不断过渡和转变的过程③。英格尔斯严守"价值中立"的原则，以"普通人——新进入工业部门的农民和工人"为研究对象，运用模型分析、专题考察、

---

① 郑杭生. 农民市民化：当代中国社会学的重要研究主题 [J]. 甘肃社会科学，2005（4）：4-8.

② 梅因. 古代法 [M]. 沈景一，译. 北京：商务印书馆，1959：97.

③ 贾春增. 外国社会学史 [M]. 北京：中国人民大学出版社，2000：64-69，376.

抽样调查、行为测量等方式，得出了如下结论："一个国家，只有当它的人民是现代的人，它的国民从心理到行为都变为现代化的人格，它的现代政治、经济和文化管理机构中的工作人员都获得了某种与现代化发展相适应的现代性，这样的国家才可以真正称之为现代化国家。"①

1.2.3 国内外研究总体评价

1.2.3.1 国内研究总体评价

从对农民工发展阶段的研究情况来看，学者们主要依据国家农民工政策调整来论述农民工成长情况，因而在总体趋势上保持了一致，为农民工公民道德意识培育研究提供了背景支持。已有的研究探讨的重点是国家政策导向下的农民工经济状况的变化，对农民工思想诉求的变化，尤其是农民工公民道德意识的演变及培育需求的关注还不够。

从对农民工市民化的研究来看，多数学者基于生存—经济的分析视角，通过对二元户籍制度、农民工自身素质、社会排斥等问题的考察，为农民工公民道德意识的研究提供了方向和需求。尽管在农民工市民化的概念中，学者们已经关注到了农民工的文化心理市民化，但是在其现状、原因和对策分析中，却更多地从制度和经济层面考虑，而对文化心理市民化分析得还不够深入，对农民工所处文化场域的转变引起其文化心理焦虑，以及农民工文化适应的研究还不够深入。

从对农民工公民道德意识及其培育的研究来看，学界研究才刚刚起步，研究成果数量较少，研究内容还较单一，调查范围较小，理论深度还有待加强。从研究的视角来看，已有的农民工公民道德意识研究主要集中在社会学、政治学、法学等领域，从思想政治教育视角进行研究的成果相对较少，或者深度不够。从研究的具体内容来看，主要存在三个方面的问题。一是已有研究对农民工公民道德意识的研究主要有公共道德、职业道德、家庭道德、个人品德四个维度，没有突出农民工这一群体的特殊性，也没有分析农民工这一主体所面临的特殊道德困境。二是已有的农民工公民道德意识调查地域性较强，其代表性有限，问卷的信度和效度分析不够，对有关农民工群体内部分化对其公民道德意识的影响分析得还不深入。三是已有的研究对农民工公民实践活动、农民工公民道德意识培育的

---

① 阿历克斯·英格尔斯. 人的现代化：心理·思想·态度·行为 [M]. 殷陆君，译. 成都：四川人民出版社，1985：7.

历史与现状分析不够，因而提出的策略针对性不强。研究者们提出的培育策略更多地强调从经济层面入手，依托行政手段推行户籍、就业、教育、社会保障等制度改革进行，还没有形成宏观、中观、微观三个层面的系统化的培育策略，而且对农民工文化心理方面培育的分析不够系统、全面和深入。

1.2.3.2 国外研究总体评价

国外关于劳动力迁移的研究对于理解农民工流动原因、目的和规律具有重要的借鉴意义，对于本书研究背景的分析有较大支持作用。国外人口迁移研究主要是从经济学和社会学视域出发，其中关于迁移劳动力的生存、城市社会分化问题，解决农业人口流动带来的城市中的就业问题，迁移人口的思想和文化心理调适等问题，对本书的研究有重要的参考价值。但是，农民工是我国社会特有的现象，农民工流动受缚于城乡二元体制，国外的相关研究较少涉及在城里就业却受相关制度约束而没有真正融入城市社会的农民工现象。同时，西方久远的公民文化传统对人们的日常生活产生了深刻的影响，国外也鲜有专门针对特定群体的公民道德意识培育问题研究。

国外移民价值观融合研究中的同化论、多元文化论主要针对异质文化而言，研究少数民族族群融入主流社会文化、解决不同民族文化的归属问题。中国农民工公民道德意识培育就其文化根源来讲，农民、农民工和城市居民属于同一文化的不同发展阶段，本身并不存在文化根源上的根本冲突。国外关于人的现代化的研究涉及文化变迁、农村文化与城市文化的差异及迁移人口城市文化融入问题，对本书分析农民工公民道德意识培育的原因、目标和方法有重要的借鉴意义，但其研究对象仍然缺乏中国的农民工。

同时，国外学者关于中国农民工公民权的研究为本书的研究提供了理论上的支持和方法上的参考，但他们站在第三者立场上，以批判性和同情的态度来关注中国的农民工公民道德意识问题，所提供的建设性意见相对缺乏实际意义。因此，我们的研究应该是一种自我关切、自我剖析和自我突破。

1.3 研究思路和研究方法

1.3.1 研究思路

本书从农民工现实的生存状态出发，以中国特色社会主义现代化战略为研究背景，以农民工文化场域转换面临的挑战——文化心理现代化为切入点，以马克思主义公民道德理论、思想政治教育理论和国外公民教育相关理论为基础，分析农民工及其公民道德意识产生和发展的历史与现实，在对农民工公民道德意识及其培育现状、农民工公民实践现状进行深入调查的基础上，提出农民工公民道德意识培育的目标、原则、内容和实践路径。

本书一共分为8章。

第1章为绪论，提出研究的缘由和价值，梳理相关论题的研究情况，说明本书的研究方法与研究思路。

第2章为公民与公民道德建设的历史与现实考察。本章首先从公民概念的内涵入手，通过梳理公民道德在西方文化中的演变历程分析公民道德的基本要素，并根据中国学者对公民道德的阐释来界定本书所论及的公民道德的内涵。其次回顾在新中国成立初期至改革开放前、改革开放初期和进入21世纪后头十年这三个历史阶段，我国公民道德建设的理论基础、主要举措和取得的成效。最后在分析新时代我国公民道德建设面临的新形势基础上，阐释新时代公民道德建设的新理论和新政策，归纳新时代公民道德建设的新举措与新成就，论述新时代对农民工公民道德发展提出的新要求。

第3章为新时代农民工公民道德意识培育的背景及理论资源。本章主要追溯农民工产生与发展的历史背景、主要阶段及农民工公民道德意识的变化情况，分析新时代农民工所面临的主要困惑，论述农民工公民道德意识培育的必要性。一直以来，农民工的城市准入、工作与生活受到国家相关政策的直接干预。随着国家政策的调整、整个社会对农民工认识的变化和农民工对自身生存境遇认知的变化，农民工公民道德意识呈现出历时性特征。新时代农民工在城市生存，尤其是在适应城市公共生活方面仍然面临着一些困境，其公民道德意识的培育已经势在必行。本章还论及农民工公民道德意识培育的相关理论资源，即马克思主义公民道德意识理论、思想政治教育相关理论、中国特色社会主义民主法治理论和国外公民教育相关理论。

第4章为新时代农民工公民道德意识现状的调查与分析。本章首先根据农民工发展历史过程中遇到的城市公共生活困扰，确立了农民工公民道德意识考察的主要维度。其次通过对全国范围内农民工的调查和访谈，结合其他学者相关研究成果与发现，分析农民工公民道德意识总体情况。在农民工公民道德意识的四个考察维度中，农民工的权利意识最强，公共责任意识最弱，民主法治意识较强，公共参与意识中等偏弱。在权利意识方面，农民工的社会权利意识最强，民事权利意识次之，政治权利意识再次之。在公共责任意识方面，农民工的爱国意识较强，宽容意识和合作意识中等偏弱，公益意识较弱，政治责任意识极弱。在民主法治意识方面，农民工对法律权威有高度的认同，守法意识较强，但他们的民主意识很弱，对契约精神和人本精神知之甚少，法律信仰还远未建立。在公共参与意识方面，农民工的经济参与意识最强，尤其表现在与其利益密切相关的经济活动的参与上，但其参与政治活动和社会公共活动的意识依次减弱。同时，农民工公民道德意识因性别、年龄、文化程度和收入水平等的不同又有差异。

第 5 章为新时代农民工公民道德意识薄弱的原因分析。从我国公民文化发育情况来看，中国传统臣民思想的固执性、中国启蒙思想的局限性和新中国公民观念发展的曲折性都是导致包括农民工在内的整个社会成员公民道德意识薄弱的历史根源。从农民工自身的公民实践来看，由于农民工生存的物质基础相对薄弱、社会保护不足和自身综合素质局限，他们的维权活动、政治参与活动、文化参与活动和社会公共参与活动等还存在诸多问题。从农民工公民道德意识培育政策及其实施情况来看，相关政策虽涉及农民工城市文明教育和素质提升方面的要求，但缺少直接针对公民道德意识培育的任务。农民工培训内容总体上仍然以职业技能培训为主，而以融合性与发展性为主的城市文化适应力的培训较少。农民工公民道德意识培育实践主要存在理论准备不足、主体责任不明和管理不完善等问题。

第 6 章为新时代农民工公民道德意识培育的目标、原则与内容。基于对公民道德意识功能的考量，农民工公民道德意识培育的目标在于培育新时代中国特色社会主义好公民、维护稳定的国家政治秩序、构建和谐有序的社会公共领域和提高农民工城市生活适应能力。农民工公民道德意识培育的基本原则有四，即在思想基础上遵循主导性与多样性的结合，在交往关系上遵循主体性与公共性的结合，在内容选择上遵循同一性与差异性的结合，在实施方法上遵循继承性与创新性的结合。农民工公民道德意识培育的主要内容包括丰富农民工的公民道德知识、强化农民工的国家认同意识、培育农民工的公共精神和提高农民工的公民能力。

第 7 章为新时代农民工公民道德意识培育的实践路径。本章从宏观、中观、微观层面探讨了国家、网络媒体、培训机构、企业、社区和农民工自身的公民道德意识培育策略。国家层面的农民工公民道德意识培育就是国家通过可控制和调节的资源，制定相关政策，引导完善相关的配套机制，以此提供良好的政策导向、制度支持和物质基础。同时，在宏观层面还要发挥基于互联网的媒体对公民文化氛围的营造作用，即借助主流媒体以明确公民文化导向、介入大众媒体以传播优良的公民文化、关注自媒体以校正不良的公民文化倾向。中观层面的农民工公民道德意识培育是培训机构、企业、社区利用各种资源，丰富农民工的公民知识，并进行训练与引导，造就合格公民的过程。微观层面的农民工公民道德意识培育可以从农民工自我学习、自我实践和自我反思三个方面进行。

第8章为结束语，对本书的结论进行了归纳，对未来研究的方向进行了展望。

1.3.2 研究方法

本书以马克思主义辩证唯物主义和历史唯物主义作为方法论，将其贯穿研究的各个部分。在这一方法论的指导之下，本书主要采用了以下几种具体的研究方法：

一是文献搜集与理论分析相结合的方法。本书通过文献搜集，对农民工及其公民道德意识变化情况进行历时性研究，形成对农民工公民道德意识培育需求的理性认识和判断。同时，本书通过理论分析，深层次把握公民道德的内涵；通过考察我国公民道德建设的历史变迁，阐释新时代公民道德建设的新理论与新政策；根据农民工群体特征及文化场域变化实际确定其公民道德意识考察维度，系统论述农民工公民道德意识培育的策略。

二是问卷调查和田野调查相结合的方法。本书按农民工分布情况和各大城市人口流动情况，在全国范围内选取了具有代表性的省份和城市，进行了较大规模的问卷调查，力求获得真实可靠的一手材料。再根据调查的结果，分析农民工公民道德意识的总体特征，并分析其内部分层的多维特征、存在的问题及问题产生的根源。个案研究主要是选择笔者较为熟悉的农民工亲戚和朋友，对他们的日常生活展开研究，反映他们的真实想法和做法。小型群体性研究主要在工地、超市或餐馆等公共场所进行，笔者一般也不刻意说明在进行调查研究，而是让农民工在自然的环境中表达自己的心声。

三是定性分析与定量分析相结合的方法。本书利用调查问卷对农民工公民道德意识四个维度的总体倾向进行了量化分析，既利用了本书的调查数据，也利用了学者们已有的研究统计资料。对农民工公民道德意识演变的阶段性特征、农民工公民实践活动、农民工公民道德意识培育的理论体系建构等不适宜或无法量化的内容，本书主要通过一定的价值判断标准来进行定性分析。

1.4 研究的重点与难点

1.4.1 研究的重点

本书研究的重点有三个。一是农民工公民道德意识现状评价。首先确定农民工公民道德意识考察的四个维度，然后通过二级维度细化评价内容，再通过一系列具体问题对农民工公民道德意识现状做定量分析。二是农民工公民道德意识薄弱的原因分析。本书着重从历史文化和现实实践角度进行了深入剖析。三是农民工公民道德意识培育实践路径的探索，主要涉及国家、社会和农民工自身三类主体在农民工公民道德意识培育中所起的不同作用，以及其所采用的具体办法和措施。简言之，就是要重点探讨农民工公民道德意识怎么样、为什么和怎么办的问题。

1.4.2 研究的难点

本书研究的难点有两个。一是关于农民工公民道德意识的考察维度和主要内容。如果按照常规的公共道德、职业道德、家庭美德和个人品德来确定农民工公民道德意识考察维度，难以彰显农民工的群体特征，而且容易落入以政策文件阐释来建立分析框架和实践路径的窠臼。因此，本书基于公民身份所内含的公共性，以农民工生存和发展的文化场域转换为切入点，确立了农民工公民道德意识考察的四个基本维度。二是农民工公民道德意识培育实践路径的探索。本书在破解前一研究难点的基础上，在主要探讨农民工城市公共政治生活和社会生活中的公民道德意识培育的同时，也论及家庭在其中的作用，选择了国家、培训机构、企业、社区和农民工自身作为培育主体。由此，农民工公民道德意识的培育既涉及各主体不同的策略，也涉及三类主体策略的有效关联。

1.5　本书的创新与不足之处

1.5.1　可能的创新之处

其一，建立了农民工研究的"心理—文化"叙事方式。本书力图在生存论预设下的"生存—经济"叙事模式和公民权视野下的"身份—政治"叙事模式这两种农民工问题研究方式的基础上，建立农民工研究的"心理—文化"叙事方式，分析农民工生存的文化场域转换问题，指出农民工生存的文化场域转换是其公民道德意识培育需求产生的重要原因。在农民工从农村走向城市或从同质文化圈进入异质文化圈的过程中，他们不能较好地适应以公民文化为特征的现代城市文化，是其产生文化焦虑的重要原因，公民道德意识的培育是缓解其文化焦虑、提高其文化适应力的重要手段。农民工研究的"心理—文化"叙事方式对于思想政治教育学科研究同样有意义，它对于正确把握思想教育对象、分析思想教育对象的文化心理特征，进而提出相应的教育策略有一定的参考价值。

其二，提出了农民工公民道德意识培育的实践路径。就其覆盖范围而言，这一路径从宏观、中观和微观三个层面观照了国家、培训机构、企业、社区和农民工自身在农民工公民道德意识培育中的措施和方法。就其政治传播方向而言，这一路径不仅联通了政府和农民工所分别对应的输出和输入两个方向系统，而且还借助培训机构、企业和社区等社会组织，实现了输出和输入两个系统的对接、调适和转换。

1.5.2　存在的不足

笔者知识储备还有局限，研究能力有待提升，因此本书的研究还有不少地方有待进一步深入。从研究对象来看，本书对农民工的调查范围还可以更广一些，对不同行业农民工的公民道德意识的特点分析还可以更深入一些。从研究方法来看，本书对调查数据的处理主要采用了直观的图表分析方法，分析还不够深入。从研究内容来看，本书限于农民工公民道德意识的研究维度，对与之相关的经济、社会等维度关注不够。笔者准备在这一课题的后续研究中，继续拓展研究的广度和深度。

2 公民与公民道德建设的
历史与现实考察

论及农民工及其公民道德意识，首先必须厘清其中的关键词汇"公民"和"公民道德"。公民与公民道德因时代主题变化、地域与族群差异而具有动态性和多维性，需要对其进行历时性与共时性分析。西方语境中的公民与公民道德在内容与表现形式上具有多样性，又体现出一些稳定的特征。而要探讨农民工公民道德意识培育，就必须分析作为其前提和基础的国家层面的公民道德建设。中华人民共和国成立后，我国公民道德建设理论与实践都呈现出历时性特征，经历了从相对单一到丰富多样、从经验总结到理论自觉的过程。进入新时代以来，在应对复杂的国际国内形势的过程中，我国公民道德建设理论和政策更加系统和完善，实践更加丰富多样，为农民工公民道德意识培育奠定了良好的基础。

2.1 公民与公民道德的中西解读

2.1.1 公民概念的界定

"公民"这一概念的产生最早可以追溯到古希腊城邦时期。在当时，城邦既是政治共同体，又是伦理共同体，公民与城邦是合为一体的。公民是指生活在城邦（polis）内的具有公民美德、承担公共责任并享有公共荣誉的"属于城邦的人"（polites）。亚里士多德认为，人是"政治动物"，公民是"城邦政治生活中轮番为统治者和被统治者"的人①。可见，古典公民概念以城邦政治共同体的公共性为前提，以公民对共同体的责任和义务为基础，强调公民的主要活动就是参与政治与公共事务的管理。此后，在西方文明的历史演进中，随着罗马帝国的扩张、中世纪城市国家的出现、近代民族国家的兴起、当代民主国家的盛行，公民先后成为享有帝国荣誉与承担相应义务、获得不受君主干涉的特权、践行民主自由理念、拥有国家成员资格的象征，个人的自由和权利逐渐占据了首要的位置。近几十年来，在西方新的社会思潮和社会运动的影响下，世界公民、文化公民、女性公民、地域公民等公民身份理论此起彼伏，但公民的核心要义——国家成员身份、平等、权利与义务等保持了自身的稳定存在②。

在我国古代典籍中，"公"与"民"一般分开来使用。个别文献中也曾出现"公民"一词，但其含义与西方文化传统中的公民差异较大。《韩非子·五蠹》中言，"是以公民少而私人众矣"。这里的公民主要是指"为公之民"。康有为在《大同书》中言，"凡未辟之岛为公地，居者即为公民"。这里的"公民"是指居住在公共土地上的居民③。数千年来，在华夏各族生活的传统社会中，社会成员的身份就是君主专制统治之下的臣民。近代以来，从清光绪三十四年（1908 年）《钦定宪法大纲》到 1912 年的《中华民国临时约法》再到 1946 年的《中华民国宪法》，社会成员身份由臣民向国民转换。1954 年，中华人民共和国第一部宪法中首次出现了民族国家意义上的公民，明确了公民作为基本权利和义务的主体而存在，但对其资格的认定却没有做出明确的说明，现实层面公民的自主性没有得到完全释放，"公民"并未真正进入人们的现实生活④。1982 年，新修订的宪法规定，"凡具有中华人民共和国国籍的人都是中华人民共和国公民"。从此，我国社会成员的公民身份得到确认。

在当下，尽管在世界各国政治实践和学术研究中，人们对公民的理解仍有细节上的差异，但这一概念本身就包含着诸多共同特征，因此仍然可以从中发现一些基本的规律，给出对公民概念的合理阐释。

---

① 亚里士多德. 政治学［M］. 吴寿彭，译. 北京：商务印书馆，1965：153-154.
② 郭忠华. 变动社会中的公民身份：概念内涵与变迁机制的解析［J］. 武汉大学学报（哲学社会科学版），2012（1）：59-65.
③ 许启贤. 论开展"公民道德"的教育和研究［J］. 道德与文明，2001（1）：19-22.
④ 杨明. 当代中国公民道德发展的历史与逻辑［J］. 道德与文明，2014（2）：5-9.

从公民身份获得的方式来看，可以从两个层面来理解公民这一概念。就其法律获得而言，公民是指具有一国的国籍，从而享有该国法律规定的权利并需承担相关义务的自然人。就其社会获得而言，公民是指进入社会公共生活领域，与其他公民发生了政治、经济、文化等多种联系，并根据社会约定而享有特定权利并承担相关义务的人。

从公民内含的多重意蕴来看，可以从法律、政治、伦理等维度来理解公民概念。从法律意义上讲，公民是指在法律上享有权利和承担义务的主体，受国家宪法、法律管辖和保护的人。从政治意义上讲，公民是指参与政治活动、行使一定政治权利，并承担相应政治责任的人。从伦理意义上讲，公民是一个与公民道德及社会生活目的论与价值论相关联的哲学概念。

2.1.2　公民道德的西方流变

西方公民道德与公民概念一样，是伴随着城邦国家的出现，城市国家的兴起，文艺复兴、宗教改革与启蒙运动的风起云涌而产生和逐渐发展起来的。在西方的政治文化和社会文化传统中，从古希腊的城邦国家公民，到中世纪的城市国家市民、近现代的民族国家公民，再到后现代主义视域下的多元公民身份，公民道德作为一种深层的文化心理积淀，内蕴于西方历史悠久的民主政治的实践之中，展现在不同时代政治家和哲学家们的著述之中。公民道德具有明显的政治文化特质，是西方知识精英特别是其中的政治精英的思想结晶，随着公民身份及其实践活动的变化而不断丰富和发展。

2.1.2.1　古典公民道德

所谓古典时期，是指地中海的古典文明，尤其是从公元前 5 世纪到公元前 4 世纪的雅典和从公元前 3 世纪至公元 1 世纪的罗马[①]。Ritter 和 Riedel 等学者认为，以公民为核心之政治共同体是欧洲古典政治思想传统的主轴，古典政治哲学的主要资产是共和主义[②]。雷森伯格将雅典人和罗马人崇尚的公民理想，概括为小规模的、文化整体的、等级体系的、有歧

---

① 波考克. 古典时期以降的公民理想 [M] // 许纪霖. 共和、社群与公民. 南京：江苏人民出版社，2004：30.

② 萧高彦. 共和主义与现代政治 [M] // 许纪霖. 共和、社群与公民. 南京：江苏人民出版社，2004：5.

视的，同时也是理想的、精神的、积极的、参与的、共同体主义的，甚至是英雄的社会成员群像①。他的这一思想正反映了古典公民道德的特质。古典时期公民道德的主要内容涉及行动和思想两个方面的内容，具体而言是指参与政治、遵从法律、爱国，崇尚智慧、勇敢、节制和正义等价值理念。

在古希腊城邦时期，公民是指生活在城邦内的具有公民美德、承担公共责任并享有公共荣誉的城邦成员。古希腊政治家伯利克里在致阵亡将士的悼词中，高度赞扬了雅典的民主制度，描述了理想的公民政治生活图景："政治生活是自由而公开的"，因为"政权是在全体公民手中"，而且"每个人在法律上都是平等的"；虽然公民在私人生活中是"自由和宽恕的"，但在公共事务中必须"遵守法律"，并"尽可能把最好的东西贡献给国家"②。从这里可以看出，自由、民主、平等、法治、爱国等公民道德核心词汇初步呈现。柏拉图在《理想国》中，展示了苏格拉底描绘的理想城邦：国家的存在是为了全体公民最大的幸福，哲学家、战士和全体公民都应该有与其职业身份相匹配的道德要求，完美城邦是"智慧的、勇敢的、节制的和正义的"③。亚里士多德以参加城邦政体并享有政治权利为认定公民的依据，认为"凡有权参加议事和审判职能的人"就是公民④。他提出在宪政体系中，"所有的公民都应该有好公民的品德"⑤。好公民的品德基于不同的社会地位而有差异：统治者应该明了怎样治理自由的人们，其专属品德是"明德"；自由人应该知道怎样接受他人的统治，其专属的品德则为"信从"；二者都应具备"节制、正义和勇毅"⑥，但程度可有所不同。

在罗马共和国时期，公民是城市（civitas）里的市民或受征召者（civis）。罗马公民道德观仍然坚持着对政治生活的崇尚和热爱，并认为"那些天生具有处理公共事务才能的人应当毫不犹豫地参加公职的竞争，参与国事的指导工作"⑦。古罗马人在其政治实践中，强调培育以公民自由

---

① 雷森伯格. 西方公民身份传统：从柏拉图至卢梭 [M]. 郭台辉，译. 长春：吉林出版集团有限责任公司，2009：5.
② 修昔底德. 伯罗奔尼撒战争史 [M]. 徐松岩，译. 北京：商务印书馆，1960：130.
③ 柏拉图. 理想国 [M]. 谢祖钧，译. 北京：中央编译出版社，2013：127.
④ 亚里士多德. 政治学 [M]. 吴寿彭，译. 北京：商务印书馆，1965：116-117.
⑤ 亚里士多德. 政治学 [M]. 吴寿彭，译. 北京：商务印书馆，1965：124.
⑥ 亚里士多德. 政治学 [M]. 吴寿彭，译. 北京：商务印书馆，1965：127-128.
⑦ 西塞罗. 西塞罗三论 [M]. 徐奕春，译. 北京：商务印书馆，1998：123.

为核心的共和精神，创造了共和制度，制定了完备的法律体系。由此，古罗马的公民道德观突破了狭隘的整体城邦观念，从共和国的角度出发解释公民权利和义务，政治参与不仅是公民的义务，也是公民的权利。西塞罗认为，共和的真正精神就是公民在法律架构之下共同参与公共事务的审议，公民就是自由国度中"担任国家职务并在政府中扮演一个积极角色"的人。因此，相较于亚里士多德把公民道德视为人性的完善，西塞罗更重视德性的应用，认为"美德的存在完全依赖于美德的实践，其最高深的实践形式便是治理国家"①。

在罗马帝国时期，"公民"这一称谓成为社会安抚和社会控制的工具，公民道德的内涵逐渐与公民身份剥离。随着西罗马帝国的灭亡，西方进入封建教会统治的黑暗时期，在长达近千年的时间里，西方公民道德主要为臣民道德、子民道德所替代。

2.1.2.2　近代公民道德

近代以来，一些思想先驱在文艺复兴、宗教改革、启蒙运动等社会运动中回应了古典公民道德，丰富和发展了公民道德的内涵。此时，随着民族国家的逐渐建立和资本主义生产方式的产生和发展，公民道德以公民与国家之间的相互分离又相互依存为前提，与市场经济的联系日渐紧密，体现为爱国、自主、自由、平等、权利、民主等价值特征。

一方面，近代公民道德回应了古典公民道德，重视公民的政治参与、爱国和法治意识。文艺复兴时期的布鲁尼继承了古希腊时期的公民道德思想，回应了伯利克里的演讲，赞美了佛罗伦萨的宪政，"我们共和国需要其公民的美德和正直"②。马基雅维利在自由、共和国与公共利益之间建立了联系，强调了公民美德意识（civic virtue）。他认为德性就是"为其祖国不辞辛劳"③，这要求公民不能只对自己和子孙有益，而要对国家的共同福祉有益。他对法律的强制力极为崇拜，认为法律能使人善良。卢梭推崇古罗马的公民道德，强调法治之上的"道德完整和自我规制的爱国主义精神"④，

---

① 西塞罗. 国家篇　法律篇 [M]. 徐奕春，译. 北京：商务印书馆，2002：39.

② H BARON. The Crisis of the Early Italian Renaissance [M]. Princeton：Princeton University Press，1966：419.

③ 马基雅维利. 君主论·李维史论 [M]. 潘汉典，译. 长春：吉林出版集团有限责任公司，2011：174-175，142.

④ 希特. 公民身份：世界史、政治学与教育学中的公民理想 [M]. 郭台辉，余慧元，译. 长春：吉林出版集团有限责任公司，2010：62.

并认为唯有通过政治参与才能获得上述品质。

另一方面，随着时代主题的变化，近代公民道德在强调个人财产权利的基础上，呈现出三个新的特点。一是倡导人的主体意识。文艺复兴时期的人文主义者们强调了人的潜能力与创造力，并倡导发掘个体内心的人性使其主体性得以确立。布克哈特认为中世纪人类意识处于睡眠或者半醒状态，而在文艺复兴运动中，"人成了精神的个体，并且也这样来认识自己"①。二是倡导平等、自由等公民权利观念。斯宾诺莎、格劳秀斯、洛克、霍布斯、伏尔泰、卢梭和普芬道夫等人都将自然法看成人的本性的产物，平等、自由并遵从理性的教导是自然法赋予人类的亘古不变的权利，同时这也构成了公民权利的基础。三是重视社会契约精神。以霍布斯、洛克为代表的契约论者认为，公民与国家之间是一种契约关系，强调公民的自由、平等和私有财产不可侵犯。孟德斯鸠、卢梭等人则为公民权利设计了宪政制度作为保障，以天赋人权、代议制民主、分权制衡等思想丰富和发展了公民道德的内涵。

2.1.2.3 当代公民道德

进入 20 世纪后半叶以后，随着民族国家在世界范围内的广泛建立，公民成为主要与国籍相联系的法律概念，公民道德内容在多个维度的讨论中得以多方面彰显。在政治哲学中，接续古典和近代的政治思想传统的差别，学者们的政治立场有自由主义、共和主义和社群主义等分别，公民道德的内容也随之呈现出明显的差异。

自由主义公民身份产生的根本动因在于商品经济的出现和资本主义生产方式的发展。自由主义公民道德以个人为出发点，以权利为核心，崇尚理性、自由、平等、公平、正义、宽容、尊重、同情等多元价值，主张消极的政治参与，强调普遍性的公民权利优先于共同体义务，反对国家干涉私人生活。T. H. 马歇尔是当代自由主义公民身份研究的集大成者，他立足英国的历史经验与制度演变，将公民道德理解为共同体成员对平等享有的一系列权利的认同和追求。这些权利包括公民权利、政治权利和社会权利三种类型，福利国家通过这三种权利保护公民，使其形成"一种建立在忠诚于共同拥有之文明的基础上的对共同体成员身份的直接感受，这种忠

---

① 布克哈特. 意大利文艺复兴时期的文化 [M]. 何新, 译. 北京: 商务印书馆, 1979: 125.

诚是拥有权利并受到共同法律保护的自由人的忠诚"①。雅诺斯基依据马歇尔的公民身份理论、涂尔干的社会团结与总体交换理论、马克思和葛兰西的市民社会理论及沃勒斯坦的殖民主义理论,将公民权利和义务分为四类即"法律权利、政治权利、社会权利和参与权利"②,从更广的层面将公民权利意识推向纵深。罗尔斯强调自由主义的共同价值是通过公民民主协商形成的公共理性和重叠共识,其核心是"能够为理性而合理的和自由而平等的公民所接受并诉诸他们公共理性的公平正义"③。他认为,公平正义就是社会共同的善,是维系自由社会的基本原则。马塞多主张,自由主义是基于对多样性、多元性的尊重,以及对能够反思、负责任选择的生命体的尊重,因而,公民的美德表现为宽容、尊重、同情及自我支配的反思能力④。盖尔斯敦划分了自由主义社会三大领域的美德,即政治领域的辨别、尊重、表达与评价能力,经济领域的职业伦理、自我约束和适应能力,社会领域的独立和容忍能力⑤。

共和主义公民观的核心内容是:公民是个体与国家相联系的纽带,共和国政体以公正为价值基础,保证公民个体享受真正的自由;公民的组织类型是共同体,它以社会的有机团结与和谐、社会成员兄弟般的友谊、公民必须取得社会和经济上的独立为特征;公民的角色要求公民承担相应的民事与军事责任、参与政治事务和司法事务并监督政府;公民的形成要依靠教育与宗教的训练⑥。由此,共和主义公民道德的核心价值体现为爱国、参与、节制、正义、勇气、智慧、尚武等。阿伦特推崇公民积极行动、关切公共生活,主张通过公民积极行动来展示自己的存在,因为"没有分享公共幸福,就没有人会是幸福的;没有体验公共自由,就没有人可称作是自由的;没有分享公共权力,就没有人会是快乐和自由的"⑦。她认为公民之美德表现为政治参与和政治勇气,认为只有关心和参与公共事务才能展现出"卓越之言行",只有"那些有勇气的人才能被团体接纳"。昆廷·

① 马歇尔. 公民身份与阶级社会 [M]. 郭忠华,等编译. 南京:江苏人民出版社,2008:38-40.
② 雅诺斯基. 公民与文明社会 [M]. 柯雄,译. 沈阳:辽宁教育出版社,2000:11-39.
③ 罗尔斯. 政治自由主义 [M]. 万俊人,译. 南京:译林出版社,2000:151.
④ 马塞多. 自由主义美德 [M]. 马万利,译. 南京:译林出版社,2010:251-262.
⑤ 冯建军. 公民身份认同与学校公民教育 [M]. 北京:人民出版社,2014:38.
⑥ 希特. 何谓公民身份 [M]. 郭忠华,译. 长春:吉林出版集团有限责任公司,2007:52-69.
⑦ 阿伦特. 论革命 [M]. 陈周旺,译. 南京:译林出版社,2007:221.

斯金纳主张建立共和制，认为共和主义公民美德就是每一个人作为积极公民最需要拥有一系列能力，如参与、自由、理性与修辞。对于共和国的领袖而言，他们需要掌握必要的演说技巧、高超的演说能力，才能说服大众公民接受有益于公共事务和公共之善的法律和政策。对于普通公民而言，他们也需要具备充分发展的理性来识别和判断领袖们的言论和主张，并能通过自己的修辞和演说能力去发表自己的主张①。希特把义务看成共和国存在的根本，认为只有公民献身于公共事务，共和国才能维持其存在②。

社群主义公民观的核心内容是：国家有义务促进社群和公民共同的善，公民个体的认同来自共同体，而不是来自他们的后天选择；公民应追求社会价值，通过积极的政治参与来体现高尚美德，以善行来促进共同利益，实现共同体的正义和平和自我价值等；自由存在于共同体的协调和控制之中，权利基于共同的善。由此，社群主义公民道德主要体现为奉献、团结互助、政治参与、正义和平等。泰勒认为，自我的认同只能是在与他人的关系中，更进一步说，是在与道德事务以及确定的社团关系中才能确立起来，"一个人只有在其他自我之中才是自我"③。斐迪南·藤尼斯认为"共同体"指的是人们"一切亲密的、秘密的、单纯的共同生活"，因此关于"共同体"的研究应该特别强调公民的首属关系、情感因素、归属意识等。他将社群与社会看成对立的双方："共同体"是自然形成的、整体本位的，社群意味着强烈的地域、亲和与整体的意识；"社会"是非自然的即有目的人的联合，是个人本位的，社会意味着破碎分裂、疏离异化和空间上的遥远距离④。桑德尔认为社群的价值和文化内涵决定个人的价值和理想，个人只能透过自己所属的社群才能发现自我⑤。麦金太尔也认为，当代社会公民精神的丧失，主要是自由主义的伦理规则代替亚里士多德的美德伦理传统造成的。他认为社群共同善不是私有财产，不是个体权利优先于善或利益，而是后者优先于前者。沃尔泽认为，由于人们没有办法走出自己群体的历史和文化，因而不存在共同体之外的视野，自由主义对普

　① 张芳山，涂宪华. 公民与修辞：兼论昆廷·斯金纳的公民理论 [J]. 福建论坛（人文社会科学版），2011（4）：73-78.

　② 希特. 何谓公民身份 [M]. 郭忠华，译. 长春：吉林出版集团有限责任公司，2007：65.

　③ 泰勒. 自我的根源：现代认同的形成 [M]. 韩震，等译. 南京：译林出版社，2012：50.

　④ 伊辛，特纳. 公民权研究手册 [M]. 王小章，译. 杭州：浙江大学出版社，2007：218.

　⑤ MICHAEL J SANDEL. Liberalism and Limits of Justice [M]. Cambridge：Cambridge University Press，1982：47-182.

遍正义的追求则可能是一种错误；要明确正义的各种要求，"唯一的办法就是弄清每个特定的共同体如何理解各种社会利益的价值"①。

行文至此，西方公民道德发展脉络得以粗略展现。从城邦时代追求"四主德"并参与公共政治生活的好公民到城市国家时代对自由、平等、契约的崇尚，再到民族国家时代基于不同政治主张的多元内涵，公民道德的内容仍在不断丰富和完善之中。尽管在西方的学术传统中，批判与博弈是不同时代和同一时代不同学者公民道德思想表达方式的主流，但关注公民身份，重视人的主体性，崇尚正义、法治、民主、平等、自由等多元价值，探讨公民权利、公民责任与公民参与的公民精神却一以贯之，为我们把握公民道德的内涵、解析公民道德的内容与要求、确定农民工公民道德考察维度提供了丰富的思想资源。

2.1.3 公民道德的中国阐释

在我国，与公民相关问题的研究出现在近代以来救亡图存的运动中。公民道德的生成则是先进的中国人顺应世界现代化潮流，致力于摆脱被掠夺、被奴役、被歧视的愚民、臣民、村民的地位，不断探索新的建国方案和新的国家与成员关系的必然产物，即中国由传统社会向现代社会的转型过程中逐渐形成的与现代国家政治、经济、文化相适应的公民价值取向。

早期的公民道德论者在批判旧道德的基础上，论及理想的公民道德及培育方略，如严复的"三育救国论"、康有为的"公民自治论"、梁启超的"新民说"、蔡元培的"五育并举"、晏阳初的"四大教育"、陶行知的"民主教育"等。康有为主张在造就公民的基础上实行变法，公民道德体现在其国家责任上，"共其利害，谋其公益，任其国税之事，以共维持其国"②。梁启超倡导以继承创新、博采众长与兼容并包的文化原则构建"新民"观，认为"新之义有二：一曰淬厉其所本有而新之；二曰采补其所本无而新之"③。他将其"新民"道德内容置于现代国家中，强调在具备国家意识、权利与义务意识、政治参与能力的同时，必须具有公德、私德、自由、自治、自尊、尚武、合群、生利、民气、毅力等道德特质。蔡元培的

---

① 沃尔泽. 正义诸领域：为多元主义与平等一辩 [M]. 褚松燕，译. 南京：译林出版社，2002：99.

② 马小泉. 公民自治：一个百年未尽的话题 [J]. 学术研究，2003（10）：99-103.

③ 梁启超. 饮冰室合集（专集之四）[M]. 北京：中华书局，1989：5.

公民道德思想以"自由、平等、亲爱"为核心，其宗旨是造成"完全人格"，实行军国民教育、实利主义教育、公民道德教育、世界观教育和美感教育"五育并举"的教育方针，并以公民道德教育为中坚①。

中华人民共和国成立后，公民议题一度被搁置。对公民道德的研究主要在改革开放以后，对其内涵的阐释既有国家意识形态的规约，又受到研究者学科视野的影响。改革开放以后，随着整个社会民主政治意识的增强，学者们开始从法学、政治学、伦理学、哲学视角来理解公民道德。李萍从政治学角度强调公民之"公共性"的现代社会主体身份，认为公民道德是在参与社会事务或政治活动，特别是与国家、行政机构、法律机关等发生关系时所呈现出来的行为角色、意识特征②。窦炎国认为公民道德主要涉及公民个人与国家之间的关系问题，其实质内容就是对公民权利和义务的道德认知和道德自律③。杨明从伦理学角度，将公民道德视为一种角色道德，即个体在获得公民身份后所应遵循的道德规范以及表现出来的道德品质④。樊和平从哲学角度解读，认为公民道德应该被诠释为"成为公民的道德"或"作为公民条件的道德"，是公民与道德的同一、伦理世界与道德世界的同一⑤。

从上文所述可以看出，公民道德以公民个体对公民身份这一社会存在的认知和理解为基础，公民身份的获得是理解公民道德意识内涵的前提条件。个体的公民身份形成和确认经历了漫长的历史过程，主要有两种方式。一种是自然的方式，个体一旦摒弃了与世隔绝的生存状态或者脱离了对他人的人身依附关系而进入社会公共生活领域，他自然就成为公共生活中的成员——公民。这一过程主要发生在现代民族国家建立之前，以中世纪欧洲城市文明兴起为依托，以城市市民为典型标志。一种是契约的方式，即由共同体法律赋予个体成员以公民资格，明确规定其权利与义务。这一方式主要出现在两个阶段，一是古希腊城邦时代，二是现代民族国家时代，分别以城邦国家文明和民族国家文明的兴起为依托，以城邦公民和现代国家公民为典型标志。在现代民族国家，公民不仅是国家社会成员的

---

① 高叔平. 蔡元培教育论著选 [M]. 北京：人民教育出版社，2011：2-3.
② 李萍. 公民日常行为是考察公民道德的基石 [J]. 道德与文明，2005 (2)：25-29.
③ 窦炎国. 关于公民道德建设的几个问题 [J]. 道德与文明，2008 (4)：76-80.
④ 杨明. 当代中国公民道德发展的历史与逻辑 [J]. 道德与文明，2014 (2)：5-9.
⑤ 樊和平. 如果没有道德，世界将会怎样 [N]. 新华日报，2013-09-30 (A13).

称谓，而且是社会整合的重要手段。公民依托权利与义务的规约，在处理个体与国家、个体与社会、个体与个体相互关系的过程中，价值取向与行为方式趋同，而公民道德在其中发挥着至关重要的作用。

从公民身份的形成和确认过程可以看出，当代公民身份首先体现的就是公民个体与国家、公民个体与社会关系，而国家和社会由公民个体组成，因此公民身份也体现了公民与公民之间的关系。公民道德就是公民个体在对公民与国家、社会和其他公民之间关系认知和理解的基础上，在国家政治生活和社会公共生活中处理各种关系时所秉持的价值观念。需要特别说明的是，公民道德本身包含私人道德或个人品德，但本书关切的重点是公民在公共生活中的"公共身份"所承载的公民道德。

2.2 新中国公民道德建设的历史回顾

2.2.1 新中国成立初期至改革开放前的国民道德建设 （1949—1978 年）

新中国成立初期，百废待兴，道德建设在摸索中起步。在那个时期，我国公民道德建设在改造中国传统文化、弘扬共产主义道德和中国革命道德的基础上展开，其目标是培养具有共产主义道德觉悟的社会主义新人，在方式方法上主要采取理论灌输法和典型示范法[1]。

1949 年 10 月，《中国人民政治协商会议共同纲领》初步明确了国民道德建设的要求，即提倡爱祖国、爱人民、爱劳动、爱科学、爱护公共财物为中华人民共和国全体国民的公德。1954 年，《中央人民政府政务院关于改进和发展中学教育的指示》再次重申了这一要求，明确中学政治课设置的目的就在于培养社会主义公民应具备的品质。同年颁布的《中华人民共和国宪法》专设一章，规定公民的权利与义务。同时，毛泽东同志提出培养社会主义新人的标准，是具有共产主义道德品质的"又红又专"的社会主义建设者。由此，以"为人民服务"为宗旨、以"集体主义"为原则、以"五爱"为行为标准的公民道德建设框架逐渐形成，奠定了在这个时期建设社会主义道德的思想理论基础。

---

[1] 汪洁. 六十年回眸：新中国公民道德建设的历史演进 [J]. 唐都学刊，2014 (3)：20-26.

在上述思想的指引下，新中国成立初期的道德建设在通过多形式开展共产主义道德宣传和教育活动的同时，主要采取运动式的典型示范形式。20世纪50年代兴起的学习"孟泰精神"运动、20世纪60年代兴起的"学习铁人王进喜""学习雷锋"运动等全国性的道德实践活动，在全社会产生了广泛而深刻的影响。同时，焦裕禄、郝建秀等先进典型，为进行共产主义道德教育树立了一面面旗帜，成为全国人民的学习榜样。"雷锋精神""铁人精神""北大荒精神"和"焦裕禄精神"等先进典型为社会树立了一面面旗帜，他们崇高的精神境界和道德风貌激励着一代代中国人奋发向上，无私奉献。由此，积极向上、团结友善、诚实正直的社会氛围逐渐形成，社会成员之间形成了平等协作的关系。

公民道德建设在这一起步阶段取得成效的同时，也有一些不尽如人意之处。虽然我国的第一部《宪法》提及了"公民"这一政治概念，为公民道德建设提供了基本的法律依据，但遗憾的是，"公民"这一称谓并未得到普及。因此，此阶段道德建设政策还不完善，理论较为单薄，内容和实践形式比较单一。同时，在20世纪60年代中后期，道德建设受到"左"的影响，"家长作风"、帮派斗争和不间断的政治运动导致群众出现信仰危机，良好的社会道德在一定程度上被削弱甚至扭曲。

2.2.2 改革开放初期的公民道德建设（1979—2000年）

党的十一届三中全会召开以后，随着国家工作重心的转移，公民道德建设逐渐走向规范化。这一时期的公民道德建设从实践起步，在先期探索出有效经验的基础上，结合社会主义市场经济建立过程中出现的道德发展新情况，明确公民道德建设的相关政策和理论，为后来的实践提供方向性指导，呈现出从实践经验总结到政策理论再到实践应用的循环往复、螺旋上升的特点。

在此阶段，公民道德建设实践活动探索率先起步。1981年2月，为了尽快消除十年"文化大革命"造成的不良影响，恢复了部分优良革命传统，全国总工会等9家单位联合发出了《关于开展文明礼貌活动的倡议》，以"讲文明、讲礼貌、讲卫生、讲秩序、讲道德"和"心灵美、语言美、行为美、环境美"为主要内容的"五讲四美"文明礼貌活动由此拉开序幕。随之全国涌现了一大批道德模范和先进人物，如舍己救人的大学生张华、身残志坚的张海迪、全国劳模赵春娥、解放军英模"活雷锋"朱伯儒等，成为全国人民学习的榜样。

在这些实践经验的基础上，公民道德建设政策理论不断发展和完善。1982 年颁布的《宪法》强调法律意识的培育，对公民的权利做出了更加细化的规定。从 1986 年到 1996 年，党中央先后举行了两次中央全会，以决议的形式对社会主义精神文明建设进行了全面总结和全方位部署。这两份精神文明建设决议建构起以"全心全意为人民服务"为核心、以"集体主义"为原则、以"五爱"为基本行为要求的社会主义道德体系，明确了以社会公德、职业道德、家庭美德为重点的公民道德教育基本内容，发展了整体利益优先的传统道德观，并阐释了基于法律规定的权利与义务观，即把国家和人民利益放在首位而又充分尊重公民个人合法利益。

在新《宪法》和两份精神文明建设决议的指导下，各级党政机关先后开展了创先争优、依法行政、公正执法、"做人民满意公务员"等活动，全社会广泛开展公民道德建设活动，如以"扫黄""除六害""讲文明、树新风"为主题的创建文明城市、文明村镇、文明行业活动。由各界组织发起的"志愿者""手拉手""幸福工程""春蕾计划""希望工程""送温暖""扶残助残"等公益活动，在全国产生了广泛的影响。全国涌现出一大批道德模范，徐洪刚、孔繁森、李国安、李素丽、徐虎等成为全社会的道德榜样[①]。

概言之，这一时期的公民道德建设不仅有明确的政策和理论导向，即以培养社会主义"四有"新人为目标，以社会主义精神文明建设为主旋律，还有较上一阶段更为丰富的实践形式，即以文明创建为载体的群众性道德教育活动。社会主义公民道德建设取得了积极的成效，人们的社会公德意识、职业道德意识和家庭美德意识逐渐增强，与社会主义市场经济相匹配的文明道德风尚逐渐形成。

2.2.3 21 世纪头十年的公民道德建设（2001—2011 年）

2001 年，老纲要颁布，道德主体从"国民""人民"转换为"公民"，公民道德建设从精神文明建设中凸显出来，标志着中国公民道德建设进入一个全新的历史时期。这一时期的公民道德建设以专门的纲要和社会主义核心价值体系为指引，立足于经济与社会发展实际、公民的生活和思想实

---

① 汪洁. 六十年回眸：新中国公民道德建设的历史演进 [J]. 唐都学刊，2014（3）：20-26.

际，以典型带动和群众实践相结合的全民共建形式为路径，呈现出三个基本特点。

（1）公民道德建设的政策和理论逐渐系统化。老纲要规定了公民道德建设的核心、原则和基本方法，就如何涵养社会公德、职业道德和家庭美德提出了明确而具体的要求。同时，老纲要从理论层面阐释了公民道德建设中应当处理好的六大关系，从实践层面提出了二十字的公民道德基本规范。2006 年，胡锦涛同志提出"八荣八耻"社会主义荣辱观，为公民道德建设提供了简单明晰的价值指引和实践导向。党的十六届六中全会提出将社会主义荣辱观纳入社会主义核心价值体系中，要求提高全民族的思想道德素质、科学文化素质和健康素质，形成良好道德风尚与和谐人际关系，实现公民道德建设与意识形态建设的有机结合。由此，公民道德建设的政治性与理论性进一步增强。

（2）公民道德建设实践活动更加丰富。一是继续发挥传统文明创建活动的教育功能。结合公民道德发展中出现的新现象新问题，继续开展创建文明城市、文明村镇、文明行业等活动。二是发挥各种重要节日、纪念日的道德教育功能。一类就是借助春节、建党节、国庆节等重要的传统节假日等，广泛开展爱党、爱国、爱传统美德的教育。另一类就是确立新的道德日，如中共中央精神文明建设指导委员会在 2003 年就将 9 月 20 日确定为"公民道德宣传日"，并联合多家单位联合发起"共铸诚信"活动。三是打造专门的公民道德教育节目，树立全社会道德学习的榜样。2003 年，由中央电视台综合频道创办的"感动中国"栏目，通过多种投票方式选取那些道德行为震撼人心、令人感动的人物和团队。2007 年以来，中共中央宣传部、中共中央精神文明建设办公室等六个部门发起举办全国道德模范评选表彰活动。活动每两年开展一次，评选出 5 类道德模范，即"助人为乐""见义勇为""诚实守信""敬业奉献"和"孝老爱亲"。这些节目和活动在全国产生了广泛影响，中华优秀传统道德和中国特色社会主义公民道德得到广泛弘扬。

（3）公民道德建设制度逐渐完善。一是建立地方道德建设实施方案。国家层面的纲要出台之后，全国各地相应地出台实施方案，推动纲要的贯彻落实。二是细化的系统、行业规范和职业道德规范。一些系统、行业和地方将公民道德建设要求落实到自己行业领域，制定了《公务员暂行条例》《高等学校教师职业道德规范》《工商行政管理人员职业道德规范》

和《律师职业道德和执业纪律规范》等，使公民道德建设从宏观走向微观。三是建立地方道德建设评估考核方案。全国各地都将公民道德建设纳入文明城市、文明村镇、文明行业的评估考核之中。一些地方还专门出台地方性评价指标体系，如北京市东城区在 2003 年就推出了本区的《公民道德建设综合评价指标体系》。

2.3　新时代公民道德建设现状分析

2.3.1　新时代公民道德建设的新变局

新时代是中国特色社会主义所处的新的历史方位，也是我国公民道德建设新的历史坐标。新时代彰显于思想文化领域的新变局，构成了公民道德建设的历史背景。新变局并非单一领域的变化，而是涵盖国际与国内、包含意识形态与思想道德领域的多重变化。新变局并非单一空间维度的变化，而是发生于现实空间与虚拟空间、产生正向和负向双重影响的多维变化。新变局并非突破固有形态的剧烈突变，而是顺应历史必然性与规律性的渐变，是量变积累过程中的质变，是老问题的新呈现。

2.3.1.1　多元文化与多元价值交流的撞击

进入新时代以来，随着经济全球化向纵深发展，国际文化交流更加广泛，多元价值相互碰撞更为激烈。这既为新时代的文化繁荣发展创造了有利条件，为社会主义公民道德建设提供了经验借鉴，但也带来了新的考验。

（1）多元文化广泛交流对意识形态安全的冲击。一般而言，公民道德的主要内容内含于意识形态的话语体系之中，并随着意识形态的变化而变化。"冷战"结束至今，以美国为首的西方资本主义国家从未来停止对社会主义国家的意识形态攻击。进入 21 世纪以来，全球化深入发展所带来的文化广泛交流，给"和平演变"提供了新的可乘之机，一度引发公民道德价值取向的困惑。进入新时代以来，中国国际影响力日益广泛，国际交往更加频繁，但"和平演变"仍然像一柄达摩克斯之剑高悬于头顶。尤其是中美贸易战爆发以来，意识形态的冲突与经济利益的冲突相互交织，美国加紧了对包括公民道德在内的思想文化领域的进攻，各种诱导与蛊惑公民道德的言论层出不穷。同时，其他资本主义国家或不同于社会主义意识形态的一些国家，基于对不同时期国家核心利益的考量，与中国的关系复杂多变。国家之间对抗与合作的交替呈现，容易引发大众对资本主义意识形态或其他意识形态的误判，进而可能导致公民道德判断失误。

（2）多元价值相互碰撞对主导价值培育的挑战。随着不同文化的加深交流，不同的价值观也随之而来。在多元价值相互碰撞之中，可能引发社会大众对传统价值和主流价值的怀疑，甚至冲击主导价值的培育。这种现象在一定范围内的确出现过。进入新时代以来，以习近平同志为核心的党中央明确提出培育和践行社会主义核心价值观，并出台了一系列方针政策，取得了积极成效。但是，我们仍然要注意到，多元价值的冲击仍然存在。尤其是在新冠疫情期间，一些敌对势力打着"民主、自由"的旗号，曾在一定范围内对公民思想道德形成了冲击。同时，在公民道德领域，随着世界公民、文化公民、生态公民、女性公民思潮在国内的兴起，价值观的复杂性和多变性更加凸显。在此情况下，社会大众如果不能做出正确的价值判断和选择，主流价值导向下的公民道德的规约作用就会弱化，公民道德建设就有可能收效甚微。

2.3.1.2 新媒体催生道德建设的二律背反

第52次《中国互联网络发展状况统计报告》显示，截至2023年6月底，中国网民规模达10.79亿，移动互联网已经成为信息传播主渠道，网络空间已经成为人们生产和生活的新空间①。在当下，新媒体在互联网中的广泛运用则进一步强化了这种改变。新媒体以数字化、互动式、即时性、开放性为主要特征，它不仅成为人们物质生活的重要工具，而且越来越成为精神生活的个性化手段，甚至已成为人自身的延伸。新媒体时代的"互联网会对人们的求知途径、思维方式、价值观念产生重要影响，特别是会对他们对国家、对社会、对工作、对人生的看法产生重要影响"。对公民道德治理而言，网络仍然是一把"双刃剑"，新媒体很容易催生道德建设的二律背反。

一方面，新媒体使互联网信息传播更为方便快捷，对公民道德建设产生正向作用。新媒体的广泛运用使人们的网络活动的广度和深度前所未有，为公民道德建设提供了新的平台和思路。一是覆盖范围扩大。新媒体的出现，使虚拟生活与实际生活之间的距离逐步被抹平，解决了传统公民

---

① 中国互联网络信息中心. 第52次《中国互联网络发展状况统计报告》发布及专家解读[J]. 互联网天地，2023（9）：11.

道德受制于特定时空局限的问题。新媒体为公民道德建设的实施提供了新的广阔舞台，即时的信息传播使公民道德传播的受众面迅速扩展，节省了大量成本。例如，新媒体对传统电视媒体传播起着助推作用，可能使一度被视为小众的传统文化类电视节目进入更多受众视野，传统道德由此获得回归日常与创新发展的新契机。二是互动性增强。社会大众越来越习惯于在网络空间接收和扩散信息，发表思想见解。多种媒体上即时或非即时的弹幕与评论，不仅可以使传播者与受众之间及时沟通互动，而且受众之间也可以通过交流互动增强自我存在感与共在意识。因此，公民道德建设相关各方借助新媒体可以实现彼此之间的及时沟通和信息反馈。三是科学性提升。在新媒体时代，快捷的信息搜集和分析为制定公民道德建设政策提供了科学依据，公民道德建设时效性、准确性和科学性大大提升。当然，这对相关人员的网络工作能力提出了新的挑战，尤其是对在相关领域工作的各级党员领导干部提出了新的要求，他们需要"通过网络走群众路线，经常上网看看，潜潜水、聊聊天、发发声，了解群众所思所愿，搜集好想法好建议，积极回应网民关切、解疑释惑"①。

另一方面，新媒体可能导致互联网信息的无序扩散，对公民道德建设产生负向作用。在无限扩大的网络虚拟空间里，人们借助新媒体发布的各种信息很难得到全面准确及时的监管，鱼龙混杂的网络信息和舆论有可能导致不少网民迷失方向，对公民道德的建设形成了新的挑战。一是道德真空出现。一些网络平台上的网民以虚拟身份出现，他们不用顾忌自己的身份与地位，也就不须承担相应的道德责任。他们的网络言行与网络信息的选择，更多地反映了他们自发的道德趋向和判断。所以，在信息快速广泛传播的新媒体时代，人们的网络言行难以受到完全监管，很可能造成传统道德价值观的断裂和道德真空的出现。二是道德舆情难控。新媒体传播更为快捷，"一张图、一段视频经由全媒体几个小时就能形成爆发式传播，对舆论场产生很大影响"②。在虚拟空间里，大众很难判断道德信息的真假，往往会受到网络大 V 或公众人物的影响。若从中获得不准确信息，很容易导致热点事件持续发酵。在群情激愤之下，人们极有可能做出不理智的判断甚至采取不理智的行为，进而引发道德舆情。因此，新媒体时代的舆情多点多发，增加了公民道德监管难度。三是网络暴力时有发生。在道

① 习近平. 习近平谈治国理政：第 2 卷 [M]. 北京：外文出版社，2017：336.
② 习近平. 习近平谈治国理政：第 3 卷 [M]. 北京：外文出版社，2020：319.

德舆情之下，相关人很可能遭到不公正的评判、谩骂、抨击、侮辱、诽谤，甚至受到肉体上的威胁和伤害。近年来，在"上海女子请外卖员给听障父亲送饭菜""刘学周寻亲被生母拉黑""红发女孩郑灵华向爷爷报喜"等事件中，当事人都因不堪忍受网络暴力而自杀。四是网络违法行为。一些不法分子利用网络鼓吹推翻国家政权，煽动宗教极端主义，宣扬民族分裂思想，教唆暴力恐怖活动，还有一些不法分子利用网络进行欺诈活动，散布色情材料，进行人身攻击，兜售非法物品等。这些行为极易恶化网络生态，造成人们思想道德混乱。

2.3.1.3 公民道德失范行为的新表现与新特征

老纲要的颁布，尤其是新纲要颁布后，我国公民道德建设取得了丰硕的成果，公民道德的主流无疑是值得肯定的。同时，应当看到，公民道德领域出现新问题，老问题在一定程度上仍然存在，或者老问题又呈现出新的特征，一些失范、失序的社会现象仍然可能导致人们无所适从。

一是特定群体公民道德失范危害巨大。在这些群体中，既有党员干部和公职人员，也有社会公知。近年来，绝大多数党员干部公民道德价值取向和行为表现是正向的和积极的，但在个别党员干部身上，理想信念丧失、贪污腐败、庸懒散浮拖、形式主义、官僚主义等现象在一定范围内仍然存在。同时，个别公职人员尤其是领导干部底线失守、官德不修、私德不正，严重危害国家正常的政治经济秩序、违反社会公德。另外，个别公知借用环保、疫情、贸易战等热点问题，将"言必欧美""兜售普世""中国必呲"等惯性行为改头换面，蛊惑受众。这些现象和行为伤害了人民群众对党和政府的感情，影响了社会大众的公民道德行为选择，对公民道德建设造成了恶劣影响。

二是伤害国家尊严和民族感情行为引发众怒。这实际上是历史虚无主义的新表现。近年来，极个别精日分子上演了一系列侮辱国人的事件，如穿二战时日军制服在爱国主义教育基地拍照、侮辱南京大屠杀遇难同胞、发布李宁扑街服装等，否认日本侵华战争的罪行，为日本军国主义招魂。网民"粉笔张小龙""暴走漫画""作业本""罗某平""辣笔小球"等人，为了博取眼球、收割流量，以"还原历史""探究细节"等为名，在网络上戏化、丑化、污蔑叶挺、邱少云、董存瑞等革命先辈和战斗英雄。这些事件和行为歪曲历史真相，亵渎英雄和烈士，充当敌对势力的帮凶，触碰了中国人民的道德底线，造成了恶劣的社会影响，引起了社会各界人士的强烈愤慨。

三是拜金主义、享乐主义、极端个人主义呈现新的特征。其一，主体年轻化、扩大化。在改革开放初期，有这些不良道德观念的主要是一些有经济实力的成年人。近年来，各类消费信贷的兴起，尤其是校园贷的风行，助推了越来越多的大学生等年轻群体超前消费。由此，上述不良道德观群体人数有所增加，而且有年轻化的趋势。其二，表现方式多样化。与改革开放前中期的一些人纸醉金迷地粗暴炫富、灯红酒绿地低俗生活、钱权交易、利用黄赌毒非法牟利等方式不同，当下的拜金主义、享乐主义、极端个人主义表现更为曲折与多样，比如权钱一体化运营、凡尔赛式炫富、"巨婴"式啃老、阴阳合同式偷税漏税、学术式贩卖国家机密、明星代孕、"霸座"与冲击地铁车门等。其三，社会危害更大。那些不择手段牟利的人，无疑会造成社会价值观混乱，导致社会无序竞争。那些只顾自己享乐的年轻群体难以承担家庭和社会责任，无疑会给其家长造成沉重的经济负担，影响社会财富积累和人类文明进步。那些个人利益至上的极端狭隘的个人主义理念及其行为表现，无疑会干扰公共道德建设，甚至破坏社会公共秩序，损害人民共同利益，危害国家公共安全。

2.3.2 新时代公民道德建设的新理论与新政策

进入新时代以来，以习近平同志为核心的党中央全面把握新时代我国公民建设面临的新变局，立足新时代中国特色社会主义建设的实际，发表了一系列重要论述，出台了一系列新的政策文件，形成了新时代公民道德建设的新理论。新理论坚持问题导向，运用系统论分析方法，阐释公民道德建设主要内容、重点群体、基本方略和具体策略，实现了德性伦理与规范伦理的统一、理论自觉性与自洽性的统一。

2.3.2.1 习近平总书记关于公民道德建设的重要论述

（1）培育和践行社会主义核心价值观

针对价值多元冲击下部分社会成员价值迷失、道德失范的状况，党的十八大明确提出倡导社会主义核心价值观，成为公民道德建设的价值引领。培育和践行社会主义核心价值观是习近平总书记关于公民道德建设论述的重点。

一方面，习近平总书记从德性伦理的角度，阐释社会主义核心价值观的本质、内容体系、基本特点和深刻内涵。习近平总书记指出，社会主义核心价值观是当代中国在价值观念上的最大公约数，其实质就是个人、国家与社会的德。习近平总书记从建设什么样的国家、建设什么样的社会和培育什么样的人出发，架构了社会主义核心价值观内容体系，即倡导国家层面的富强、民主、文明、和谐，社会层面的自由、平等、公正、法治，个人层面的爱国、敬业、诚信、友善①。习近平总书记概括出社会主义核心价值观的方向性、民族性和世界性三个基本特点，即"体现了社会主义本质要求，继承了中华优秀传统文化，也吸收了世界文明的有益成果"②。习近平总书记在继承传统的基础上，创造性地分析社会主义核心价值观各个范畴的内涵，其中最有代表性的是对民主的阐释。习近平总书记指出，民主是全人类共同价值，是各国人民的权利，我国的民主是全过程人民民主。全过程人民民主理论，既吸取了人类优秀文明中的民主思想，又有别于杜威的"参与民主"、熊彼特的"精英民主"和哈贝马斯的"协商民主"等西方自由民主理论。习近平总书记基于我国民主政治实践，归纳出全过程人民民主的特质和优势："实现了过程民主和成果民主、程序民主和实质民主、直接民主和间接民主、人民民主和国家意志相统一，是全链条、全方位、全覆盖的民主，是最广泛、最真实、最管用的社会主义民主。"③

另一方面，习近平总书记从规范伦理的角度，强调在实践中践行社会主义核心价值观。习近平总书记提出培育和弘扬社会主义核心价值观的基本方略，就是要立足中华优秀传统文化，发挥政策导向作用并贯穿社会生活的方方面面。习近平总书记还论及具体的方式方法，即处理好中华优秀传统文化继承和创造性发展的关系，采取教育引导、舆论宣传、文化熏陶、实践养成、制度保障等，使社会主义核心价值观内化于心、外化于行，依靠各方面政策和法律推动核心价值观建设④。习近平总书记所论及的民主实践极具代表性，涉及基本环节、实践办法和评价标准等内容。习近平总书记将民主这一核心价值观的践行具体落实到我国的政治实践中，明确了全过程人民民主实践的五个基本环节，即民主选举、民主协商、民主决策、民主管理、民主监督。习近平总书记不仅提出保障民主的有效办

① 习近平. 习近平谈治国理政：第1卷［M］. 北京：外文出版社，2018：168.
② 习近平. 习近平谈治国理政：第1卷［M］. 北京：外文出版社，2018：169.
③ 习近平. 习近平谈治国理政：第4卷［M］. 北京：外文出版社，2022：260-261.
④ 习近平. 习近平谈治国理政：第1卷［M］. 北京：外文出版社，2018：163-165.

法，即"要扩大人民民主，健全民主制度，丰富民主形式，拓宽民主渠道，从各层次各领域扩大公民有序政治参与"①，还提出评判国家政治制度是否民主的八个标准和民主是否真正实现的四个"要看"和"更要看"标准②。

（2）注重家庭美德教育

习近平总书记关于家庭美德的论述集中体现在三个方面。一是家庭美德的意义。习近平总书记从家庭与国家、民族和社会关系的高度，论述了注重家庭美德的重要意义，指出"家庭的命运同国家和民族的前途命运紧密相连""家庭文明与社会文明密切联系"，号召大家"要重视家庭文明建设，努力使千千万万个家庭成为国家发展、民族进步、社会和谐的重要基点，成为人们梦想启航的地方"③。二是家庭美德教育的内容。习近平总书记提出要注重家教和家风，家庭教育的重要内容就是"培育和践行社会主义核心价值观，引导家庭成员热爱党、热爱祖国、热爱人民、热爱中华民族，传播中华民族传统美德，传递尊老爱幼、男女平等、夫妻和睦、勤俭持家、邻里团结的观念，倡导忠诚、责任、亲情、学习、公益的理念"④。三是家庭美德教育的基本方法。习近平总书记提出的方法主要有示范法和熏陶法，即通过"言传身教，教知识育品德，通过良好家风的培育让孩子耳濡目染，扣好人生的第一粒扣子"⑤。习近平总书记特别强调要发挥妇女在家庭美德教育中的独特作用，要求广大妇女"要发扬中华民族吃苦耐劳、自强不息的优良传统，追求积极向上、文明高尚的生活"，"帮助孩子形成美好心灵"，促使他们"成为对国家和人民有用的人"⑥。

（3）加强网络道德建设

习近平总书记提出一系列关于网络强国的重要思想，就网络道德建设的作用、目的、方略、实施路径等提出了一系列新思想新观点。习近平总书记指出，网络是亿万民众共同的精神家园，网络文明是新形势下社会文明的重要内容，网络道德建设的重要作用就是凝聚共识，即"构筑各民族

---

① 习近平. 习近平谈治国理政：第4卷 [M]. 北京：外文出版社，2022：258-260.
② 习近平. 习近平谈治国理政：第4卷 [M]. 北京：外文出版社，2022：258-259.
③ 习近平. 习近平谈治国理政：第2卷 [M]. 北京：外文出版社，2017：353-354.
④ 习近平. 习近平谈治国理政：第2卷 [M]. 北京：外文出版社，2017：355.
⑤ 习近平. 习近平谈治国理政：第2卷 [M]. 北京：外文出版社，2017：355.
⑥ 中央政府门户网站. 习近平：坚持男女平等基本国策，发挥妇女伟大作用 [EB/OL]. https://www.gov.cn/ldhd/2013-10/31/content_2519107.htm.

共有精神家园、铸牢中华民族共同体意识",其重要内容就是"培育积极健康、向上向善的网络文化,用社会主义核心价值观和人类优秀文明成果滋养人心、滋养社会",主要目的就是"为广大网民特别是青少年营造一个风清气正的网络空间"①。习近平总书记提出新媒体时代网络道德治理的基本方略,就是通过加快媒体融合发展,"发挥主流媒体的引领作用","形成网上网下同心圆,使全体人民在理想信念、价值理念、道德观念上紧紧团结在一起,让正能量更强劲、主旋律更高扬"②。习近平总书记提出网络道德建设的实施路径就是通过提高网络综合治理能力,"形成党委领导、政府管理、企业履责、社会监督、网民自律等多主体参与,经济、法律、技术等多种手段相结合的综合治网格局"。同时,习近平总书记要求坚持打击网络违法行为,特别强调"严厉打击电信网络诈骗"③。

（4）关注重点群体的公民道德

其一,党员干部群体。习近平总书记提出党员领导干部的公民道德要求,即"明大德、严公德、守私德,重品行、正操守、养心性",特别强调领导干部要通过讲政德引领全社会的公民道德,因为"政德是整个社会建设的风向标"④。习近平总书记具体论述了党员领导干部如何达到上述要求。比如,习近平总书记对"严公德"的要求,"就是要强化宗旨意识,全心全意为人民服务,恪守立党为公、执政为民理念,自觉践行人民对美好生活的向往就是我们的奋斗目标的承诺,做到心底无私天地宽"⑤。又如,习近平总书记对"守私德"的要求,就是要继承和弘扬中华优秀传统文化、革命前辈的红色家风,保持高尚道德情操和健康生活情趣,"做家风建设的表率,把修身、齐家落到实处"⑥。再如,习近平总书记对"讲政德"的具体要求,就是要"弘扬忠诚老实、公道正派、艰苦奋斗、清正廉洁等价值观","旗帜鲜明抵制和反对关系学、厚黑学、官场术、'潜规则'等庸俗的政治文化"⑦。

其二,青少年群体。在建设社会主义现代化国家的新征程中,青少年

---

① 习近平. 习近平谈治国理政：第 2 卷 [M]. 北京：外文出版社, 2017：337.
② 习近平. 习近平谈治国理政：第 3 卷 [M]. 北京：外文出版社, 2020：317.
③ 习近平. 习近平谈治国理政：第 3 卷 [M]. 北京：外文出版社, 2020：306.
④ 习近平. 习近平谈治国理政：第 2 卷 [M]. 北京：外文出版社, 2017：356.
⑤ 习近平. 习近平谈治国理政：第 2 卷 [M]. 北京：外文出版社, 2017：356.
⑥ 习近平. 习近平谈治国理政：第 2 卷 [M]. 北京：外文出版社, 2017：356.
⑦ 习近平. 习近平谈治国理政：第 2 卷 [M]. 北京：外文出版社, 2017：356.

是亲历者和建设者，承担着重大的历史责任。习近平总书记在众多场合的讲话中都对青少年群体寄予厚望，特别强调对他们的思想道德培育，着重论述了青少年培育和践行社会主义核心价值观的重要意义和主要方法。习近平总书记指出，青少年处于人生的"拔节孕穗"阶段，他们要成长为中国特色社会主义的建设者和接班人，就要扣好人生的第一粒扣子。就如何树立和培育社会主义核心价值观，习近平总书记对青年和少年儿童分别提出要求，青年要做到"勤学""修德""明辨""笃实"①，少年儿童要做到"记住要求""心有榜样""从小做起""接受帮助"②。

2.3.2.2 新时代公民道德建设政策

进入新时代以来，在习近平总书记关于公民道德建设重要论述的指导下，党中央出台了相关的新时代公民道德建设系列政策文件。新时代党的全国代表大会报告、《关于培育和践行社会主义核心价值观的意见》（2013年）、《关于实施中华优秀传统文化传承发展工程的意见》（2017年）、《关于深化群众性精神文明创建活动的指导意见》（2017年）、《新时代公民道德建设实施纲要》（新纲要）（2019年）、《新时代爱国主义教育实施纲要》（2019年）、《关于进一步加强家庭家教家风建设的实施意见》（2021）等先后出台，逐渐形成新时代公民道德建设的内容框架和践行策略，推动新时代公民道德建设理论不断向系统、全面、完善迈进。

（1）新时代公民道德建设的内容架构

新时代公民道德建设的内容架构在习近平新时代中国特色社会主义思想指导下，结合我国公民道德现状和公民道德建设历史经验，围绕习近平总书记关于公民道德建设的重要论述展开，主要包括以人民为中心的价值追求、以集体主义为根本原则、以社会主义核心价值观为引领、以"五爱"为基本要求、以"四德"建设为着力点。

为人民服务是共产主义道德的核心，以人民为中心是新时代公民道德建设的价值追求，二者一以贯之，又与时俱进。新时代公民道德建设强调以人民为中心，承续从"全心全意为人民服务""是否有利于提高人民生活水平""代表最广大人民的根本利益"到"以人为本"的人民论历史逻辑，适应了我国社会主要矛盾的新变化新要求，满足了人民对美好生活向往的迫切需要，致力于促进社会全面进步与人的全面发展。新时代公民道

---

① 习近平. 习近平谈治国理政：第 1 卷 [M]. 北京：外文出版社，2018：172-173.
② 习近平. 习近平谈治国理政：第 1 卷 [M]. 北京：外文出版社，2018：182-183.

德建设坚持以人民为中心，就要尊重群众主体地位、依靠人民团结奋斗汇聚磅礴力量，就要关注人民利益诉求和价值愿望、实现发展成果由人民共享。

集体主义是共产主义道德的基本原则，是新时代公民道德建设的必然要求。新时代集体主义是马克思主义对人类共同利益的坚持，又是对中国传统文化中"家国天下"整体主义思想的复归，更是对人口规模巨大的中国式现代化内涵的诠释。经过改革开放四十多年的洗礼，中国共产党和中国人民摒弃了以"大锅饭"为标志的对集体主义的简单粗暴理解，赋予集体主义新的时代内涵。新时代的集体主义重要目标，就是实现人口规模巨大的全体人民的共同富裕，实现中华民族的伟大复兴。新时代公民道德建设坚持以集体主义为根本原则，就要通过推动实施公民道德建设工程，激发全体人民的创造活力，推动实现文化强国目标，为中华民族伟大复兴提供精神动力。

社会主义核心价值观是中国特色社会主义的价值引领，是新时代公民道德建设的核心内容。它源自中华优秀传统文化、革命传统文化与世界文明有益成果，是社会主义核心价值体系的高度凝练和集中表达，是中国特色社会道德建设长期探索的重要成果。倡导富强、民主、文明、和谐、自由、平等、公正、法治、爱国、敬业、诚信、友善的社会主义核心价值观，既是对国家、社会和个人发展愿景的企盼，也是新时代中国特色社会主义现代化建设的价值遵循，更是新时代公民道德建设的价值依归。新时代公民道德建设坚持以社会主义核心价值观为引领，就是要"将国家、社会、个人层面的价值要求贯穿到道德建设各方面，以主流价值建构道德规范、强化道德认同、指引道德实践，引导人们明大德、守公德、严私德"①。

"五爱"就是爱祖国、爱人民、爱劳动、爱科学、爱社会主义。这些要求既继承了传统，又根据时代新变化提出了新要求。新中国成立以来，我国的"五爱"道德意识培育的提法一以贯之，但其具体内容有所调整，直到1986年《中共中央关于社会主义精神文明建设指导方针的决议》出台，"五爱"的基本要求重新得到定义，并一直沿用至今。新时代的"五爱"要求实质上就是民族认同、国家认同和政治认同要求，其根本目的就是要筑牢理想信念之基。新时代公民道德建设坚持以"五爱"为基本要

①　中共中央，国务院. 新时代公民道德建设实施纲要［N］. 人民日报，2019-10-28（6）.

求，就要通过多种形式的宣传教育弘扬民族精神和时代精神，引导人们坚定"四个自信"、做到"两个维护"，"把共产主义远大理想与中国特色社会主义共同理想统一起来，把实现个人理想融入实现国家富强、民族振兴、人民幸福的伟大梦想之中"①。

"四德"即社会公德、职业道德、家庭美德、个人品德，是新时代公民道德建设的着力点。老纲要将公民道德建设着力点确立为社会公德、职业道德、家庭美德建设三个方面，新纲要在道德建设着力点上的最大创新是加入了个人品德的主要内容，即"爱国奉献、明礼遵规、勤劳善良、宽厚正直、自强自律"。个人品德既是社会道德原则和规范的内化，也是作为主体的个体对社会道德的认识、选择以及实践的结果，是人们社会行为个性化的道德特质。由此，"四德"将公民道德从社会公共领域、职业领域和家庭领域扩展到个体领域，顺应了道德由外而内运行的一般规律，实现了规范伦理向德性伦理的过渡。新时代公民道德建设坚持以"四德"为着力点，就要努力践行"四德"的主要内容，在社会上做一个好公民，在工作中做一个好建设者，在家庭里做一个好成员，在日常生活中养成好品行②。

（2）新时代公民道德建设的践行策略

新时代公民道德建设政策基于道德发展的一般规律，正确处理外在与内在、城市与乡村、人类与自然、国内与国际、现实与网络道德的关系，构建起多维立体的践行策略。

其一，外化与内化相互协调。一方面，无论是开展遵循文明规范行为、倡导科学文明生活方式、优化公共空间、提升服务水平、发挥礼仪礼节的教化作用，还是构建社会征信体系、健全守信激励与失信惩戒机制、重视乡规民约、制定国家礼仪规程与完善党和国家功勋荣誉表彰制度等，其主要目的就是要通过营造氛围和构建制度体系，改善公民道德运行的外部环境；另一方面，无论提升公共意识与文明素质、传承中华传统诚信文化、培育志愿者精神、增强国家认同意识，还是查处违背诚信的行为、破除不良习俗、抵制迷信和腐朽文化、防范极端思想和势力渗透等，其主要目的都是通过对内部动力的激发，提升公民个体道德意识的自觉性。概言之，从道德氛围的营造与道德规范的健全到正向道德行为的激励与负向道

---

① 中共中央，国务院. 新时代公民道德建设实施纲要 [N]. 人民日报，2019-10-28 (6).
② 中共中央，国务院. 新时代公民道德建设实施纲要 [N]. 人民日报，2019-10-28 (6).

德行为的惩处，新时代公民道德建设实践遵循了公民道德发展由外而内的一般规律，突出了公民道德建设由外而内的实施路径。

其二，城市与乡村相互衔接。我国地域辽阔，城乡公民道德的历史积淀与现实表现都有所不同，新时代公民道德建设政策充分把握了这种差异性。在城市，更多地强调公共生活领域与陌生人社会交往中的文明行为培育，探索通过提高城市公共服务能力来提升公民道德意识。在乡村，更多地强调除旧布新，即摒弃落后的风俗习惯，倡导科学文明的生活方式，同时也注重乡土文明的创造性发展，充分利用乡村中现有的文明组织和管理手段。总之，新时代公民道德建设实践策略正确处理了公民道德发展的普遍性与特殊性的关系、城市与乡村道德文明的个性与共性关系。

其三，人类与自然相互依存。我国自古以来就有天人合一的思想，素有追求人与自然和谐共生的道德意识。进入新时代以来，随着中国特色社会主义建设"五位一体"总体布局的确立，生态道德得到了更多的关注。新时代公民道德建设政策顺应这一变化趋势，在深入推进人际交往中公民道德意识培育的同时，强调在生产与生活中践行生态道德。从确立各类生态环境日，树立尊重、顺应与保护自然理念，"绿水青山就是金山银山"理念，增强生态环保意识，到创建各级各类节约与绿色组织机构、践行绿色生活方式，新时代公民道德践行策略反映了从人类社会到自然界、从理念到行动、从生产到生活的行为逻辑。

其四，国内与国际相互贯通。随着近年来对外交流交往的发展和境外旅游热的兴起，展现我国公民道德的国际风貌成为重要的议题。新时代公民道德建设政策提出要在对外交往中展示我国公民的文明素养，需要通过相应的组织机构提升公民的道德素养，既尊重异域道德文明，又展现中华道德文明风采。这实际上是中华道德文明与世界道德文明的对话，是公民道德实践由国内向国际的延伸，其目的就是要展现与我国政治和经济地位相匹配的大国风范与大国形象。

其五，现实与网络相互配合。网络越来越成为人们生产与生活的重要组成部分，网络公民道德建设日趋重要。新时代公民道德建设政策提出形成良好的网络道德，就是要让正确的道德取向成为网络空间主流，培育网络文明行为，让良好的现实道德行为在网上得以继续和扩展。由此，网络道德依托现实道德，又拓展了后者的活动空间，实现了道德实践在多维空间的对接和延伸。

2.3.3　新时代公民道德建设的新举措与新成就

进入新时代以来，以习近平同志为核心的党中央不仅根据时代变化致力于发展和完善公民道德建设理论，而且还努力深入推进公民道德建设实践。习近平总书记亲自谋划、身体力行、率先垂范，从中央到地方的各级各部门采取传承红色革命文化、弘扬中华优秀传统文化、宣传英雄模范事迹、开展文明创建活动等一系列新举措推动公民道德建设。这些举措集政治性、民族性、先进性与广泛性于一体，增强了人们的政治认同、民族国家认同、社会认同与自我认同意识，创造了新时代公民道德建设的鲜活经验。同时，这些举措既彼此区分、各有侧重，又相互映照、相互交叉，共同构成了新时代公民道德建设多维立体、丰富多彩的时代画卷。

2.3.3.1　传承红色革命文化基因，巩固党的领导

红色革命文化是公民道德建设的精神引领，传承红色革命文化是加强党的领导、巩固党的执政地位的重要支撑。在中国的革命时期、建设时期和改革时期，许多重要时间节点和特殊地域出现过重要的历史人物、发生过重大的历史事件，铸就了一座座红色革命文化的历史丰碑。进入新时代以来，全国上下、党内党外采取一系列举措弘扬革命文化，增强党员干部和人民群众的政治认同。

（1）开展"四史"学习教育。"四史"一直是我国思想政治教育中的重要内容，全党全国范围内的大规模学习活动在新时代全面展开。2021年5月，中共中央办公厅印发《关于在全社会开展党史、新中国史、改革开放史、社会主义发展史宣传教育的通知》，这一主题教育的目的就是让党员干部传承红色基因、保持先进性和纯洁性，让人民群众坚定不移听党话、跟党走，在全面建设社会主义现代化国家伟大实践中建功立业。几年来，"四史"学习教育进机关、进学校、进企业、进社区、进网络，红色革命文化得到广泛传扬，党员干部革命意志得到锻炼，新时代中国共产党的开拓奋进得到人民的普遍支持，真正实现了"学史明理、学史增信、学史崇德、学史力行"①。

（2）构建精神谱系。中国共产党的精神是与党的历史相伴而生的宝贵财富，构建中国共产党的精神谱系是习近平总书记提出的新要求。从2013

---

① 习近平.习近平谈治国理政：第4卷［M］.北京：外文出版社，2022：518.

年起，习近平总书记先后在不同场合阐释或重新概括了援外医疗队精神、焦裕禄精神、延安精神、井冈山精神、塞罕坝精神、改革开放精神、抗战精神、脱贫攻坚精神、抗疫精神、建党精神等。习近平总书记在纪念中国共产党成立一百周年大会上提出构筑精神谱系之后，各界各地掀起了研究高潮。2021 年 10 月，党中央批准将中共中央宣传部梳理的 46 种伟大精神入选第一批中国共产党人精神谱系。中国共产党人的精神谱系，将中国革命、建设、改革和新时代中国特色社会主义建设链接起来，环环相扣、生生不息，成为新时代中国公民道德建设的生命线。

（3）保护革命遗址和党史文物。2018 年，《关于实施革命文物保护利用工程（2018—2022 年）的意见》印发以后，全国革命遗址保护和革命文物保存工作进一步加强。北大红楼、上海中共一大会址、遵义会议会址等中国共产党重要会议遗址，南昌、延安、西柏坡等地革命纪念馆和博物馆，党史重要人物故居等，都得到进一步发掘、修复和保护。2022 年底，全国登记的不可移动革命文物达 3.6 万处，国有可移动革命文物超过 100 万件（套），全国革命纪念馆跃升至 1 600 余家，全国重点文物保护单位革命旧址开放率达 94%[①]。全国各地在保护遗址和文物的同时，深入挖掘革命文物蕴含的思想内涵和时代价值，充分发挥革命文物在公民道德建设中的重要作用。

（4）开展红色文化实践活动。近年来，全国各地利用党史重要事件发生周年、重要人物诞辰等时机，开展红色家风传承、红色文化旅游、红色网络游戏开发等活动。其中，红色文化旅游活动成为热点和亮点。近年来，各地红色旅游景区采用红色演艺、光影秀、无人机秀等手段搭建起多元化视听架构，运用沉浸式表演、主题快闪等活动建立起目的地与游客之间的新型互动模式，利用智慧地图、全景 VR（虚拟真实）、裸眼 3D（立体三维）、AI（人工智能）管家等高科技实现红色旅游与互联网一代无缝对接。仅 2019 年，全国红色旅游接待人数超过 14 亿人次，年轻人成为其中的生力军，红色旅游收入超过 4 000 亿元[②]。由此可见，红色旅游在涵养民族精神、培育青年一代公民道德意识方面，发挥着日益重要的作用。

2.3.3.2　弘扬中华民族优秀传统道德，夯实文化根基

中华民族优秀传统道德是公民道德建设的思想基础，弘扬优秀传统道

---

① 朱宁宁. 全国革命纪念馆跃升至 1 600 余家 [N]. 法治日报，2023-01-10 (7).

② 赵珊. 红色旅游热动中国 [N]. 人民日报（海外版），2021-06-18 (12).

德是夯实公民道德文化根基的必然要求。进入新时代以来，全国各地主要依托中华优秀传统文化传承发展工程，开展各类活动以再现、阐释、发掘其中的道德内容和道德元素，实现优秀传统道德的创造性转化与创新性发展。同时，通过寻求优秀传统道德与社会主义核心价值观、新时代公民道德之间的契合点，激发人们的优秀传统道德继承热情，以此来增强人们的民族认同和国家认同意识。

（1）整理古代典籍，让优秀传统道德传下来。新时代极具代表性的古籍整理工作，是国家图书馆组织实施的《中华传统文化百部经典》工程。从2016年到2021年，依托这一工程，《周易》《尚书》《诗经》等50本图书得以再版。这些图书不仅有原文再现、注释和翻译，而且有思想点评和道德价值分析。以《周易》为例，编者不仅归纳并点评书中所体现的传统伦理道德思想，而且结合当代社会现实，探讨这些思想与社会主义核心价值观和新时代公民道德的契合之处，推动中华优秀传统文化与社会主义公民道德有机融合。

（2）演绎古代文化，让优秀传统道德活起来。近年来，在中央电视台的"中国汉字听写大会""中国谜语大会""中国成语大会""中国诗词大会""国家宝藏""典籍里的中国"等栏目的引领下，各地卫视也相继推出"最美中国戏""斯文江南""妙墨中国心""舞千年""天下第一刀""匠心传奇""诗意中国""国学小名士"等众多的优秀传统文化栏目。同时，接续"中国民族网络游戏出版工程"，游戏企业又新推出《丝绸之路》《铁血忠魂戚继光》《忘川风华录》等传统文化主题网络游戏。这些节目或游戏通过丰富多彩的舞台和场景表现手法，再现中国古语言文字、典籍、事件、人物出现的自然环境、历史背景，阐释其中的精神品格，突出其当代道德教育价值。一些节目还借助互联网与微博、B站（哔哩哔哩视频网站）、微视等平台，获得了更多青年受众的追捧，优秀传统道德随之在他们中间产生情感共振。

（3）借力传统节日，让优秀传统道德火起来。传统节日是传承优秀历史文化的重要载体，重视传统节日既能让人们增长知识、受到教益，又有助于弘扬美德、增强文化自信。进入21世纪以来，我国先后将清明节、端午节和中秋节规定为法定节日。进入新时代以来，以"中国节日"为代表的系列演艺节目以情景再现和时空漫游的串联方式，重现了元宵、清明、端午、七夕、中秋、重阳等中国传统节日的热闹景象。同时，《唐宫夜宴》

《洛神水赋》《龙门金刚》《只此青绿》等在传统节日出场的艺术作品,多次在社交平台上引发热议,把文化创新、道德自律等相关讨论推向了一波波高潮。这些节目运用 AR（增强现实）、三维建模、染色等数字化技术手段,在展现歌舞、戏曲、美食等民俗民风元素外,巧妙融入了当下诸多流行文化,如二次元、古风装扮等,深受青年观众的追捧。从古至今,节日习俗可能有所变化,但这些文艺作品承载的高尚道德情感内核却不曾改变。

2.3.3.3 创新道德模范评选,推动见贤思齐

英雄模范是公民道德建设的风向标,宣传英雄模范高尚道德是推动全社会见贤思齐的重要手段。中华民族历来尊崇英雄,党和国家历来高度重视对英雄模范的表彰。新中国成立 70 多年以来,在社会主义革命、建设和改革开放中,一代代杰出建设者和普通劳动者接力奋进和拼搏,在中国特色社会主义建设中做出了突出贡献,树立了崇高的道德榜样。以习近平同志为核心的党中央高度重视功勋荣誉表彰工作,在全国上下大力推动先锋模范评选。

进入新时代以来,在接续"感动中国人物"、全国道德模范评选的基础上,全国层面开展了"时代楷模""改革先锋""最美奋斗者"、国家勋章和国家荣誉称号等评选活动。"时代楷模"称号授予对人们的思想和行为产生巨大而深远影响的,值得人们学习、尊敬和传颂的人物,"改革先锋"称号授予为推动改革开放做出了杰出贡献、发挥了突出的示范引领作用的人物,"最美奋斗者"称号授予为新中国建设不懈奋斗、为人民幸福开拓创造的人,共和国勋章授予在中国特色社会主义建设和保卫国家中做出巨大贡献、建立卓越功勋的杰出人士,国家荣誉称号授予在经济、社会、国防等各领域各行业做出重大贡献、享有崇高声誉的杰出人士。同时,在国家级先锋模范评选活动的带动下,全国各地也开展了各具地方特色的道德人物评选活动。

国家层面评选出的先锋模范给全国人民树立了道德标杆和奋斗目标,对于培育和弘扬社会主义公民道德发挥着重要作用。地方上评选出的道德模范为普通群众树立了身边的学习榜样,使他们沿着身边模范的步伐,一步一步地向更高的道德目标前进。虽然这些荣誉获得者们的贡献类型和大小并不相同,但他们的先进事迹和高尚品德,植根于中华民族深厚的道德沃土,植根于中国特色社会主义伟大事业的实践沃土,是社会主义核心价

值观的生动诠释，是中国社会思想道德主流的真实反映，引领全国人民不断向更高的道德目标迈进。

2.3.3.4 推动群众性精神文明创建，形成道德合力

群众性精神文明创建活动是人民群众群策群力、共建共享、改造社会、建设美好生活的创举，是提升国民素质和社会文明程度的有效途径，是把社会主义精神文明建设的任务要求落实到城乡基层的重要载体和有力抓手①。实行改革开放以来，以创建文明城市、文明村镇、文明单位、文明家庭等为代表的社会主义精神文明创建活动，积累了较为丰富的经验。进入新时代以来，群众性的精神文明创建活动在传承历史的基础上，又采取了更加多样化的形式。在这一过程中，各级党委、政府与群众在活动中承担着不同的职能，在相互协作中促进全社会的道德文明，形成了巨大的道德合力。

一方面，各级党委、政府和基层组织承担起指导、组织与管理责任，在政策支持、方案建议、平台搭建、经验总结等方面发挥重要作用，并致力于调动群众参与的积极性。进入新时代以来，全国各地在争创文明城市、村镇、社区、单位、家庭、校园中，建立起大量的精神文明实践站，成为传播思想道德、保障国家重大活动、解决民众实际困难的重要阵地。尤其是在以社区为代表的基层组织中，党群服务中心的建立对群众性精神文明的创建发挥了重要的引领和支撑作用。仅以北京市为例，2022 年底，全市建成 6 个全国文明城区、72 个全国文明村镇、276 个全国文明单位、22 户全国文明家庭、15 所全国文明校园。同时，全市建成 17 个新时代文明实践中心、362 个文明实践所、6 934 个文明实践站②。这些阵地在开展各类创建活动中，都特别突出思想道德建设，始终坚持创建为民惠民，有力推动了社会文明进步，提升了城乡居民的获得感和幸福感。

另一方面，人民群众和社会团体承担起创新、行动与合作责任，在奉献国家、服务社会、帮助他人、温暖家庭等方面发挥主体作用，不仅致力于促进社会文明风尚的形成，而且着力提高自身精神境界和道德水平。各地群众在党群服务中心的指导下，依托精神文明实践站，组建专门师资队伍、活动指导队伍和志愿服务队伍等，结合新时代以来开展的主题教育与

---

① 中央精神文明建设指导委员会. 关于深化群众性精神文明创建活动的指导意见 [N]. 人民日报, 2017-04-06 (9).

② 孙莹. 北京市民公共行为文明指数首次迈上 90 分高位 [N]. 北京日报, 2022-09-13 (1).

常态化的精神文明活动，开展宣传宣讲和道德实践活动，让党的理论、政策和要求传递到每个基层群众心里，让公民道德要求深入人心。同时，社区群众在践行全过程人民民主的过程中，主动参与到社区的政治、经济、文化、社会和环保等各项事业中，为推动社区的精神文明活动提供内生动力。比如，上海市长宁区虹桥街道古北社区的居民，主动参与到社区市民议事厅、老年活动中心、志愿服务队、妇女中心、儿童中心的各项活动中，在社区精神文明建设中发挥着积极的作用。正是通过群众创造性的道德实践，全社会的道德文明程度不断提升，崇德向善风气更加浓厚。

2.4　新时代对农民工公民道德发展提出的新要求

2.4.1　中国式现代化对农民工公民道德发展的新要求

党的十八大召开，中国特色社会主义进入新时代。新时代办成的三件大事之一，就是完成脱贫攻坚、全面建成小康社会的历史任务。党的二十大报告在此基础上提出，中国共产党带领中国人民开启了全面建成社会主义现代化强国、以中国式现代化推进中华民族伟大复兴的新征程。报告对中国式现代化进行了系统阐述，提出中国式现代化的基本特征之一就是物质文明与精神文明相协调的现代化。这一特征是中国共产党带领中国人民长期奋斗的经验总结。近代以来，新民主主义革命的胜利为中国式现代化的探索创造了根本的社会条件，其中的新民主主义文化建设则为革命提供了精神动力、前进目标和方向。新中国成立初期，社会主义革命和社会主义建设为中国式现代化奠定了根本的政治前提和制度基础，其中的文化建设为调动全国人民建设社会主义的积极性发挥了重要作用。党的十一届三中全会以来的改革开放和社会主义现代化建设，促进了经济的长期高速发展，为中国式现代化提供了体制保证和快速发展的物质条件，同时在"两手抓、两手都要硬"思想的指导下，精神文明建设成为社会主义建设的基本组成部分。进入新时代以来，中国经济高质量稳步发展，为全面建成社会主义现代化强国打下了坚实的物质基础，其中的文化建设以坚持和发展马克思主义的"两个结合"为典型标志，在其中发挥了关键重要作用。

这一特征也是中国式现代化向纵深推进的必然要求。党的二十大报告强调在不断夯实人民幸福生活的物质条件的同时，大力发展社会主义先进文化，加强理想信念教育，传承中华文明，促进物的全面丰富和人的全面发展。这就意味着在全面建成社会主义现代化强国的新征程中，必然加强精神文明建设，而促进包括农民工在内的全体社会成员的道德发展则是题中应有之义。由此，农民工良好的公民道德品质、合格公民道德行为，不仅是农民工自身适应现代化城市生活的必然诉求，也是全面建成社会主义现代化强国、实现中华民族伟大复兴的必然要求。

2.4.2　新型城镇化对农民工公民道德发展的新要求

城镇化是现代化的基本表征。进入 21 世纪以来，我国城镇化建设有力地推动了"三农"问题的解决、区域协调发展和产业结构调整。进入新时代以来，以习近平同志为核心的党中央根据城镇化发展实际状况，适时提出以人为核心的新型城镇化国家战略，推动我国城镇化建设取得历史性成就。其中，最具有代表性的就是农业转移人口市民化，农民工成为新型城镇化重要的建设者和受益者。

从《国家新型城镇化规划（2014—2020 年）》到《国家新型城镇化规划（2021—2035 年）》，加快农业转移人口市民化一直都是新型城镇化的首要任务。以农业转移人口市民化作为解决农民工问题的主要路径，在全社会形成了广泛的共识并付诸实践。从 2013 年到 2022 年底，我国顺利实现了 1 亿非户籍人口在城镇落户的预期目标，其中绝大多数是农民工。同时，农业转移人口市民化质量显著提升，城镇基本公共服务覆盖全部未落户常住人口。纵向对比，农民工在城市的生产与生活确实已经是新中国成立以来的最佳状态。随着新型城镇化战略的稳步实施，绝大多数农民工在城市长期居留，他们成为新产业工人和新市民是必然趋势。

2022 年，在上述两规划的基础上，《"十四五"新型城镇化实施方案》就农民工市民化问题对户籍制度改革、基本公共服务提供机制、农业转移人口劳动技能提升、随迁子女基本公共教育保障、社会保险统筹层次和参保覆盖率、农民工劳动权益保障等方面提出了更加细化的要求。这是党中央对作为新型城镇化的引领者和推动者的政府所做的工作指导和安排，但它同时也对作为新型城镇化的建设者和受益者的农民工提出了新的要求。农民工在享受更加公平的公共服务的同时，必须不断提高自身的公民道德意识，客观、公正、全面地认知并合法、合理、合情地主张自身的权利、履行公共义务、承担公共责任，不断提升自身的城市公共生活能力。

2.4.3 新时代公民道德建设对农民工公民道德发展的新要求

2001 年，老纲要颁布。老纲要论述了公民道德建设的意义、原则和方法，从社会公德、职业道德和家庭美德三个维度概括了公民道德基本规范。这标志着我国公民道德建设回到公民这一"元身份"上来，即"回到公共理性交往和以公民的平等关系为基础，以公民的基本权利和义务为核心，以公民的现实处境和日常生活需要为指向，以国家或共同体的和谐正义为最终归宿的公民道德自身"[①]。这对相对因缺少城市公共生活而导致缺乏公共理性的农民工而言，无疑是巨大的挑战。但经过 20 余年的公民道德建设，农民工整体的公民道德素质较以前还是有所提升。

2019 年，新纲要颁布。新纲要在老纲要的基础上，提出新时代公民道德建设以社会公德、职业道德、家庭美德、个人品德建设为着力点，以筑牢理想信念、培育和践行社会主义核心价值观、传承中华民族美德、弘扬民族精神和时代精神为重点任务，还结合新时代新情况，从开展弘扬时代新风行动、深化群众性创建活动、践行绿色生活方式等方面提出了道德实践要求。此外，还专门论述了网络空间道德建设要求。这些要求对农民工而言，无疑更是巨大的挑战。

从新纲要的主要内容可以看出，新时代公民道德建设所指向的对象，即公民不仅要有老纲要所要求的基本的公民道德素质，而且对新时代党和国家提出的理想信念和奋斗目标、社会主义核心价值观、志愿服务、新的文明风尚、新的环保理念和网络空间道德等诸多方面都要有全面的把握。由此，新时代公民道德建设对农民工道德发展提出了更高的要求，即他们不仅应具有新时代的道德价值理念，而且应具有新时代的道德实践能力。

---

① 杨明. 当代中国公民道德发展的历史与逻辑 [J]. 道德与文明，2014 (3)：5-9.

3 新时代农民工公民道德意识培育的背景及理论资源

一直以来，农民工的城市准入、生产与生活受到国家政策的直接干预。随着国家政策的调整、整个社会对农民工认识的变化和农民工对自身生存境遇认知的变化，农民工公民道德意识也呈现出历时性特征。在当下，农民工在城市生存，尤其是在适应城市公共生活方面仍然面临着一些困境，其公民道德意识的培育已经势在必行。农民工公民道德意识培育需要系统的理论建构和实践指引，马克思主义公民道德意识理论、思想政治教育相关理论、中国特色社会主义民主法治理论和国外公民教育相关理论等，都是农民工公民道德意识培育的理论资源。

3.1 农民工及农民工公民道德发展的历史

3.1.1 农民工产生的历史溯源

近代以来，在工业化进程不断加速和城市规模持续扩张、城乡利益分离与对立的演进过程中，农业劳动力向非农产业转移是世界各国尤其是资本主义先发国家在现代化进程中出现的较为普遍的现象。中国的情况也不例外，农业劳动力从农村向城市流动，从事或长或短时段的非农劳动同样是我国近代一直存在的现象。但农民工现象是在新中国成立以后特别是改革开放以后才大规模出现的。这是我国为了追赶先发国家，尽快进入现代化快车道而不得不采取"城乡分治"政策所导致的。

新中国成立初期，在苏联的示范带动和赶超资本主义发达国家的激励下，结合当时经济与社会发展的实际情况，我国确立了重工业优先的经济发展战略和城市优先的经济发展布局。在重工业吸纳劳动力较少和城市承载能力有限的情况下，大量涌入城市的农村人口给城市的正常生产与生活造成了极大的压力。为了缓解这种压力，我国从 1954 年起逐渐确立了包括粮油供给制度、户籍制度和教育制度在内的几十项分割城乡联系、固化城乡差别的制度。1958 年，《中华人民共和国户口登记条例》（以下简称《条例》）颁布，我国正式建立起以户籍管理制度为基础的城乡分割管理体制。户籍管理制度将公民户口区分为农业户口和非农业户口两类，这两类户口的差别就在于各自享有的就业、教育、养老、医疗、住宅、粮食供给、劳动保护等权利和社会福利不同，非农业户口优于农业户口。《条例》以法规形式限制农村人口迁往城镇，规定公民必须通过入学、招工等特有途径并持有相关证明才能由农村迁往城市。由此，城乡分治正式实施，城市人与农村人之间不仅存在活动地域的差异，而且存在政治身份和经济身份的鸿沟。这种政治身份和经济地位的差别进一步演化为文化上的差别，"乡下人"与"城里人"的文化差异和文化心理距离逐渐拉大。最初的农民工是那些打破城乡分治格局、不遵照《条例》规定而进入城镇谋生的农民，他们进城以后不能享受城市居民待遇，不得不流动于城乡之间。

农民工就是在户籍制度确立以后，离开户籍所在地并进入城镇就业的农村劳动力。在过去相当长一段时间里，他们从事着与城市工人一样的生产活动，在政治身份和经济身份上却属于农村人，受制于户籍制度的规约而不能享受与城市居民同等的待遇；他们身处城市文化圈，在文化身份上却是游离于农民和市民之间的过渡性社会群体，受制于城乡文化差异而难以融入城市文明。由此可见，农民工在城乡分治这一背景下产生，是从农民到工人的过渡人或村民和市民之间的边缘人①。

3.1.2 农民工的含义及相关词汇辨析

3.1.2.1 "农民工"称谓的历史沿革

从可查阅到的文献来看，改革开放以来，"农民工"一词最早出现在两份调查报告中。1981 年，齐管对平顶山煤矿的用工调查显示，该矿从

---

① 潘泽泉. 国家调整农民工社会政策研究 [M]. 北京：中国人民大学出版社，2013：180.

1974 年起就已经开始招收 "农民工" ①。1982 年，庄启东等人调查了贵州省两个矿务局的 "农民工" 使用情况②。这两份报告介绍了农民工入职条件和方式、待遇和劳务保障等情况，为农民工概念的确立奠定了基础。

1982 年，费孝通先生在江苏省吴江县（今吴江市）进行小城镇研究时，开始关注乡镇企业中的农民工群体。他在《苏南农村社队工业问题》一文中，使用了 "农民工" 来指称县办和镇办工业中招收的农民③。1983 年，他在《小城镇，大问题》一文中，再次论及了这一群体。他发现这些农民工不仅与镇上工人一样干活，而且还要干条件最差、最累、最重的活。费孝通先生认为这是中国工业史上未曾出现过的新情况。农民工应该是工人阶级队伍中的新成员，并提出要研究这一群体的社会地位和生活、工作、思想、感情④。当时，跟随费孝通一起调查的年轻学者张雨林对农民工概念进行了较为详细的说明，他将其定位为县域镇中的特殊劳动群体，"他们被接纳到附近的县属镇中做工，其中绝大多数人是常年工，但户口却在农村，保留着农村人民公社社员身份，由生产队供给口粮，生产队提取他们所挣得的工资的一部分作为公共积累。人们称他们为 '农民工' "⑤。由此，农民工在这一时期主要被理解为来自农村并且其身份依然归属农村，在社队和小城镇中的乡镇企业以非农生产为主要生活来源的特殊劳动群体。

随着 20 世纪 80 年代末 "民工潮" 的出现及 21 世纪初 "用工荒" 的发生，社会各界开始广泛关注农民工现象。随着我国经济与社会的阶段性变化、农民工政策调整、农民工流动特征、内部结构、生产与生活方式、与土地的联系等方面也发生了变化，学者们对农民工的界定也随之有所变化，日渐趋于丰富和完善。田凯认为农民工是指户口仍然在农村，但已经在城市从事各种 "自由" 职业，并以此作为其主要谋生手段的人⑥。张敦

① 齐管. 煤矿掘进的新用工形式：对平顶山矿使用农村副业队承包井下工程的调查 [J]. 劳动工作，1981（6）：24-25.

② 庄启东，张晓川，李建立. 关于贵州省盘江、水城矿务局使用农民工的调查报告 [J]. 宏观经济研究，1982（1）：22-27.

③ 费孝通. 苏南农村社队工业问题 [G] //费孝通文集：第 8 卷. 北京：群言出版社，1999：218.

④ 费孝通. 小城镇，大问题 [J]. 社会学通讯，1983（4）：1-22.

⑤ 张雨林. 县属镇中的 "农民工"：江苏省吴江县的调查 [J]. 社会学通讯，1984（1）：12-19.

⑥ 田凯. 关于农民工的城市适应性的调查分析与思考 [J]. 社会科学研究，1995（5）：90-95.

福以城市相对贫困问题为研究对象，认为农民工就是"从农村迁移或流动到城市中，暂居城市谋求发展机会的农民打工人员"①。陆学艺基于对城乡居民的比较研究，将农民工定义为常年或大部分时间在国有或集体等企事业单位里，从事非农生产活动，但户籍在农村，家中还有承包田，不吃国家供应的平价粮，不享受城镇居民的各种补贴，不享受公费医疗等劳保待遇的群体②。李强以社会分层为视角，认为农民工是从农村到城市里来的，职业声望低、受到不公平待遇、处于城市边缘地位的社会群体③。刘传江较为全面地定义了农民工，认为这一群体来自农民、与土地仍然保持着一定经济联系，他们虽然没有城镇居民身份，却主要从事非农业生产和经营活动并以工资收入为主要来源④。

2004年，中共中央、国务院在《关于促进农民增加收入若干政策的意见》中首次使用了"农民工"这一概念，并明确了其产业工人的地位。"农民工"概念进入中央政府具有行政法规作用的文件，标志着国家层面对农民工身份的正式认可。2006年，《国务院关于解决农民工问题的若干意见》（国发〔2006〕5号）明确了农民工的统计标准，即户籍在农村，在乡镇以内从事非农产业或在乡镇以外从业6个月及以上的劳动者，包括"离土不离乡"的本地农民工，和"离乡不离土""离乡又离土"的外出农民工。同年，国务院研究室课题组在《中国农民工问题调研报告》中，正式界定了农民工概念，指出"'农民工'是我国经济社会转型时期的特殊概念，是指户籍身份还是农民、有承包土地，但主要从事非农业生产、以工资为主要收入来源的人员。狭义的农民工，一般指跨地区外出进城务工人员。广义的农民工，既包括跨地区外出进城务工人员，也包括在县域内二、三产业就业的农村劳动力"⑤。这一定义得到了广泛认可，成为学者们从不同视角研究农民工问题的基础。2012年，国务院研究室课题组再次肯定了这一称谓，认为"农民工"是"农民"和"工人"两种职业身份的叠加，体现了他们亦工亦农的特点；尽管从长期来看农民工将会自然消失，但在现阶段"农民工"这三个字是基于群体特点和职业特点而进行的

① 张敦福. 城市相对贫困问题中的特殊群体：城市农民工 [J]. 人口研究，1998 (3)：50-53.

② 陆学艺. 三农论：当代中国农业、农村、农民研究 [M]. 北京：社会科学文献出版社，2002：393-394.

③ 李强. 农民工与社会分层 [M]. 北京：社会科学文献出版社，2004：5-15.

④ 刘传江. 中国农民工市民化研究 [J]. 理论月刊，2006 (10)：5-12.

⑤ 国务院研究室课题组. 中国农民工调研报告 [M]. 北京：中国言实出版社，2006：1.

客观描述和概括，具有广泛的社会基础①。从 2011 年至今，国家统计局每年都会定期发布《农民工监测调查报告》，这也意味着"农民工"这一称谓至今仍然得到国家层面的支持和认可。

由此可见，"农民工"这一概念是我国特殊国情下的产物，其内涵随着社会与经济发展情况的变化而有所变化，理解"农民工"概念必须结合我国特定的历史语境。从长时段来看，对农民工的定义主要考虑四个方面的因素：一是户籍身份，即国家制度对其户籍地及其所享受社会待遇的规定；二是政治身份，即国家政策层面对其政治地位的认定与政治权利的保障；三是社会文化身份，即社会大众与农民工自身对其文化身份的界定；四是从业状态，即农民工生产或经营方式在产业划分中的位置；五是流动目标诉求，即大多数农民工对自身未来政治身份、文化身份和生存状态的心理预期。在当下，农民工就是指户籍大多在农村，在政治身份已经是产业工人、在文化身份上仍然被视为带有小农文化特质的农民，在城镇主要从事非农产业生产经营活动、以非农业经营收入或工资性收入为主要生活来源、以成为城镇居民为主要奋斗目标的社会群体。

3.1.2.2 "农民工"的别称

在不同的时代，社会各界对农民工的指称并不一致。"农民工"的别称主要有"民工""农村外出劳动力""进城务工人员""合同工""季节工""临时工""打工者""打工仔""打工妹""新产业工人"等。这些词语与农民工密切相关，在多数用法上等同于农民工，但在不同时代条件下，国家、培训机构、企业、社区或个人的立场和对农民工认知的差异而有所区别，这些词汇呈现出一定的主体特征、性别特征和感情色彩。

"民工"是指从农村流入城市，从事或长或短时段的非农劳动的农村劳动力。民工是中国社会自近代工业化、城市化起步以来一直存在的现象。在抗日战争和解放战争中，民工主要协助作战部队参与筑路、运输等活动，作为战争的支持性力量而屡屡被提及。在新中国成立初期，民工也主要参加修建、运输活动，常常被作为城市工人的补充力量。但在 1958 年以前，城乡之间不存在户籍的制度规约，因而此前的"民工"在定居和户口的选择上相对灵活，而此后的"民工""农民工"尽管主要在城市生产与生活，但其户籍仍然在农村。"民工"主要被用于政府和企事业用工管

---

① 国务院农民工办课题组. 中国农民工发展研究 [M]. 北京：中国劳动社会保障出版社，2013：495.

理中，也常出现在学术研究中，在具体运用中有褒义、贬义和中性三种感情色彩，灵活性很强。在当下，"民工"与"农民工"的含义非常接近，往往相互替代，在理论研究和实际生产与生活中，用"民工"指代"农民工"的现象大量存在。

"农村外出劳动力"和"进城务工人员"是从改革开放之初一直沿用至今的称谓，主要出现在政策性文件和学术研究中，是指户籍仍在农村，但有相当长一段时间离开农村，在外谋求生存的劳动力。"合同工""临时工""季节工"主要出现在改革开放初期，是指在体制内的企事业单位中从业但没有体制内正式身份的人，他们在政治上与所在单位的固定职工一视同仁，但其农村社员身份不变，户粮关系不转，到期必须轮换，返回农村，不得连续使用。"合同工"是指签订了较长时间劳动合同的人，"临时工""季节工"一般是指没有签订劳动合同或签订短期合同的人，"临时工"强调就业的随机性，"季节工"强调其从业受到农作物播种与收获的影响。"打工者""打工仔""打工妹"是在 20 世纪 80 年代末 90 年代初"民工潮"初现时，南方地区本地居民对外来的来自农村的就业人员的称谓，带有一定的贬义色彩。但这种称谓反映了农民工的基本特征，即工作属于雇佣性质的年轻人。后来这些称谓也得到农民工自身的认可，成为他们群体身份认同的专有名词。

"新产业工人"是国家层面对农民工作用的正式承认，带有明显的褒义色彩。2004 年，中央一号文件《关于促进农民增加收入若干政策的意见》明确了农民工的社会身份和职业定位，"进城就业的农民已经成为产业工人的重要组成部分"。此后，国家下发的农民工相关文件都沿用了"产业工人"的定位。在农民工群体内部，有一部分农民工尤其是一部分新生代农民工也以新工人或新产业工人自居，他们以这一称谓强调自身的文化身份和诉求与传统农民工的差别。从长时段来看，随着城镇化步伐的加快和城乡二元结构的消除，农民工现象必然会消失，"农民工"这一称谓也必然会成为历史，"新产业工人"的称谓将取而代之。新时代农民工公民道德意识的成熟与发展则会成为这一进程的催化剂。

3.1.3　农民工的发展历史及农民工公民道德意识的变化

本书将改革开放起步至党的十八大召开的这三十余年作为观察时段，考察农民工及其公民道德发展的历史概况。在综合考虑经济发展的阶段性变化、农业生产经营方式的转变、国家的农民工政策调整和社会各界对农民工认知的差异等背景性因素的基础上,本书主要根据农民工流动的基本特点、对经济与社会发展的作用和贡献、自身文化心理的变化,将其产生与发展及公民道德意识演进划分为三个基本阶段,每一阶段历时十来年。

3.1.3.1 初步发展阶段:乡村羁绊下的公民道德意识远离

这一阶段大致范围是从 20 世纪 70 年代中后期到 80 年中后期。农民工最典型的特征是亦工亦农,离土不离乡,以乡镇企业作为其就业的主要场所,并以农民作为其社会身份的基本定位。此时,农民工以农村为主要归宿,他们对城市公共生活比较陌生,其公民道德意识相当模糊。

党的十一届三中全会召开后,改革在农村拉开序幕。家庭联产承包责任制为农民工流动提供了前提条件,农业劳动效率的提高使农村出现了大量的剩余劳动力。同时,随着国家整体经济形势的不断好转,乡镇企业逐渐发展起来,偏远工矿区用工需求逐渐增加。国家对国有和集体单位用工的政策已经有所松动,对农民的流动由严格控制流动向允许流动转变。1984 年,国务院《关于农民进入集镇落户问题的通知》规定,在集镇从事非生产经营活动的农民和家属,如果有经营能力或在乡镇企事业单位长期务工,又有固定住所,可以落常住户口,口粮自理。这一规定为农民工合法进入城镇提供了条件。1985 年,《公安部关于城镇暂住人口管理的暂行规定》出台,虽然对农民工管理很严格,但也确实为他们的流动提供了法律依据。1986 年,国务院出台《关于国营企业招用工人的暂行规定》,明确规定农村雇佣人员可以参加企业招工选拔。当然,从总体上看,农民工流动的自由程度还极其有限,整个社会对农民工的认识还比较粗浅,管控、防范甚至排斥占主流[①]。

在此阶段,农民工的流动目的单一、组织形式简单、就业场所和行业可选择性小,流动半径小、规模小、周期性特征明显。农民工流动的目的可以用"赚钱回乡"概括:他们外出务工主要是通过赚取额外收入作为满足其基本生存需求的补充手段,也就是通过短暂的非农劳动积累结婚、建房和家用补贴的资金;土地仍然是农民工谋生的基础,农村是他们的最终归宿。农民工流动的组织形式有集体迁移和零星迁移两种,前者以原有生

---

① 从 1981 年到 1984 年,《劳动工作》《中国劳动》《人民日报》和各地方党报党刊多次发表关于清退农民工的文章,并将其提到了事关党风端正的政治高度。

产队或"农村副业队"为组织依托①，后者以个人为主，是个体工商户或者私营企业主的前身。从工作的场所和就职行业来看，大部分农民工在县域内乡镇企业从事农产品和工业品的初级加工工作，小部分农民工从事饮食、商业、服务、修理业、运输业、建筑业等生产经营活动，还有小部分是在公有制的工厂、矿山、铁路、建筑等部门从事多数正式职工不愿干的重体力劳动。当时，农民工流动以就地转移为主，流动半径小，总体规模逐年扩大。农民工就地转移主要是在乡镇企业中就业，从1978年到1989年，乡镇企业吸纳劳动力人数由2 827万人次上升到9 367万人次，占农村劳动力的比重由9.2%上升到22.8%②。20世纪80年代后期，随着农村乡镇企业逐渐萎缩，部分农民工开始跨省远距离流向大城市。1987年底，全国有二十多个百万人口以上的大城市的流动人口数量达近1 000万，城乡日平均流动人口在5 000万以上，农民工占流动人口的绝大多数③。当然，就农民工流动周期的总体特征来看，农民工流动时间大都集中在农闲期间，主要是在春耕和秋收结束的间隙。

尽管此时农民工的流动规模、时间和半径还比较有限，但其社会贡献已经开始明显表现出来。对于县域地方经济而言，农民工部分解决了农村剩余劳动力问题、积累了农业发展资金、补充了公有制经济商业网点的不足、促进了农村商品经济的发展④。对工矿企业而言，农民工提供了年轻力壮、劳动能力强的劳动力，保障了生产正常进行；农民工进入工矿企业工作，缓解了因占地而引发的工矿企业与所在村社的矛盾，改善了工农关系；农民工伤残后由所在社队负责，减轻了企业负担；农民工能进能出、能工能农，冲击了公有制企业曾经一成不变的劳动体制⑤。对整个经济与社会而言，这一时期农民工的流动初步释放了长期以来的农村人均资源约束下的生存压力，部分解决了城市个别部门和部分工矿企业人力资源短缺问题，已经开始成为计划经济体制向市场经济体制转型的推动力量之一。

这一时期是农民工向外寻找新的生存方式的初步尝试，他们通过外出

---

① 齐管. 煤矿掘进的新用工形式：对平顶山矿使用农村副业队承包井下工程的调查 [J]. 劳动工作，1981（6）：24-25.

② 国务院研究室课题组. 中国农民工调研报告 [M]. 北京：中国言实出版社，2006：305.

③ 盛朗. 中国流动人口迅速增长的原因及变化趋势 [J]. 中国人口科学，1990（6）：43-46.

④ 李延明. 要热情支持农民工商业专业户 [J]. 农业经济问题，1983（1）：63.

⑤ 庄启东，张晓川，李建立. 关于贵州省盘江、水城矿务局使用农民工的调查报告 [J]. 计划经济研究，1982（1）：22-27.

务工取得了比单纯从事农业生产更高的收入，其流动的价值取向主要表现为自发的生存理性选择，即为获取更多的经济利益而离开农村。在农民工流动过程中，宽阔整洁的街道、琳琅满目的商品、快速方便的交通、光怪陆离的公园，让他们目不暇接又不知所措，正在形成中的城市公共生活道德与他们所熟悉的乡土文明形成鲜明的对比。此时，农民工虽然已经跨上由乡村文化通向城市文化的桥梁，初步感受到了农业文明与工业文明的差异，模糊地体会到乡村社会的思维方式和社会习俗难以应对陌生人所组成的现代城市生活。因此，他们在经济成就感增加的同时，开始思考自身当下生存状态与未来发展方向。但是，城乡分割制度造成的文化区隔惯性，使他们很少有时间和机会进入城市公共生活，与公民文化的接触极其有限，还没有强烈地感受到城乡文化的差异对自身的冲击。因此，他们的立足点仍然在乡村。农民工在此阶段对公民文化的需求并不强烈，其公民道德意识还十分薄弱。

3.1.3.2 快速发展阶段：两栖生活之间的公民道德意识困扰

这一阶段大致范围是从 20 世纪 80 年代末到 21 世纪初。农民工最典型的特征是大规模流动，离土又离乡。虽然农民工的生存方式仍然表现为亦工亦农并以农民作为其社会身份的基本定位，但其务工的时间远远超出了务农的时间。在与城市居民的初步对比中，他们开始怀疑自身的公民身份，其公民道德意识已经有所增强，却充满了种种困惑。

这一时期，我国确立了建立社会主义市场经济体制的改革目标，工业化、市场化、全球化推动着改革开放不断向纵深发展。更多经济特区的建立，外资的引进，国有企业的改革，二、三产业的蓬勃发展与城市规模的扩张，为农民工提供了大量的就业机会。《农村劳动力跨地区流动的有序化》（1993 年）、《农村劳动力跨省流动就业暂行规定》（1994 年）、《关于加强流动人口管理工作的意见》（1995 年）等文件的出台标志着国家农民工政策已经发生了新的变化，即由控制盲目流动向引导有序流动转变，逐渐形成了"输出地有组织、输入地有管理、流动中有控制"的农民工流动管理办法①。由此，农民工流动与务工的合法性有了保障，获得了在产业之间和区域之间流动的更多自由。但是，户籍制度及附着于其上的教育、就业、社会保障、医疗等制度仍然没有根本性改变，传统的城市管理制度

---

① 宁夏，叶敬忠. 改革开放以来的农民工流动：一个政治经济学的国内研究综述 [J]. 政治经济学评论，2016（1）：43-62.

仍然更多地关注城市户籍居民,优先保障他们享受公共服务。同时,大多数地方政府对农民工的管理还处于被动应对阶段,对进入城市的农民工仍然采取防范式管理。因此,农民工依然受到各种制约和限制,其就业仍然被限定在苦、脏、累、险、毒等城市居民不愿从事的工种及非正规就业部门。即是说,城市对农民工经济制度上的接纳和社会制度上的不接纳这一矛盾依然存在,政策与制度对具有城市户口的人与农村户口的人仍然维持双重标准①。城市社会仍然比较排斥甚至歧视农民工,表现在职业种类的排斥、日常生活中的有意回避、言语上的轻慢和偶然出现的人格侮辱。

在此阶段,农民工的流动目的由单一向双重转换,组织形式趋于多样化,规模和半径日益扩大,从业领域相对集中,流动时间变长,周期性特征已经发生变化。多数农民工流动的主要目的表现为赚取较务农更高的收入从而获得扎根农村更牢固的经济基础、感受现代城市文化生活而获取更多的生存技能和生活智慧。农民工流动的组织形式主要是在乡土关系基础上建立起来的,以亲缘、地缘为联系纽带的关系网,或者以正式的包工队形式出现,或者直接就是以个人维系的"一带一帮"形式。还有一些是城市劳动部门组织的招聘会,或者集镇上随着劳动力流动而逐渐成长起来的劳务中介组织。农村乡镇企业在 20 世纪 90 年代后期加剧萎缩,大量农民工开始在全国范围内流动。农民工流动方向总体趋势是从中西部流向东部,从内陆流向沿海,从经济落后地区流向经济发达地区,这种流动以其蔚为壮观的规模和新的周期性城乡往返特征而被称为"民工潮"。农民工人数逐年增加,从 1989 年的 3 000 万人增加到 1993 年的 6 200 多万人、1998 年的 9 500 多万人②。在就业选择上,农民工因其自身的文化素质较低和城市社会资本的欠缺而难以进入技术含量高、福利待遇好、社会保障较充分的首属劳动力市场③,主要在技术要求不高、待遇较差和晋升机会较少的次属劳动力市场④寻求就业机会。他们大多数进入偏重体力型的行业,如"翻砂、挡车、装卸、环卫等艰苦岗位",或者从事城市人不愿意干的"钉鞋、修伞、弹棉花、打家具等修缮、服务零活以及收破烂、拾垃

① 朱力. 群体性偏见与歧视:农民工与市民的摩擦性互动 [J]. 江海学刊, 2001 (6):48-53.

② 国务院研究室课题组. 中国农民工调研报告 [M]. 北京:中国言实出版社, 2006:3-4.

③ 梁萌. 确定工作时长应从劳动力市场全局出发 [EB/OL]. https://m.gmw.cn/baijia/2021-03/23/34707312.html.

④ 梁萌. 确定工作时长应从劳动力市场全局出发 [EB/OL]. https://m.gmw.cn/baijia/2021-03/23/34707312.html.

圾等行当"①。第 5 次人口普查资料显示，农民工在二、三产业中的占比超过半数，分别为 58%、52%，其中在制造业、建筑业中的占比更高，分别为 68%、80%②。农民工的流动时间逐渐延长，呈现出"候鸟式"特征，主要有基于农时闲忙交替的年内多次"钟摆式"往返和基于春节这一时间节点而在城乡和地区之间的"兼业式"往返两种形式。

农民工的大规模出现，对整个经济与社会的突出贡献表现在三个方面。一是促进了整个经济的发展。农民工加快了输入地区 GDP 的增速，增加了劳务输出地的收入。据估计，在此阶段，农民工每年给城市经济创造的地方生产总值大约为 2 万亿元，为农村增加的收入也达到 5 000 亿到 6 000 亿元。据四川、安徽等农民工输出大省统计，农民工每年汇回家乡的钱在 300 亿到 600 亿元，几乎相当于这些省份的年度财政收入③。二是提高了我国工业产品的国际竞争力。农民工以其廉价的劳动力降低了企业成本，在一定程度上提升了我国企业的国际竞争力，逐渐成为支撑起中国这一"世界工厂"的劳动力大军。以 1998 年为例，农民工年平均工资为 5 808 元，比城市国有企业职工年平均工资少 1 860 元，其中建筑业、服务业、文教卫生从业农民工比城市国有企业职工分别少 2 652 元、2 591 元、3 528 元④。三是促进了城市的发展。农民工为改善城市居民的生活和工作环境做出了重要贡献，他们在城市建筑业、纺织业和环卫、家政、餐饮等服务业中从事着城里人不愿干的"苦活、脏活、重活、杂活以及有险、有害的活计"，"开始是补充性的，后来逐步成了这些工作中的不可替代的主力"⑤。当然，在这一阶段，农民工也对经济带来了一些负面影响，如农业生产因劳动力缺失而出现了大量撂荒现象、工业生产中的个别农民工不负责任现象、城市中出现公共基础设施受到挤压现象以及农民工犯罪现象等。从总体上看，农民工已经成为不可或缺的城市劳动力资源，促进了劳动力市场繁荣，推动了改革的深入发展。

这一时期是农民工快速发展阶段，其流动的价值取向已经由自发经济诉求逐渐转变为自觉的生存理性选择，他们执着于离开土地，向外追求更

① 葛象贤，屈维英. 民工潮探源（上）[J]. 瞭望，1989（44）：16-18.
② 国务院研究室课题组. 中国农民工调研报告 [M]. 北京：中国言实出版社，2006：7.
③ 韩长赋. 中国农民工的发展与终结 [M]. 北京：中国人民大学出版社，2007：104-109.
④ 刘建进. 1997—1998 年中国农村劳动力就业及流动状况 [M] // 国家统计局. 中国统计年鉴（2000）. 北京：中国统计出版社，2001：334.
⑤ 葛象贤，屈维英. 民工潮探源（上）[J]. 瞭望，1989（44）：16-18.

丰富的物质和精神生活。从文化心理来看，农民工在或乡或城的两栖生活经历中，已经清楚地认识到农业比较效益低下，深刻感受到了城乡物质文化与精神文化的巨大差异，产生了物质与精神的双重困扰，开始表现出由传统向现代过渡的摇摆性和矛盾性特点。

一方面，传统的乡村文化仍然在发挥着决定性作用。尽管农民工的收入水平、生活质量、经济与社会地位与城市居民有较大的差距，而且他们已经深刻地感受到了这种差距给自己的城市生活带来的诸多不便，但是，农民工具有传统农民吃苦耐劳、善于隐忍的固有特征，而且土地始终是他们生存的最后屏障，深入骨髓的乡土文化仍然是其赖以存在的精神依归，返乡是其最终的退路。大多数农民工仍然会在春节期间返回农村享受乡村生活的安适自在，农村不仅有他们牵挂的父母或孩子，也有他们再去城市谋生的关系网络；农村不仅是他们深深眷恋的乡土家园，更是他们修复城市创伤的心灵港湾。

另一方面，现代城市文明已经开始深刻地影响着农民工的行为表现和价值判断。在经过十到二十余年的城乡两栖生活之后，农民工在城市已经得到了更大的经济空间和更多的就业机会，他们的务工时间已经远远超过了务农时间，务工的收益已经成为自身乃至整个家庭的主要生活来源。同时，从整个农民工群体来看，他们已经具备了改变整个社会结构的数量和质量，其主体意识和权利意识已经开始发育[1]。农民工从不公正待遇和歧视中深刻地感受到了社会用工制度和城市文化的排斥，他们尝试运用法律手段和社会舆论维护自己的权益。在自身文化素质较低导致权益表达失败或因为相关制度不完善而导致权益诉求无效的情况下，一些农民工或"抱团取暖"或行为失范，甚至走向犯罪，显示出其公民道德意识的偏颇或缺失。

由此可见，农民工与城市居民公民待遇的差异对其在城市的生存与发展的束缚已经越来越明显，农民工在尝试维护自身权益和偶尔参与城市政治生活与社会公共生活的过程中，对公民身份的认识有了更多的困惑。在身份怀疑与权益诉求中，农民工的公民道德意识开始有所增强，却充满了困惑。

---

① "外来农民工"课题组. 珠江三角洲外来农民工状况 [J]. 中国社会科学，1995 (4)：92-104.

3.1.3.3 稳步发展阶段：代际更替中的公民道德意识成长

这一阶段大致以进入 21 世纪为起点，一直持续到党的十八大前后。国家的农民工政策发生了显著变化，地方政府逐渐取消了农民工进入特定行业的限制性规定，统一的劳动力市场逐步形成。同时，国家已经开始推进农民工享受公共服务等多方面的配套改革，特别强调农民工合法权益的保障。随着农民工在城市居留时间的不断延长和城市定居的未来预期，他们开始主动融入城市公共生活之中，其公民道德意识逐渐增强，但仍存在诸多困扰。

进入 21 世纪以来，国家的农民工政策由管理向服务转变。2003 年，国务院办公厅发布了《关于做好农民进城务工就业管理和服务工作的通知》，要求各地政府取消对农民务工的限制，解决农民工的就业、工资、子女教育等问题。2006 年，国务院发布的《关于解决农民工问题的若干意见》肯定了农民工的社会贡献，明确了农民工的"产业工人"地位，把对农民工的保护提高到一个新的高度；提出了解决农民工问题的十六字方针，即"公平对待、合理引导、完善管理、搞好服务"。从 2004 年到 2012 年，中央连续 9 年发布以"三农"问题为核心的一号文件，形成了"工业反哺农业，城市支持农村"的城乡经济协调发展的战略方针，为农民工工作和生活条件的改善提供了支持。同时，内含农民工问题的"三农"问题引起了全社会的广泛关注，人们更多地以公正为尺度来衡量农民工问题。农民工仍然以"离土又离乡"的务工为基本的生存状态，最典型的变化是老一代农民工逐渐退出劳动力市场，新生代农民工逐渐成为农民工的主体，他们以融入城镇为经济目标，以成为城镇居民为社会身份目标。2006 年，国务院研究室课题组在其研究报告中提出了进入 21 世纪以来农民工的三个基本特征：由亦工亦农向全职非农转变，由城乡流动向融入城市转变，由谋求生存向追求平等转变[①]。

与前两个阶段相比，农民工在此阶段的流动性特征也发生了较大的变化，其流动目的、组织形式、地域、规模以及从业领域趋于多样化。随着城镇化步伐的加快，农民工在城市居留的时间更长，多数农民工流动的目的主要是在新的城镇环境中生活，他们在城市定居的愿望逐渐增强。他们根据自身的经济实力和不同地方的生活成本，在大、中、小城市或乡镇寻

---

① 国务院研究室课题组. 中国农民工调研报告 [M]. 北京：中国言实出版社，2006：10-11.

求长期的和最终的居留处。从流动的组织形式来看，他们不再单纯依靠传统的乡土社会关系网络，而是逐渐利用其在长期流动中积累的新的社会资本和新的就业平台。农民工转移的稳定性总体上显著提升，流动的"家庭化"趋势明显，在流入地居住趋于长期化①。从流动地域来看，农民工在东、西部之间的新型双向流动正在形成。随着国内区域经济布局的调整和产业结构的升级，西部大开发、中部崛起、东北振兴政策深入推进实施，农民工在中、西部地区就地、就近转移逐步加快。同时，受国际金融危机的影响，我国沿海地区劳动密集型产业向中、西部和东南亚国家转移，加剧了农民工在东部的失业，农民工开始向中、西部回流。从 2000 年到 2011 年，我国农民工平均每年增加 1 584.5 万人。2002 年农民工数量突破 1 亿，达到 10 470 万人，2008 年突破 2 亿，达到 22 542 万人，到 2011 年已经达到 25 278 万人，占我国劳动力总数的 33%②。随着技术进步带来的传统重体力劳动需求的减少，农民工的从业领域相应发生变化，在快递、房地产、网络销售等新兴产业就业的人数有所增加。

在此阶段，农民工群体内部分化明显。一种分化是基于城市生存状况的差异，主要有四种情况。一部分迁移时间较长的农民工，因掌握了较高的专业技术、积累了较多的社会资本而开始创办企业，他们较受雇农民工更有明显的经济优势，在身份认同上摆脱了农民工的束缚而与城市居民日趋接近。一部分农民工已经进入技术含量高、福利待遇好、社会保障较充分的首属劳动力市场，并且有经济实力在大中城市购房和长期居留，他们很少认同自身的农民工身份。还有一部分农民工虽未进入首属劳动力市场，但有一定的经验和技术实力并能占据薪酬待遇较好的工作岗位，他们虽然并无购房实力但已经能够在大中城市长期居留。而大部分农民工仍然滞留在技术要求不高、待遇较差和晋升机会较少的次属劳动力市场，但他们中的大部分也已经在家乡的小县城或乡镇上买房，作为其回乡后的固定居留点。

一种分化是基于年龄的差异，农民工内部出现了代际更替现象。老一代农民工开始退出劳动力市场，新生代农民工逐渐成长为主力军。2010 年，中央一号文件正式使用了"新生代农民工"的称谓，并提出要着力解

---

① 韩俊，汪志洪. "十二五"时期解决农民工问题的总体思路研究 [J]. 经济要参，2010 (36)：1-12.

② 靳雄步. 我国农民工群体特征及社会保障研究 [D]. 长春：吉林大学，2014：24.

决新生代农民工问题。新生代农民工主要是指在改革开放历史进程中成长起来的青年农民工，他们很少有务农经历，大部分时间生活在城市，对城市的认同超过了对农村的认同。与老一代农民工相比，新生代农民工流动的需求已经从生存性需要向发展性需要转变，表现出更高的融入期待。他们基本上不再将谋生、赚钱作为第一目标，其流动的目的就是要改变父辈的生活方式以摆脱"农民"这一社会身份，寻求更好发展机会以获得正式的城市居民身份并融入现代城市生活，以自身的思维方式和行为表现来形塑城市文化生活，并成为其中的元素之一。新生代农民工虽然也依靠传统乡土社会关系网络寻找就业机会，但他们也会通过学校、招聘会和网络寻找。与老一代农民工相比，新生代农民工文化程度更高，其就业行业和就业场所的可选择性增加，他们的择业标准相应地发生了变化：他们更倾向于在技术含量偏高、工作环境稍好的现代工厂就业，或者选择到酒店、宾馆、商贸、制造等"更体面"的行业就业。他们更看重工作环境，考虑培训和提升的机会。当然，由于新生代农民工家庭束缚较少、城市适应力较强、工作有一定的弹性，在不满意的状况之下，他们可能会自动离职或辞职。从流动的周期来看，新生代农民工不再是暂居城市，而是倾向于长期居留。因此，他们面临着更急迫的融入城市的需求和挑战：在工作上，他们不仅要和自身所处的农民工群体竞岗，而且也要与同龄的城市户籍居民和大学毕业生竞岗；在文化心理上，他们不仅要摆脱同质群体固有文化心理的干扰，而且还要融入城市青年群体文化生活。

当然，新生代农民工的出现并没有带来农民工群体的根本性改变。尽管新生代农民工与老一代农民工表现出一定的差异性，但与社会其他群体相比，特别是与城市户籍居民相比，农民工的生产与生活方式仍然保持着农民工群体的总体特征，即职业低端化、工作年限短期化、居住地边缘化、社会交往同质化与封闭化、生活预期不确定等。

在这一阶段，农民工的社会地位开始得到社会的广泛认可，其社会作用和贡献在此前基础上又有所扩展。严于龙和李小云统计了 2001 年至 2005 年农村常住户中的农民工创造的 GDP 份额，平均为 21%，对经济增长的贡献基本接近 22%[①]。蔡昉认为农民工为我国的城市化进程做出了重

---

① 严于龙，李小云. 农民工对经济增长贡献及成果分享的定量测量 [J]. 统计研究，2007 (1)：22-26.

要贡献：2001—2008 年，外出 6 个月以上的农民工以年平均 8.4% 的速度增长，推动了中国的城市化进程；在城市人口的增量中，持农业户籍但被划入城区的农民和农民工及其家属占 71.8%①。韩兆洲运用超越对数生产函数模型计算出农民工对中国经济增长的贡献：从第二、三产业劳动力投入绝对量看，2000 年农民工占 39.94%，2012 年上升到 51.56%；从第二、三产业劳动力投入可比量看，2000 年农民工占 31.45%，2012 年上升到 42.33%②。李旭辉等测算了从 2001 年到 2013 年农村劳动力转移对劳动生产率和总产出增长的贡献，分别为 44.58% 和 42.46%；其中，对农业劳动生产率和农业产出增长的贡献分别高达 164.06% 和 102.51%③。由此可见，农民工的数量及对经济的贡献逐渐增加，农民工已经成为中国国民经济建设中不可或缺的重要力量。

这一时期是农民工在发展需求导向下期待融入城市阶段，农民工整体的文化心理需求已经较之前两个阶段有了深刻变化。在农村推力和城市拉力的共同作用下，他们渴望着真正融入城市，因而提升与城市公共生活相适应的公民道德意识的愿望更为强烈。但是，由于乡村文化惯性和城市文化积淀的有限性，农民工的公民道德意识提升仍然面临着诸多困扰。

其一，农民工的乡村经济基础逐渐弱化，传统的乡土关系日渐松散，乡村文化的影响已渐行渐远。进入 21 世纪以来，在农业生产基础条件良好的农村地区，农业科技的广泛运用、土地的规模化经营和农业机械的大量利用使农业生产率极大提高，农业生产中需要的劳动力更少。在农业生产基础条件较差的地方，农村人口的大量减少、恶劣的自然环境和长期的土地撂荒，也同样使农民工难以再返回农村从事农业生产活动。因此，从总体上看，原本是农村剩余劳动力的大多数农民工已经再难回归乡村，农业生产也不再是农民工生存的基本屏障。而且，随着农民工各自迁移地域的不断变化，原有的乡土关系日渐松散，建立在乡村经济和乡土关系基础上的乡土文化也不再是农民工唯一的和最终的精神依托。当然，农民工还在

---

① 蔡昉. 城市化与农民工的贡献：后危机时期中国经济增长潜力的思考 [J]. 中国人口科学，2010 (1)：2-10.

② 韩兆洲，戈龙. 农民工对中国经济增长贡献与成果分享的统计分析 [J]. 统计与决策，2015 (4)：100-103.

③ 李旭辉，等. 中国农村劳动力转移对经济增长的贡献 [J]. 财贸研究，2018 (4)：46-56.

一定程度上保留着封闭、保守、恋土等乡村文化特质，这给他们的城市生活带来了诸多困扰。

其二，农民工在城市生存的环境总体上得到了改善，他们融入城市的愿望更加强烈。随着国家对农民工产业工人地位的确认和农民工政策由权益保护向城市融入的不断丰富和调整，农民工的就业环境、收入状况、社会地位得到了一定程度的改善。农民工在城市已经有了相对固定的居留场所和相对稳定的就业机会，举家流动的现象越来越普遍。由此，他们希望得到更为稳定的工作和收入，希望能享受与城市户籍居民一样的养老、住房、医疗、子女教育等公共服务，能像主人一样生活在城市社区，参与社区的政治活动与公共事务管理活动。最为深刻的是，他们希望摆脱自己所属的农民工群体，弱化甚至真正蜕去农民工群体特质，真正融入城市文明之中。

其三，城市文明对农民工的影响日益加深，农民工的公民道德意识需求日益增强。农民工在城市生活的经济基础越牢固，其居留的时间就越长，主动或被动参与城市公共生活的机会就越多，受城市文化熏陶的程度也就越深。人类学家的研究表明，不同文化之间的接触乃是决定文化变迁的重要因素之一，人们知道的新生事物越多，他们接受新的生活模式的可能性就越大[①]。现代城市生活瞬息万变，有形的物体与无形的观念冲击着农民工固有的思维。在现代城市文明的影响下，农民工尤其是新生代农民工已经不再像以前一样隐忍，他们的社会行为表现出群体性、松散性、及时性、冲击性甚至破坏性，他们要求共享经济发展的成果、维护自身的合法权益、参与城市政治活动与公共生活，享有与城市户籍人口一样的公民权利和待遇指数。然而，在现实中，他们却常常感到自己的文化素养、思维方式、行为方式与城市户籍居民有巨大差异。较之于城市户籍居民，他们更缺乏权益维护、政治参与、社会公共生活参与的知识、能力和公共道德意识，而这正是农民工公民文化弱质的基本表现。由此，城市文化生活对农民工的公民道德意识提出了更高的要求，农民工在城市文化生活的熏染下也产生了公民道德意识提升的强烈诉求。

---

① 米格代尔. 农民、政治与革命 [M]. 李玉琪，袁宁，译. 北京：中央编译出版社，1996：19.

3.2 新时代农民工现状及农民工公民道德意识培育的必要性

3.2.1 新时代农民工现状

进入 21 世纪以来，国家统计局开展了两项关于农民工基本情况的调查。一项是 2008 年开始的农民工监测调查，主要从输出地农村的角度反映农民工的规模、流向和分布。这项调查从 2011 年起由国家统计局在官方网站发布。具体见图 3.1。另一项是 2015 年起开展的农民工市民化进程动态化监测调查（简称"农民工市民化调查"），主要从输入地城镇的角度反映新型城镇化进程中农民工现状以及基本公共服务均等化情况。这项调查从 2017 年起与前一项调查同时发布。具体见图 3.2。相较于其他部门或社会组织的调查，国家统计局的这两项调查覆盖范围广，抽样方式科学，调查真实准确，是了解农民工发展现状的可靠依据。本书主要依据这两项调查数据分析新时代农民工发展现状。

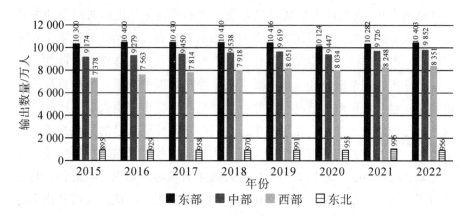

图 3.1　2015—2022 年各地区输出农民工数量

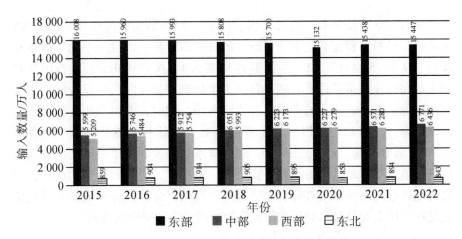

图 3.2　2015—2022 年各地区输入农民工数量

2023 年 4 月，国家统计局发布的《2022 年农民工监测调查报告》显示，2022 年农民工总量达到 29 562 万人，其中本地农民工 12 372 万人，外出农民工 17 190 万人。2022 年末在城镇居住的进城农民工 13 256 万人。具体见图 3.3。

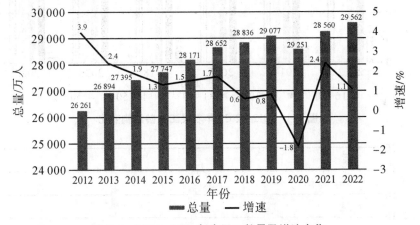

图 3.3　2012—2022 年农民工数量及增速变化

2012—2022 年，外出农民工由 16 336 万增至 17 190 万，本地农民工由 9 925 万增至 12 372 万。本地农民工数量增速持续上升，而外出农民工数量增速继续回落。2015—2022 年，来自东部、中部、西部、东北地区的农民工分别占比没有显著变化。虽然在东部就业的农民工减少了 561 万人，但其占比仅减少了 1.9%。由此可见，至少有 5 000 万农民工跨省流动的现状、半数以上的农民工在东部就业的大趋势短时间内不会改变。

从人口学特征来看，农民工男女性别比例和婚姻状况变化情况不大，但年龄和受教育程度变化十分明显。2012—2022 年，农民工平均年龄逐年增加，从 37.5 岁增至 42.3 岁。具体见图 3.4。这就意味着，在我国现有的土地和就业政策条件下，随着农民工年龄的增加，农民工返乡的比例会逐年增加，本地农民工的人数则会持续增加。同时，农民工的受教育程度逐渐提高，具有初中及以下学历者逐年减少，具有大专及以上学历者由 7.3% 增至 18.7%。具体见图 3.5。这意味着，随着农民工整体文化层次的提升，他们对客观世界的把握会更全面、更准确，他们对自身的认知、对自身与社会之间关系的理解也会更成熟。当然，这种准确与成熟不可避免地是在农民工对自身权利诉求与责任担当的矛盾冲突中实现的。

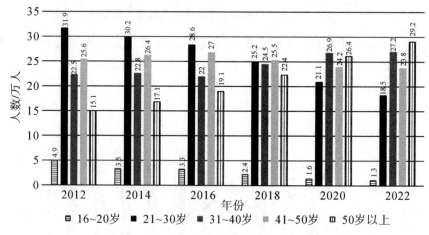

图 3.4 2012—2022 年农民工年龄结构变化

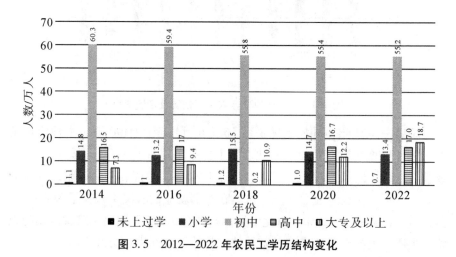

图 3.5 2012—2022 年农民工学历结构变化

从就业情况来看，在第二产业、第三产业的农民工比重分别由 2012 年的 54.1%、33.8%变为 2022 年的 47.8%、51.7%。在第二产业中，从事制造业的农民工逐年减少，而从事建筑业的农民工相对增加。在第三产业中，从事批发和零售业类农民工增长最多，由 6.6%升至 12.5%。从收入情况来看，农民工月均收入由 2012 年的 2 290 元增至 4 615 元。其中，外出农民工、在东部和中部地区就业的农民工月均收入增速快于本地农民工、在西部和东北部地区就业的农民工，从事交通运输、仓储邮政业和建筑业的农民工收入高于其他行业农民工。从居住情况来看，进城农民工由主要住在单位集体宿舍或工棚向租赁或购房居住为主转变。2017—2022 年，农民工人均住房面积从 19.8 平方米上升至 22.6 平方米，住所内的生活设施配套更加齐全。当然，与目前全国城市化现状一致，城市规模越大，农民工人均居住面积越小。

从农民工随迁适龄子女入园入学、自身城市归属感和城市融入等方面来看，农民工市民化程度逐年提升。农民工子女在其务工地受教育问题逐渐得到解决：2017—2022 年，义务教育年龄段随迁儿童的在校率由 98.7%上升至 99.8%；随迁儿童在公办学校就读的小学年龄段占比由 82.2%上升至 88.3%，初中年龄段占比由 85.9%上升至 87.8%。进城农民工对所在城市的归属感和适应度不断增强：2017—2022 年，认为自己是所居住城市"本地人"的占比由 38%上升至 45.7%，对本地生活非常适应和比较适应的占比由 80.4%上升至 85.2%。进城农民工城市公共活动参与程度不断提升：2017—2022 年，参加过所在社区组织的活动占比由 25.6%上升至 34.9%，加入工会组织的占比由 9.8%上升至 16.1%。

从纵向对比来看，近年来农民工的收入水平不断提高，权益保障、子女教育、居住条件、社会融入情况不断改善，农民工的生活满意度不断提升。但是，从与城市户籍居民或体制内国家工作人员横向对比来看，农民工的城市融入度仍然较低，他们在城市生活中仍然面临着诸多问题。

3.2.2 新时代农民工面临的主要问题

认识新时代农民工面临的新问题，就必须了解过去长期困扰农民工的老问题。只有全面了解农民工曾经遇到的历史问题，才能更好地理解农民工在新时代面临的主要问题，也才能对问题的解决提出切实可行的方案。

3.2.2.1 农民工曾经遇到的主要问题及其解决

进入 21 世纪以来，无论是国家层面还是社会层面，对农民工问题都有明确的界定和具体的分析。2006年，国务院研究室课题组综合各部门对农民工的调查情况，考察了改革开放以来农民工的成长与发展历程，并结合农民工工作和生活的实际情况，分析了农民工面临的五个突出问题：工资待遇和劳动环境存在严重问题、社会保障普遍缺失、基本享受不到城市提供的公共服务、维权工作困难重重和身份转换困难①。韩长赋认为农民工问题"既涉及中国城乡关系、工农关系、社会平等、社会流动、社会就业、社会保障等一系列社会现象和社会问题，也涉及中国深层次的经济政治体制改革、党的执政方式和政府管理服务、依法行政、社会和谐稳定等问题"②。沈原等考察了农民工劳动力再生产情况，将农民工问题概括为"农民工生产体制"，具体包括"拆分型劳动力再生产模式"和"工厂专制体制"两个方面。前者将农民工劳动力再生产的完整过程分解开来，乡村承担了有关父辈供养、子代抚育及其相关的教育、医疗、住宅等职能，城镇和工厂只负担农民工个人劳动力日常"维持成本"，这种模式确保了劳动力低成本优势。后者是指生产过程中高强度、长时间的简单劳动，微薄的工资待遇，严苛的管理制度，肮脏、恶劣与危险的工作环境为特征的工厂体制③。韩俊等人将这一问题表述为城市"新二元结构"，指城市内部的非户籍人口与户籍人口之间在政治权利、经济收入、公共服务、社会地位等诸多方面存在明显差距，由此在传统的"城乡二元结构"基础上所形成的"非户籍人口—户籍人口"的二元结构，在实践上明显地表现为中低端外来人口在公共服务方面面临的制度性缺失④。从本质上讲，这些问题产生的根本原因就是改革开放带给个体尤其是大量的农民流动自由，但缺乏相应的制度支持和保障。

概言之，在过去相当长一段时间里，农民工问题就是指农民工在未改变农民身份的情况下，未被城市认同（接纳），他们处在产业的边缘、城乡的边缘、体制的边缘和文化的边缘，由此所产生的农民工职业边缘化、经济地位边缘化、居住边缘化、社会身份边缘化和文化身份边缘化的问题。

从经济层面来看，农民工为社会创造了巨大的财富，却没有充分享受

---

① 国务院研究室课题组. 中国农民工调研报告 [M]. 北京：中国言实出版社，2006：12-15.

② 韩长赋. 中国农民的发展与终结 [M]. 北京：中国人民大学出版社，2007：4.

③ 清华大学社会学系课题组. 困境与行动：新生代农民工与"农民工生产体制"的碰撞 [J]. 清华社会学评论，2013（1）：46-131.

④ 韩俊. 新型城镇化与农民工市民化 [M]. 北京：中国工人出版社，2014：158-159.

到经济发展的成果，其物质贫困的普遍发生率在50%以上①。就收入而言，农民工的工资收入一直低于城镇居民收入。虽然近年来工资上涨形成了挤出效应，绝大多数农民工的收入超过了所在城市的最低生活保障线，总体上也高于其他仍然居留在农村的村民，但由于农民工难以获得与有城市户籍居民同等的公共服务，其实际可支配收入远远低于其名义收入。就消费而言，大部分农民工为了多挣钱养家糊口或积累养老资金，往往节衣缩食，生活仅能维持温饱；其居住（生活）条件也相对较差，大都未达到城市的平均居住水平。蔡昉按照支出法计算的 GDP 测算出，占居民人口总数54.3%的农村人口在消费支出中的比重仅为 25.1%②。

从政治层面来看，农民工的政治诉求途径大都被阻隔了，几乎名存实亡。一方面，农民工大规模流动到异地就业，已经使原有的村民自治发生了重大的改变：他们受制于经济或者时间因素，已经难以在户籍所在地充分行使选举与被选举的权利；另一方面，农民工受制于选举制度约束和自身在流入地的社会影响力、社会资本积累的有限性，他们没有机会或者很少有机会参与流入地的选举与被选举活动。

从社会层面来看，农民工面临着包括就业、住房、教育、医疗、社会保障等问题在内的多重生存与发展困境。具体体现在以下几个方面：受教育程度和职业技能水平难以满足城市对专业化劳动力的需求而导致就业仍然主要在次属劳动市场，工资收入难以支付务工城市较高的房价，户籍制度制约了农民工自身及其随迁子女享受基本的公共服务，劳动合同签订率不高、欠薪时有发生、工伤事故和职业病发生率高、劳动权益受损等。

进入新时代后的头十年是中国特色社会主义发生历史性变革、取得历史性成就的十年，也是农民工问题逐渐得到解决的十年。党的十八大报告提出"有序推进农业转移人口市民化""积极推动农民工子女平等接受教育"，党的十九大报告进一步指出要"加快农业转移人口市民化""促进农民工多渠道就业创业"，为新时代农民工问题的解决提供了方向和原则。正是在党中央的高度重视下，我国户籍、教育、社会保障等改革不断推进，解决农民工问题的相关制度不断完善，农民工就业中的户口歧视、工资拖欠、随迁子女入学难、政治权利实现难等过去想解决而没有解决的问

---

① 侯为民. 城镇化进程中农民工的多维贫困问题分析 [J]. 河北经贸大学学报, 2015 (3)：99-105.

② 蔡昉. 城市化与农民工的贡献：后危机时期中国经济增长潜力的思考 [J]. 中国人口科学, 2010 (1)：2-10.

题基本上得到了有效解决。当下，农民工的生产与生活状态实现了三个转变，即由跨省远距离流动向省内流动转变，由城市暂时居留向长期居住转变，由谋求基本生存向追求美好生活转变。简言之，新时代推动了农民工向新产业工人新市民的有效转变，农民工曾经面临的就业、养老、子女教育等问题部分得到了解决。

3.2.2.2 新时代农民工面临的突出问题

随着新时代建设现代化强国新征程的开启，农民工面临的部分老问题与新问题相互叠加，彻底解决这些问题仍然任重而道远。其中，尤为突出的就是农民工的文化适应问题，即农民工从传统农业文明走向工业文明、从乡村文明走向城市文明过程中所遇到的文化冲突与心理调适问题。

农民工文明适应问题源于城乡文化的差异。在我国，城乡文化差异的产生既有自然因素，也有人为因素。就自然因素而言，城市文化和农村文化各自代表的是两种不同社会群体的生产与生活方式和价值观念。马克思从经济的视角对城乡生产与生活方式差异进行了评述，认为"城市已经表明了人口、生产工具、资本、享受和需求的集中这个事实；而乡村则是完全相反的情况：隔绝、孤立和分散"①。韦伯则从个体表现方面论述了城市文化特质，认为城市具有"共同体"性格与"市民"身份资格，有部分的自律性与自主性，市民能以某种形式参与市政建设②。费孝通从乡村社会结构、长老统治、礼治秩序、血缘关系、私人道德和无讼思维等方面剖析了中国乡土文化特质，并将其与西方现代社会所表现出的契约关系、权利主张、法治诉求、公共道德、社会参与等文化特质进行了对比，从多个角度显示了农村文明与城市文明的差异③。就人为因素而言，我国以户籍制度为标志的城乡二元体制人为地割裂了农村与城市，乡村文化与城市文化的交流和互动减少，导致农民工进入城市后难以适应城市的文化生活。农民工曾经长期生活在相对单一的乡村文化体系内，高度认同该文化，成为乡村文化的承载者和传承者。

在乡村文化惯性的作用下，农民工对城市文化生活不适应，主要表现在三个方面：

一是对工业文明的陌生。现代工业文明，在生产制造业中体现出生产

---

① 马克思，恩格斯. 马克思恩格斯全集：第 1 卷 [M]. 北京：人民出版社，1956：303.

② 韦伯. 非正当性的支配：城市的类型学 [M]. 康乐，简惠美，译. 桂林：广西师范大学出版社，2005：3.

③ 费孝通. 乡土中国 [M]. 上海：上海世纪出版集团，2013：6-70.

规模化、经济集权化、分工精细化、劳动节奏同步化、劳动组织集中化等基本特征，与农民工曾经熟悉的一家一户劳动、生产经营自主决定、男耕女织自然分工、劳动节奏缓慢的农耕文明大相径庭，一度给农民工带来巨大的心理冲击。在建设现代化强国的新历史条件下，随着科技革命技术创新的不断推进，农民工对工业文明的适应可能会面临更加严峻的挑战。

二是对人际关系的陌生。农民工曾长期生活在相对闭塞的熟人社会中，交往对象主要是熟识的族人、邻人、乡人，主要处理婚丧嫁娶之类的生活性事务，形成了基于血缘亲疏程度的，具有明显的宗族、家族、家庭化色彩的人际关系。他们进入城市之后，社会交往对象扩大至陌生人，交往的内容也出现了商业、政治、社区等各种性质的活动，这就意味着他们进入了一种全新的社会关系网络。这种网络依托业缘和地缘的陌生人群体关系，深受大工业生产和商品交换关系的影响，呈现出多元化、市场化和复杂化的样态。虽然农民工乡土人际关系已经开始减弱，他们也尝试着进入城市人际关系网络，但由于城市户籍居民在一定程度上的防范与排斥，大多数农民工仍然感受到了与城市群体交往的巨大压力。因此，农民工更认同乡村文化，更乐于与代表着同质文化的同乡群体交往，以此获取社会交往的自在感。即便是已经长期生活在城市的新生代农民工，因为其父辈大都基于安全感和人格平等感的考虑而倾向于与同质文化群体交往，在客观上也导致了新生代农民工与城市户籍居民在一定程度上相互分离或隔绝，使他们对城市公共生活中的人际关系也比较陌生。

三是对道德价值观念的陌生。传统的小国寡民、自给自足生产方式造就了传统农民安分守己、重义轻利、崇尚礼治，强调个体修养、重视人伦、热情好客等价值观，而这些价值观仍然深刻地影响着农民工。农民工来源于农民，农民工群体在文化上仍然属于传统社会人形象：在纵向上表现为臣民意识，没有独立的人格，只有无条件的奉献义务；在横向上表现为私民意识，只有狭小的私人空间，没有他人意识和公共意识[1]。现代城市生活和大工业生产方式塑造了城市居民的价值观，他们更重视创新与探索、公平和利益、契约与法治、竞争与协作、公共道德与公共关怀等价值。城乡道德价值观念的差异不断冲击着农民工的传统观念，使他们感到陌生、迷茫而难以产生对城市文化的认同感和归属感。比如，在影院、餐馆、广场等公共场合，一些农民工往往会旁若无人地高声接打电话、随地

---

① 檀传宝. 公民教育引论：国际经验、历史变迁与中国公民教育的选择 [M]. 北京：人民出版社，2011：212-213.

吐痰或与他人大声争论等，在遭到不满、排斥甚至训斥的情况下，他们的无助感与陌生感会被强化。再如，在与陌生人的交往中，农民工也表现出乡土关系中的热情好客，但如果遭到排斥或拒绝，他们大多会退回群体内部人际圈，而表现出对城市公共生活的拒绝甚至敌意。

3.2.3 新时代农民工公民道德意识培育的必要性

从世界现代化发展的历史经验来看，农民市民化是传统社会向现代社会转变的必然要求和重要标志。列宁充分肯定了这一进步现象，认为它"把居民从偏僻的、落后的、被历史遗忘的穷乡僻壤拉出来，卷入现代社会的漩涡中。它提高居民的文化程度及觉悟，使他们养成文明的习惯和需要"①。在中国，随着工业化、城镇化步伐的加快和农民工在城市居留时间的增加，以农民工市民化来解决农民工问题也已经成为各界共识。一般而言，农民工市民化是指农民工获得城市居民的身份，并获得居留权、选举权、受教育权、社会福利保障等权利过程。这主要是制度层面上的市民化过程，须获得国家政策支持和实践支持。随着我国户籍制度和相关配套制度改革的不断深入，制度层面的市民化正在逐步实现。

如果说农民工曾经面临的经济问题、政治问题和社会问题主要依靠制度层面的市民化手段逐渐得到解决，那么，农民工一直面临的文化问题不仅需要制度层面的市民化手段的支持，还必须通过文化的手段来解决，即通过逐渐消除农民工与城市户籍居民的文化心理距离、实现其城市文化融入来实现。农业转移人口文化融入就是其在思想观念上对城市价值体系、思维方式、生产方式和交往方式的认同和接纳，并且将其内化为自身的人格结构、思维方式和行为习惯的过程。其实质就是农业转移人口对城市亚文化的悦纳和适应，实现自我意识与城市亚文化的价值认同。从城市产生的历程来看，公民文化是城市文化的核心，公民道德意识是城市发展的最基本、最重要的文化心理元素之一。从先发资本主义国家现代化历程来看，依托公民教育促进农业转移人口融入城市文化是各国普遍采取的办法。在我国，农民工公民道德意识的培育的必要性体现在两个方面。

一是农民工在融入现代城市文明的过程中，需要缓解其自身在生活场域转换过程中产生的文化焦虑。

---

① 列宁. 列宁全集：第3卷 [M]. 北京：人民出版社，1959：527.

从上文的叙述可以看出，自 20 世纪 50 年代中后期以来，我国采取了城乡二元分割的发展模式，农民长期被束缚在土地上，与现代工业文明和现代城市生活隔绝，对以城市公共生活为核心的现代公民道德的接触极其有限。即便是在城市中，他们的文化交往对象仍然以自身群体成员为主。因此，他们曾长期生活在乡村文化或农民工同质文化圈中，高度认同以习惯、风俗、经验、禁忌主导的价值观念、思维方式与行为模式，表现出基于血缘社会和地缘社会的村民文化特质。但在农民工深度融入城市的现实条件下，农民工活动的物理空间已经由以农村为主转向以城市为主，其活动的文化空间也由村民文化场域向市民文化即公民文化场域转移。公民文化孕育于以现代组织为依托的理性社会，以科学化、专门化、复杂化的思维方式和行为规则为表征。农民工融入城市过程是当代中国社会自近代以来从"乡土社会"向"城市社会"转型的继续，是社会群体文化心理转型的继续。因此，农民工不可避免地遭遇异质文化的冲击。

文化适应理论（acculturation）认为，当一种文化与其异质的文化相遇时，以前一种文化作为行动规范的人容易产生与异质文化规范相抵触的行为。在向城市转移和深度融入城市过程中，农民工原有思想和行为方式与长期生活在城市的城市户籍居民的思想和行为方式的差异会在一定程度上导致冲突，他们不能较好地适应以公民文化为特征的现代城市文化，难免会产生文化迁移的焦虑。这一焦虑明显表现为农民工虽然长期工作和生活在城市里，却难以产生对城市市民的认同感和对城市地域的归属感，甚至会产生认同危机与被剥夺心理。因此，"只有消解农民工在城市适应过程中的文化震撼或文化焦虑，才能在制度和行动上改造农民工，从而使农民工在适应城市生活的基础上尽快融入城市"①。公民道德意识是现代城市公民文化的重要组成部分，农民工公民道德意识的培育是缓解其文化焦虑的应然选择。

二是国家在迈向现代化的新征程中，需要缓和现代化国家成员道德素质与农民工现有公民道德素质之间的张力。

从上文可以看出，改革开放以来，虽然农民工是村民中率先离开土地、在城市中谋求生存的典型代表，但一些农民工所表现出的公共道德缺乏、维权方式偏激、政治与社会事务参与的冷漠，从总体上反映出农民工

---

① 吴业苗. 农民工市民化的观念障碍与调适 [J]. 理论与改革, 2008 (1)：49-53.

群体公民道德意识的偏颇或缺失。这与国家现代化所要求的公民素质相去较远。《国家新型城镇化规划（2014—2020 年）》（以下简称《规划》）强调了我国现代化建设的核心内容，即推进新型城镇化与工业化、信息化和农业现代化同步发展，指出我国新型城镇化面临的首要问题就是大量农业转移人口难以融入城市社会导致其市民化进程滞后，提出新型城镇化的首要原则就是以人为本、公平共享。为了让农民工实现全面的城市融入，《规划》对提高农民工科学文化和文明素质提出了新要求。

农民工公民道德意识的形成与完善并不能仅仅依靠群体自身力量自发完成，必然要求借助外部力量干预，提供有利于其道德意识完善与提升的思路、方案及各种条件。党的二十大报告根据习近平总书记关于公民道德建设的系列重要讲话精神和新纲要的要义，提出实施公民道德建设工程的新要求，即弘扬中华优秀传统美德，加强家庭家教家风建设，推动明大德、守公德、严私德，提高人民道德水准和文明素养，这也对农民工公民道德意识的提升及实施提出了更具体的目标要求和实践指导。因此，探究国家主导的、社会各级组织承担的、农民工自身参与的农民工公民道德意识培育就成为当下必须加以解决的现实课题。

3.3　新时代农民工公民道德意识培育的理论资源

纵观历史，如果说西方公民道德意识的形成走的是内生演化的道路，那么中国公民道德意识的形成走的则是外源性的路径。前者不仅有古典公民传统的深厚积淀，而且又有从城市国家市民到民族国家公民追求公民身份的横跨数千年的历史实践；后者更多的是在建立民族国家的过程中，尤其是新中国成立后，在追求公民身份和被确认的过程中，依靠外部力量、国家力量推动而发展起来的。因此，农民工公民道德意识的培育，必须以马克思主义公民道德意识理论为指导，既要借鉴国外公民教育的积极成果，又要综合运用我国思想政治教育的理论成果。

3.3.1　马克思主义公民道德意识理论

在马克思和恩格斯生活的时代，随着资本主义生产关系的建立、民族主义和国家主义的兴起，民族国家逐渐成为世界体系的基本单元，公民则成为"政治国家"① 成员的基本称谓。马克思、恩格斯并未对公民概念给出明确界定，他们在论著中多次论及的公民主要是指资产阶级主导的政治国家成员。他们在深入批判封建专制制度和资产阶级民主制度的基础上，以社会存在与社会意识的相互关系为理论前提，以市民社会决定国家为立论基础，阐释了公民与国家的关系、公民的权利与义务关系。

3.3.1.1 社会存在与社会意识

马克思认为，社会历史观的核心问题就是社会存在和社会意识的关系问题。马克思、恩格斯主要从两个方面阐释了社会存在与社会意识的辩证关系。其一，社会存在决定社会意识。在《〈政治经济学批判〉序言》中，马克思通过论述物质生活的生产方式对人类社会存在的前提作用，对社会生活、政治生活和精神生活的制约作用，对社会历史演变和社会形态更替的决定作用，阐释了二者的关系，即"社会存在决定人们的意识"②。其二，社会意识反作用于社会存在。马克思认为，社会意识表现为理论、观念、心理等形式，是人们社会物质交往关系和过程的产物，对于社会物质生产方式及其过程的主观反映，但这一反映过程并非消极的和被动的。马克思本人也非常反对将社会存在决定社会意识的制约作用误读为经济决定论或历史决定论，他认为如果谁这样理解的话，谁就"不是马克思主义者"③。

马克思关于社会存在和社会意识的关系问题成为对比资本主义公民道德意识、分析公民道德意识的重要依据。西方公民道德意识产生和演变的历史过程表明，封闭的自然经济条件难以产生出公民道德意识，人们基于血缘关系、宗教关系、等级关系所限定的种种身份关系，更易形成亲情意识、子民意识和臣民意识。随着资本主义商品经济的产生，资本主义的生产关系得以建立，社会成员对经济和政治上的独立、自立、平等、民主的诉求随之产生，资本主义的公民道德意识随之生长起来。在社会主义条件下，随着生产资料公有制的建立和按劳分配原则的确立，人们随之产生了

---

① 马克思将"建立在现代资产阶级社会的基础上"的、"由资本主义发展程度不同所决定"的"政治国家"，表述为"现代国家""立宪国家""共和国""无神论国家""民主制国家""完成了的国家""民主共和国"等，与"基督教国家""非国家""不完善的国家""伪善的国家""未完成的国家""有缺陷的国家"等相对应。参见：马克思，恩格斯.马克思恩格斯文集：第3卷[M].北京：人民出版社，2009：444.

② 马克思，恩格斯.马克思恩格斯文集：第2卷[M].北京：人民出版社，2009：591.

③ 马克思，恩格斯.马克思恩格斯文集：第10卷[M].北京：人民出版社，2009：586.

与社会主义制度相适应的公民道德意识。资本主义生产方式使人摆脱了对人的依赖，却没有使人摆脱对物的依赖，要完全实现人的自由解放最终还是要取决于社会存在的发展。社会主义要获得比资本主义更有优势的发展状态和前景，就必须通过发展社会主义的市场经济促进生产力的发展，为公民道德意识的成长和成熟提供物质基础。

3.3.1.2 市民社会与国家

马克思和恩格斯所处的时代，现代政治国家在西欧的不同地区已经形成或正在形成过程中，与构成社会基础的市民社会形成相互对立的两极。马克思认为，在真正的政治国家中，人在思想意识和现实生活中都过着双重的生活，一种是"人把自己看作社会存在物"的"政治共同体中的生活"，另一种是人把自己和他人看作是工具的、私人的、"市民社会中的生活"[①]；作为国家的公民与作为社会成员的市民既彼此分离又相互依存。由此，政治国家与市民社会的关系构成了马克思主义公民道德意识思想的立论基础。

马克思的市民社会理论源于黑格尔的法哲学思想，但又扬弃了后者。马克思在从民主主义者向共产主义者转变的过程中，先后在相互区别又相互衔接的三重意义上运用市民社会概念，即资产阶级社会、市场经济和经济基础。在《德意志意识形态》中，他从第三种意义上给出了"市民社会"的经典定义："在过去一切历史阶段上受生产力制约同时又反过来制约生产力的交往形式，就是市民社会"，并指出了这个市民社会的重要作用就在于它是"全部历史的真正发源地和舞台"[②]。在《〈政治经济学批判〉序言》中，马克思从唯物史观的视角深化了对市民社会的理解，将其定义为"人们在自己生活的社会生产中发生一定的、必然的、不以他们的意志为转移的关系，即同他们的物质生产力的一定发展阶段相适合的生产关系"[③]。这一定义成为马克思、恩格斯论述市民社会与国家关系的基础。

恩格斯在追溯国家起源的基础上，分析了国家产生的原因："这个社会陷入了不可解决的自我矛盾，分裂为不可调和的对立面而又无力摆脱这些对立面。而为了使这些对立面，这些经济利益互相冲突的阶级，不致在无谓的斗争中把自己和社会消灭，就需要有一种表面上凌驾于社会之上的力

---

① 马克思，恩格斯. 马克思恩格斯文集：第1卷 [M]. 北京：人民出版社，2009：30.
② 马克思，恩格斯. 马克思恩格斯文集：第1卷 [M]. 北京：人民出版社，2009：540.
③ 马克思，恩格斯. 马克思恩格斯文集：第2卷 [M]. 北京：人民出版社，2009：591.

量，这种力量应当缓和冲突，把冲突保持在'秩序'的范围以内；这种从社会中产生但又居于社会之上的并且日益同社会相异化的力量，就是国家。"他在此基础上总结出国家的本质特征，即"国家是和人民大众分离的公共权利"①。

马克思和恩格斯从三个层面论述市民社会与政治国家关系。首先，市民社会与政治国家相互分离。他们认同黑格尔市民社会与国家相分离的观点，认为这种分离的意义就在于通过"市民等级和政治等级的分离"，"表现出现代的市民社会和政治社会的真正相互关系"②。其次，市民社会决定政治国家。马克思认为，正像天国与尘世一样，"政治国家和市民社会也处于同样的对立之中"③。他批判了黑格尔关于政治国家决定市民社会关系的观点，认为"政治国家没有家庭的自然基础和市民社会的人为基础是不可能存在的"，家庭和市民社会是国家的"现实构成部分"和"国家的存在方式"，是国家存在的"前提"④。由此，是市民社会决定政治国家而非国家决定市民社会。最后，市民社会与政治国家最终会走向和解。马克思认为，政治国家与市民社会的二元对立过程并不是无限延续的发展阶段，它总是朝向二者统一的趋势发展。随着阶级对立的消除，国家自行走向终结，政治国家与市民社会合而为一。

3.3.1.3　公民与国家

马克思和恩格斯抨击了现实中公民与国家的对立关系，认为资产阶级主导的政治国家并不是普遍利益的代表，而是统治阶级谋取私利的工具，普通公民则沦为被奴役和被压迫的对象，法律则成为维护特权者利益、压制普通公民权益的手段。马克思和恩格斯所赞同和设想的公民与国家关系的主要内容包括两个方面：

一是政治国家与公民两相分立，二者构成相互制衡的契约关系。马克思批判地继承了社会契约论思想，认为社会分工的发展导致"单个人的利益或单个家庭的利益与所有互相交往的个人共同利益之间产生矛盾"，"共同利益采取国家这种与实际的单个利益和全体利益相脱离的独立形式"，

---

① 马克思，恩格斯. 马克思恩格斯文集：第 4 卷 [M]. 北京：人民出版社，2009：189.
② 马克思，恩格斯. 马克思恩格斯文集：第 4 卷 [M]. 北京：人民出版社，2009：135.
③ 马克思，恩格斯. 马克思恩格斯文集：第 1 卷 [M]. 北京：人民出版社，2009：30.
④ 马克思，恩格斯. 马克思恩格斯全集：第 3 卷 [M]. 北京：人民出版社，2002：10-11.

即"虚幻的共同体的形式"来进行实际的干涉和约束①。由此,国家的产生使个人成为公民,个人利益与共同利益的矛盾就演变为公民权利与国家权力的矛盾。在应然状态下,作为公民权利高度聚合的国家权力,其合理性需要从公民权利之中得到证实并汲取力量,即是说公民权利决定国家权力;而作为个人利益汇集的个人权利,也需要国家权力凭借其权威性与强制性进行确认并加以保护从而使之成为公民权利,即是说国家权力赋予公民权利。

二是政治国家与公民相互链接,二者以法律为依据成就彼此,形成心血相通的亲密关系。马克思认为,现代国家的目的是使有道德的个人自由地联合起来实现自由,它在实现法律、伦理、政治自由的同时,有义务赋予其成员公民资格,将其"看作国家的一个公民";若国家轻率地取消自己某一成员的所有职能,它就是在"截断自身的活的肢体";若国家允许"把某一个公民当作临时的农奴而让他完全受另一个公民的支配",这就是同法律背道而驰。同时,公民必须服从国家的法律,因为这是"服从他自己的理性即人类理性的自然规律"②。

3.3.1.4 权利与义务的特点及其关系

马克思否定了资产阶级的权利与义务观,从两个方面论述了二者的特点及其相互关系。

其一,权利和义务是历史的、具体的。马克思指出,权利由人所在社会的物质条件和文化水平决定,是人类社会物质生活条件发展到一定阶段的产物,"决不能超出社会的经济结构以及由经济结构制约的社会的文化发展"③。自从私有财产出现以来,"在历史的大多数国家中,公民的权利是按照财产的状况来分级规定的"④。在资本主义社会,市民社会的权利就是建立于私有财产基础上的、将个人同其他人并同共同体分离开来的人权,"资本的首要人权就是平等地剥削劳动力"⑤。对于无产阶级而言,"无产阶级的解放斗争不是要争取阶级特权和垄断权,而是要争取平等的权利和义务,并消灭一切阶级统治"⑥。

---

① 马克思,恩格斯.马克思恩格斯文集:第1卷 [M].北京:人民出版社,2009:536.
② 马克思,恩格斯.马克思恩格斯全集:第1卷 [M].北京:人民出版社,2001:255.
③ 马克思,恩格斯.马克思恩格斯文集:第3卷 [M].北京:人民出版社,2009:435.
④ 马克思,恩格斯.马克思恩格斯文集:第4卷 [M].北京:人民出版社,2009:192.
⑤ 马克思,恩格斯.马克思恩格斯文集:第5卷 [M].北京:人民出版社,2009:338.
⑥ 马克思,恩格斯.马克思恩格斯文集:第3卷 [M].北京:人民出版社,2009:226.

其二，权利和义务是相互制约的。马克思和恩格斯在注重个人合理的权利要求的同时，也注重个人对社会的义务，提出了"没有无义务的权利，也没有无权利的义务"①的重要命题。他们认为，一旦权利与义务相分离，平等也就不可能存在了。但是在不同的历史条件下，不同社会阶层的权利和义务要求是不平衡的。在专制国家或阶级压迫社会中，"权利和义务的分配是不平等的，因为它一方面几乎把一切权利赋予一个阶级，另一方面却几乎把一切义务推给另一个阶级"②。真正意义上平等权利和平等义务的统一，也只有在生产力高度发达的共产主义社会的高级阶段才能实现。到那时，人类才获得了全面而自由的发展。

3.3.2　中国特色社会主义思想政治教育理论

中国共产党自成立以来就非常重视思想政治工作，积累了丰富的实践经验和系统的理论知识。改革开放以来，随着思想政治教育学科的建立和发展，思想政治教育理论基础、本质、目的、价值、内容、原则、方法、评价等基础理论更加深入和完善，这些理论为农民工公民道德意识培育理论体系的建构奠定了思想基础。本书着重介绍与农民工公民道德意识培育相关的四个方面的主要观点。

3.3.2.1　思想政治教育本质观

思想政治教育的本质是思想政治教育学科的元问题，是学科得以存在的基本依据。思想政治教育本质观主要有意识形态论、价值论、实践论、阶级利益论、政治论、灌输论、思想掌握群众论、人本论等。石书臣认为，意识形态性是由思想政治教育的根本矛盾决定的，不同于其他教育活动的，最一般、最普通、最稳定的属性，是思想政治教育的本质③。骆郁廷以马克思关于理论与群众的关系论为基础，提出"思想政治教育的本质在于思想掌握群众"④。刘书林以列宁的灌输论为依据，提出思想政治教育的本质就是"灌输"⑤。陈秉公从思想政治教育过程的基本矛盾、马克思关于人的本质的论述、思想政治教育的职能和内容三个方面，论证了思想政

---

① 马克思，恩格斯. 马克思恩格斯文集：第3卷［M］. 北京：人民出版社，2009：227.
② 马克思，恩格斯. 马克思恩格斯选集：第4卷［M］. 北京：人民出版社，1995：178.
③ 石书臣. 思想政治教育的本质规定及其把握［J］. 马克思主义与现实，2009（1）：175-178.
④ 骆郁廷. 思想政治教育的本质在于思想掌握群众［J］. 马克思主义研究，2012（9）：128-137.
⑤ 刘书林. 论思想政治教育的本质［J］. 思想理论教育导刊，2012（10）：38-44.

治教育的本质是人的思想品德和心理素质的社会化①。

从总体上看，这些思想政治教育本质理论的产生既有现实的社会政治实践需要推动，也有其他学科理论概念参与甚至主导的概念演绎，还有已被相关学科理论化建构的历史性印证，掺杂着理论、现实与历史不同维度和元素②。因此，思想政治教育本质研究的理论旨趣并不是要构建一个观念上的、超越时空的绝对本质，而是要获得关于思想政治教育本质的认识，从而去指导、解释和解决思想政治教育实践中的问题，"促进思想政治教育实践活动从自在自发的状态走向自觉自为的状态"③。秉持这一理论旨趣去分析农民工公民道德意识培育的本质，进而确立其培育目标，就不是寻求唯一的、科学的结论，而是要结合现阶段社会实践需求和农民工公民道德意识的现实需要。

3.3.2.2 思想政治教育目的观

思想政治教育的目的蕴含着思想政治教育的价值追求，体现着思想政治教育活动的理性。较之于思想政治教育的本质，学者们对思想政治教育目的的认识相对较为统一。思想政治教育目的的确立主要有两种视角，一是社会本位基础上的工具性效用论，其主要论点是思想政治教育目的为国家政治认同和社会稳定服务；二是个体本位基础上的主体性价值论，其主要论点是思想政治教育目的为个人的发展需要服务。尽管从表面上来看，这二者在一定程度上相互冲突，但从长远来看，二者在实现共产主义的共同愿景中趋向统一。

田心铭从教育的根本问题展开讨论，认为思想政治教育的目的就是整个教育的目的，即为社会主义现代化建设服务，为人民服务，这一目的回答了"为什么培养人"的问题④。于学成等认为，作为一种特殊的精神交往实践的思想政治教育是人的发展的重要途径和方式，其价值追求和终极目的在于实现人的全面而自由的发展⑤。倪洪章认为思想政治教育的目的在于实现理论对人的掌握、引导社会共同体的生成、促进人的全面而自由

---

① 陈秉公. 思想政治教育学原理 [M]. 北京：高等教育出版社，2010：112-113.

② 金林南. 思想政治教育本质研究的前提性问题 [J]. 思想理论教育，2017 (5)：43-48.

③ 卢景昆. 思想政治教育本质研究的前提省思 [J]. 探索，2014 (1)：131-135.

④ 田心铭. 简论思想政治教育的目的、培养目标和教育内容 [J]. 思想理论教育导刊，2011 (6)：88-97.

⑤ 于学成. 交往实践活动与思想政治教育目的观的价值审思 [J]. 思想理论教育，2014 (11)：20-24.

的发展①。林聪、宋友文从制度规范、理论宣传、信仰确立和行为转化四个维度审视思想政治教育的目的，认为其长远性、根本性、稳定性的内核目的就是实现共产主义、实现每个人自由而全面的发展②。张耀灿、曹清燕认为思想政治教育的本原目的在于促进人在社会中的生存和发展，其现实目的是促进和谐的社会主体之生成，其最高目的在于促进人的自由而全面的发展③。

3.3.2.3 思想政治教育原则观

思想政治教育原则是人们在思想政治教育活动中必须遵循的法则和标准，反映了思想政治教育的客观规律。思想政治教育原则是多层次的动态体系，随着社会历史条件和要求以及思想政治教育实践活动的主体、对象、客观条件的不同而不断发展变化。

早期的研究者们借鉴了教育学论及的基本原则，依据思想政治教育活动所涉及的三个层次的关系，即思想政治教育与经济基础及上层建筑的关系、思想政治教育与社会其他平行子系统的关系、思想政治教育内部构成要素等子系统的关系而提出的思想政治教育原则④。这些原则主要有讲政治原则、方向性原则、层次性原则、理论与实际相结合原则、解决思想问题要与解决实际困难相结合原则、思想政治教育与物质利益相结合原则、思想政治教育与各种规范相结合原则、疏导原则、表扬与批评相结合并以表扬为主原则、教育与自我教育相结合原则、民主原则、身教与言教相结合且身教重于言教原则等。

2004年，《关于进一步加强和改进大学生思想政治教育的意见》提出了思想政治教育的六大原则，即教书与育人、教育与自我教育、政治理论教育与社会实践、解决思想问题与解决实际问题、教育与管理、继承优良传统与改进创新相结合。这六大原则被提出来之后，学者们在前期研究的基础上又提出了一些新的原则。针对新时期新要求和思想政治教育新特点，冯开甫提出以人为本的原则、政治导向原则、科学化原则和层次性原则⑤，

---

① 倪洪章. 论思想政治教育的目的性 [J]. 学校党建与思想教育，2012（1）：8-10.

② 林聪. 我国社会主义思想政治教育目的的四维理解视域 [J]. 思想政治教育研究，2016（3）：28-33.

③ 张耀灿，曹清燕. 论马克思主义人学视野中思想政治教育的目的 [J]. 马克思主义与现实，2007（6）：169-171.

④ 陈万柏，张耀灿. 思想政治教育学原理 [M]. 北京：高等教育出版社，2007：201.

⑤ 冯开甫. 高校思想政治教育原则新论 [J]. 西南师范大学学报（人文社会科学版），2005（2）：60-62.

黄瑞雄提出了求实原则、主导原则、以人为本原则①。李兰基于个性发展的视角，提出马克思主义导向性与个性多样化、社会化与个性化、全面发展与个性发展、教育与自我教育有机结合原则②。闫艳基于交往哲学理论，提出了交往视域下的思想政治教育要遵循四个新原则，即主体间性原则、交往理性原则、生活世界原则和互动共赢原则③。

3.3.2.4 思想政治教育方法观

思想政治教育方法是指导、实施和研究思想政治实践的措施和办法，它直接影响教育活动的效果。学者们的研究主要集中在方法体系、方法论和具体方法三个层面。方法论在一定意义上就是前述的思想政治教育原则。

郑永廷从实施方法、认识方法、调节评估方法、研究提高方法四个层面构建了思想政治教育的方法体系。戴耀荣在《思想政治工作学比较研究》中，构建了与教育主体、教育客体、教育介体和教育环体相关的方法体系的基本结构。刘新庚、朱新洲研究了思想政治教育方法规律的基本属性，即逻辑与经验相统一、内在与外在相统一、导向与制约相统一④。

早期的思想政治教育具体方法主要借鉴了教育学的基本方法，如说服教育法、典型教育法、实践锻炼法、环境教育法、理论武装法、矛盾分析法、调查研究法、实践锻炼法、讨论交流法、情感陶冶法、比较鉴别法、自我教育法等。进入 21 世纪以来，一些新思想政治教育方法又被加入其中，如灌输教育法、疏导结合法、实际训练法、评价形式法、心理咨询法、网络教育法等。余斌根据列宁关于灌输的重要作用是削弱或排除资产阶级思想体系对人民群众的影响、灌输的主要内容是同一切巩固非社会主义思想体系的企图做斗争的观点，提出思想政治教育的方法是灌输，灌输能使马克思主义理论持续和高强度地接触广大人民群众⑤。王学俭等提出，要将思想政治教育融入日常生活、日常观念、日常空间、日常规范和日常

---

① 黄瑞雄. 对思想政治教育原则及其贯彻方法的新思考 [J]. 广西教育学院学报，2012（6）：88-91.

② 李兰. 个性发展视域下思想政治教育原则创新研究 [J]. 山东社会科学，2016（12）：188-192.

③ 闫艳. 交往视域下思想政治教育原则新探 [J]. 求实，2013（1）：84-86.

④ 刘新庚，朱新洲. 思想政治教育方法演进发展的规律性探索 [J]. 中南大学学报（社会科学版），2014（4）：237-243.

⑤ 余斌. 试论思想政治教育的目的、本质、原则和方法 [J]. 中国高等教育，2011（7）：33-35.

交往之中，实现从观念到行为的转化[①]。

3.3.3 中国特色社会主义民主法治理论

民主法治是现代政治文明的基本要素，是当代中国政治现代化的政治原则、政治制度和价值追求。中国特色社会主义民主法治理论是中国特色社会主义理论的重要组成部分，是马克思主义关于国家、民主、政治和法律的思想与我国民主法治实践相结合的产物。中国特色社会主义民主法治理论内容十分丰富，党的领导、人民当家做主和依法治国有机统一理论是其中的核心，也是农民工公民道德意识培育的理论基础。

3.3.3.1 党的领导是人民当家做主和依法治国的根本保证

党的领导是指中国共产党在中国特色社会主义建设事业中所发挥的引导和核心作用。我国宪法对中国共产党的领导地位有明确规定，指出党的领导是中国特色社会主义最本质的特征，是社会主义法治最根本的保证。坚持党的领导是实现人民当家做主、依法治国的根本要求，它对于巩固党的执政地位、维护国家主权与政治稳定、维系全国各族人民的利益和福祉至关重要。要坚持党的领导，就必须增强"四个意识"，统筹推进"五位一体"总体布局，协调推进"四个全面"战略布局，"保证党始终发挥总揽全局、协调各方的领导核心作用"[②]。要改进党的领导，就要改进党的领导方式和执政方式，不断提高党领导人民当家做主、依法治国的能力和水平，健全党领导依法治国的制度和工作机制[③]。

3.3.3.2 人民当家做主是社会主义民主政治的本质特征

人民当家做主是人类政治文明在中国的展现，是民主的中国话语表达，是社会主义民主政治的本质特征。人民是决定党和国家前途与命运的根本力量，只有真正实现了人民当家做主，人民才会真正拥护和支持党的领导。同时，人民是依法治国的主体和力量源泉。只有实现了人民当家做主，才能保证广大人民群众参与立法、执法和司法活动，监督法律的实施，确保良法善治落到实处，全面依法治国方略才能扎实推进。坚持人民

---

① 王学俭，刘坷. 融入日常生活：思想政治教育的微观建构 [J]. 思想教育研究，2015（2）：18-22.

② 中共中央文献研究室. 十五大以来重要文献选编：上册 [M]. 北京：人民出版社，2000：30-31.

③ 习近平. 决胜全面建成小康社会，夺取新时代中国特色社会主义伟大胜利 [M]. 北京：人民出版社，2017：8.

主体地位，实现人民当家做主，就是要在党的领导下，健全人民当家做主制度体系，坚持民主选举、民主决策、民主管理、民主立法、民主司法、民主监督，"支持人民掌握和行使管理国家的权力，保证人民依法享有广泛的权利和自由，尊重和保护人权"①，使每一项立法、执法和司法符合人民利益、反映人民意愿、维护人民权益，使党的路线、方针、政策体现人民利益，把党的主张变为人民和国家的意志，让人民从内心拥护和真诚信仰法治②。

3.3.3.3 依法治国是党领导人民治理国家的基本方略

依法治国，就是广大人民群众在党的领导下，依照宪法和法律的规定，通过各种途径和形式管理国家事务，管理经济文化事业，管理社会事务，保证国家各项工作都依法进行，逐步实现社会主义民主的制度化、法律化，使这种制度和法律"不因领导人的改变而改变，不因领导人看法和注意力的改变而改变"③。社会主义民主政治内在地要求依法治国，依法治国为坚持党的领导和实现人民家做主提供坚强的法治保障。依法治国是党领导人民治理国家的基本方略，是发展社会主义市场经济的客观需要，是社会文明进步的重要标志，是国家长治久安的重要保障④。坚持依法治国就必须在党的领导下制定宪法和法律，并在宪法和法律范围内活动，推进国家治理体系和治理能力现代化，把厉行法治与加强治理结合起来把握，在两者融合统一中达到良法善治状态。

3.3.4 当代国外公民教育理论

国外公民教育发端于古希腊时期，是城邦国家培养好公民的重要途径。柏拉图、亚里士多德等关于好公民培育的思想，构建了西方公民教育的基本范式。在当代，伴随着世界主要资本主义国家对公民教育的日益重视，各种公民教育理论开始出现。

---

① 中共中央文献研究室. 十五大以来重要文献选编：上册 [M]. 北京：人民出版社，2000：687.

② 中共中央文献研究室. 十三大以来重要文献选编：下册 [M]. 北京：人民出版社，1991：1641-1642.

③ 邓小平. 邓小平文选：第二卷 [M]. 北京：人民出版社，1994：146.

④ 中共中央文献研究室. 十五大以来重要文献选编：上册 [M]. 北京：人民出版社，2000：30-31.

3.3.4.1 公民教育连续性理论

20 世纪中后期，一些国家将公民教育纳入国家教育课程，为公民教育的国际化研究提供了基础。英国教育家大卫·科尔（David Kerr）在麦克莱伦（T. H. McLaughlin）的公民资格连续性思想的基础上，以 16 国公民教育比较研究为基础，提出了公民教育的连续性理论（continuum of citizenship education）。这一理论根据公民教育的各种属性，以光谱式的系统来展现其强弱和充分与否的状态。光谱两端分别被标注为"最小限度的解释"和"最大限度的解释"。"最小限度的解释"表示的是正规的或传统的公民教育所具有的排他性、正规性和知识主义等各种典型特征，"最大限度的解释"展现了公民教育的包容性、广泛性和参与性等现代特征。"最小限度的解释"被认为属于狭义的公民教育，其教学内容主要包括传授有关国家的历史、地理、政体和宪制等方面的知识，其教学方式以班级授课为主要形式、重视知识为本和以教师为中心，缺乏师生之间的互动和学生的主动精神的培养，其教学评价以书面考试的方式进行，侧重于考查学生对知识的理解和记忆。"最大限度的解释"被认为属于广义的公民教育，其教学内容既有狭义公民教育的内容，也有对这些知识性内容的考查和解释，包括知识理解、价值导向、技能和态度培养等；其教学方式重视课内外结合、师生平等交流，鼓励学生以创造的态度对待生活和学习；其评价方式和手段也更加多样化，既有常规性的也有专门性的①。公民教育的连续性理论具体内容如表 3.1 所示。

表 3.1　公民教育的连续性理论框架

最小限度的解释	——	最大限度的解释
表浅的	——	深厚的
排他的	——	包容的
狭义的公民教育	——	广义的公民教育
正规的	——	参与的
内容导向的	——	过程导向的
知识为本的	——	价值为本的

---

① DAVID KERR. Citizenship education: an international comparison across sixteen countries [J]. International Journal of Social Education, 2002, 17 (1): 1-15.

表3.1(续)

最小限度的解释	——	最大限度的解释
教诲式传递的	——	互动式解释的
实践中易于达成和测量的	——	实践中较难达成和测量的

3.3.4.2 人权与民主主义公民教育思想

20世纪90年代，联合国教科文组织提出了人权与民主主义公民教育思想。这一思想主要是应对全球经济一体化与政治多极化的冲突，世界范围内的民族主义和民主化浪潮的对立，以环境保护、恐怖主义、跨国犯罪为代表的全球问题日益突出等挑战，致力于探索未来社会之公民应有的素质及公民教育应有的作为。

联合国教科文组织于1993年、1994年先后通过了《为了人权与民主主义教育的世界行动计划》和《和平、人权、民主主义的教育宣言》，提出了"人权与民主主义的教育"思想。"人权与民主主义的教育"思想倡导在学校乃至国际层面的教育课程中实施"真正的公民教育"，将教育内容设定为：和平、人权、民主、宽容、尊重，着重培养包括世界意识、创造性、参与意识、公民责任等在内的公民价值和能力，以及非暴力解决问题的能力和批判地洞察事物的能力。此外，联合国教科文组织还专门颁布了《21世纪公民教育》，提出了世界公民的目标：培养具有和平、人权和民主的价值观念，具有情感体验和行为学习能力，学做世界公民[1]。

3.3.4.3 多维度公民教育理论

进入21世纪以来，随着经济全球化的深入发展，全世界范围内的人与人之间的联系更加紧密，基于民族国家认同和个体权利取向的传统公民教育面临诸多挑战，多维度公民教育理论应运而生。这一理论最初产生于英国和美国，后来对其他国家的公民教育理论和实践也产生了影响。其代表人物有英国学者雷·戴瑞克特（Ray Derricott）、美国学者约翰·科根（John Cogan）、大卫·格罗斯曼（David Grossman）、帕特丽夏·库伯（Patricia Kubow）和日本学者二宫章（Akira Ninomiya）等。

多维度公民教育理论认为，公民身份具有个体、社会、空间、时间四个向度，一个公民可能同时具备个人身份、群体身份、历史身份和地理身

---

① 岭井明子. 全球化时代的公民教育［M］. 姜英敏，译. 广州：广东教育出版社，2012：205-215.

份四种身份。相应地，公民教育应从对应的个人、社会、空间以及时间这四个向度来展开。个人向度要求个人成为社会正义的积极主体，提高主体意识、合作能力和解决问题及冲突的能力，增强批判性和系统性思考能力、对不同文化的认识能力、对人权的理解能力和环保能力等。社会向度要求公民不能脱离群体而独立存在，要有与社会其他成员一起生活、工作的参与能力，广泛地参与经济、文化、社会和政治等领域，在尊重他人的前提下解决面临的问题。空间向度要求公民在全球化的历史背景下，必须认同自己本地的、区域的、国家的、世界的多重社区成员身份，维护并强化群体成员中的个体身份，使其更为接近当地群体的标准。时间向度要求公民要了解自身的历史和世界的历史并产生认同感，不应过分局限于现在而忽略过去和未来，要避免不考虑长期效应的短期决策而造成的不良后果①。

---

① 杨婕，张桂春. 多向度公民教育的理论与实践 [J]. 教育理论与实践，2015（25）：8-11.

4 新时代农民工公民道德意识现状的调查与分析

对农民工公民道德意识状况，不仅需要采用定性分析的方法从理论上做出判断，而且需要采用定量分析的方法对其各个维度的具体情况进行考察。本书对全国范围内的农民工进行了问卷调查和访谈，针对上文所论及的新时代农民工所面临的主要问题，着重从权利意识、公共责任意识、民主法治意识和公共参与意识四个维度考察农民工公民道德意识现状，分析了其总体特点、四个维度的差异及各维度具体方面的主要特点，并根据农民工群体内部分层情况揭示其公民道德意识的不同特征，为后文公民道德培育相关理论的完善和实践策略的提出提供了基本的参数依据。

4.1 新时代农民工公民道德意识的考察维度

4.1.1 农民工公民道德意识考察的资源借鉴

进入新时代以来，研究者们主要依据老纲要和新纲要的相关要求，从社会公德、家庭美德、职业道德和个人品德四个方面入手考察公民道德意识状况。其中，最具有代表性的就是吴潜涛等在 2006 年和 2016 年所做的当代中国公民道德状况调查。本书的调查内容和方法既借鉴了吴潜涛等人的调查，还参考了国内外学者的相关调查，如加布里埃尔·A. 阿尔蒙德和西德尼·维巴对五个国家公民政治态度的调查、李萍对现代化进程中公民道德的调查、樊和平对中国大众意识形态的调查、章秀英用心理测量学原理编制的公民意识测评表、北京大学中国国情研究中心实施的"中国公民意识年度调查"和"公民文化与和谐社会调查"、陈天祥对广州市市民进行的公民身份意识测量、冯建军关于中小学公民身份认同的实证研究、杨宜音关于中国人的公民性调查和石亚军关于我国公民人文素质现状的调查、童华胜关于公民意识的调查、孙可敬对农民公民意识的调查等。

4.1.2 农民工公民道德意识考察维度的确立依据

本书主要从四个维度考察农民工公民道德意识，即权利意识、公共责任意识、民主法治意识和公共参与意识。这四个维度的确立既关注了国内外公民道德意识演变与研究的历史传承，又着眼于农民工群体的特殊性，直面农民工在市民化过程中面临的道德文化心理问题。

一方面，农民工公民道德意识考察维度的确立关注了公民道德意识问题的历史沿革。这四个维度的确立以马克思主义的"国家—社会"的社会结构分析框架为理论基础，以国家层面倡导的社会主义核心价值观为价值指向，以思想政治教育学科为基本视域，借鉴了已有研究中关于公民身份的要素、公民道德意识演变历史、公民意识结构和内容的表述。

另一方面，农民工公民道德意识考察维度的确立结合了上文对农民工和公民道德意识的历史与现实分析，关注了当下中国社会治理特点和农民工文化心理市民化的现实需求。农民工进入城市生活之中，首先面临的就是就业问题，而农民工曾经长期遭受的待遇不公、拖欠工资、社会保障欠缺等问题无疑是他们面临的最为迫切的权利问题，因此，权利意识是农民工公民道德意识中首要的分析维度。享有权利的同时需要履行责任（义务）。鉴于农民工进入城市公共生活中对于公共责任（义务）相对漠视的情况，因此将公共责任意识作为农民工公民道德意识的第二个维度是必要的。无论是权利的主张与维护，还是责任（义务）的履行，都必须以社会主义民主法治运行为基础，因此，公民法治意识也必然成为农民工公民道德意识的重要维度。农民工的权利意识、公共责任意识、法治意识最终要体现在行动上，农民工在城市公共生活中的参与意愿直接体现了他们对于前三者的认知。由此，权利意识、公共责任意识、法治意识和公共参与意识涉及了农民工在城市生产、生活的主要方面。

在这四个维度中，权利意识和公共责任意识是核心和基础，民主法治意识是保障，公共参与意识则是确证，它们相辅相成，能够较为全面地考察农民工的公民道德意识现状。同时，这四个基本维度既能较全面地反映

"形而下"的日常生活世界中公民身份内容和条件的基本要求，又能关注"形而上"的精神生活中公民身份性质和原则所内蕴的价值追求，用于考察农民工公民道德意识是恰当的。

4.1.3 农民工公民道德意识考察维度的具体内容

4.1.3.1 权利意识及其考察方面

权利意识是公民对于权利的来源、宪法和法律赋予自身的权利种类、界限以及如何行使权利的认知、态度和行为倾向性。国家通过对公民权利的规定来赋予公民国家成员身份，公民通过权利来确认自己的国家成员身份。权利意识是公民对自己公民身份的确认、主张和维护，张扬了个体的主体性，肯定了人的主体性价值存在。

根据我国宪法的规定，公民基本权利包括五个方面内容：政治权利和自由，人身自由，宗教信仰自由，经济权利，教育、科学、文化权利和自由。T. H. 马歇尔（T. H. Marshall）认为公民身份包括公民的要素、政治的要素和社会的要素，这三种要素代表了公民身份所彰显的三种权利：民事权利、政治权利和社会权利。本书主要根据我国宪法关于公民权利的相关规定和 T. H. 马歇尔关于公民身份的三要素学说，并结合农民工的认知特点来确定其权利意识的三个主要方面：民事权利意识、政治权利意识和社会权利意识。民事权利意识主要考察农民工对自由择业、平等地位和财产权利等私权的认识和理解，政治权利意识主要考察农民工对政治权利来源和政治权利主张的认知，社会权利意识主要考察农民工对自身社会保障权利和子代教育权利的认知。

4.1.3.2 公共责任意识及其考察方面

公共责任意识是公民基于自身身份的获得和维持而必须承担的义务和应具备的道德的认知、态度和行为倾向性。个体一旦获得国家公民身份，就有义务去维护这种身份得以确认的相关规定。同时，个体一旦进入社会公共生活领域，就有义务遵守相关规定，并维护公共生活的正常秩序。公共责任意识反映了公民对国家和社会公共生活的内在需要，以及对其选择的行为后果的自愿承担。它是增强公民国家认同意识、维护民族国家政治稳定、保持社会公共生活和谐有序所不可或缺的软要素。

我国宪法规定了公民的基本义务，主要包括：维护国家统一和全国各民族团结、遵守宪法和法律、尊重社会公德、维护国家安全、荣誉和利益、保卫祖国、抵抗侵略、依法服兵役和参加民兵组织、依法纳税。2001年颁布的老纲要明确了公民道德要求：文明礼貌、助人为乐、爱护公物、保护环境、遵纪守法。西方众多学者都曾讨论公民公共责任，论题表现为公民美德或好公民。亚里士多德倡导好公民的智慧、勇敢、节制、正义的"四主德"与公共参与，西塞罗则认为公民美德包含着履行公共义务，马基雅维利认为美德是不可多得的勇气，罗伯斯庇尔将其称为廉洁，德里克·希特在前人的基础上将公民美德的构成因素概括为忠诚、责任、对政治与社会秩序价值的尊重①。本书主要根据我国宪法和老纲要的相关规定、西方学者对公民美德和责任的认识来确定公共责任意识的七个主要方面：国家认同意识、政治责任意识、集体责任意识、公益意识、环保意识、协作意识和宽容意识。

国家认同意识主要考察农民工对于中国的整体认知，表现为对我国的政治制度、思想文化、民族群体等要素的评价和情感。政治责任意识主要考察农民工对中国共产党政治组织及其执政活动的认知、理解和关切。集体责任意识主要考察农民工对集体的地位感、角色感、意义感和责任感。环保意识主要考察农民工对环境和环境保护的认识水平和认识程度。公益精神主要考察农民工基于一定的关怀和利他意识而面向特定社会群体或人类发展共同关注问题的行为的心理态度、价值观念和人格品质。宽容意识主要考察农民工对不同观点的看法和态度。协作意识考察农民工为达成共同目标或完成集体活动时对相互协调配合的看法和态度。

4.1.3.3 民主法治意识及其考察方面

民主与法治相辅相成，构成了我国社会主义政治文明的独有特色。鉴于农民工认知的特点和行文的方便，本书对农民工民主意识和法治意识分别加以考察。民主是政治文明发展的内在要求，它既是一种价值追求，也是一种制度安排和协商程序。从实践的角度来看，民主就是社会成员按照少数服从多数原则和平等原则来共同管理国家事务的过程。本书着重考察农民工感受最直观的、在多数人决定问题上所展示出来的民主意识。

2014年发布的《中共中央关于全面推进依法治国若干重大问题的决定》提出了要全社会树立法治意识，即自觉守法、遇事找法、解决问题靠

---

① 希特. 公民身份：世界史、政治学与教育学中的公民理想 [M]. 郭台辉，余慧元，译. 长春：吉林出版集团有限责任公司，2010：275.

法的思想意识。在西方，苏格拉底不仅用深刻的语言更以其生命昭示了守法的伦理价值和现实意义。柏拉图认为，"服从法律，这也是服从诸神"①。西塞罗在《法律篇》中表示，"官吏的职能是治理，并发布正义、有益且符合法律的指令……指令应是正义的，公民们应尽责地并毫无怨言地服从它们"②。本书从守法意识、契约意识、人本意识、程序意识四个方面考察农民工的法治意识。守法意识主要考察农民工对法律权威的崇尚、自觉遵从法律的意识和对他人违法行为的否定或谴责意识。契约意识主要考察农民工对正式契约的认识。人本意识考察农民工对法律将人作为出发点和归宿的认知和理解。程序意识考察农民工对法律程序的直观认识。

4.1.3.4 公共参与意识及其考察方面

公共参与意识是公民参与公共政治生活、经济生活和社会生活的主观愿望和行为倾向，表现为公民通过个人接触、小区居民运动、利用政府征求民意和政务公开等渠道，以揭发、检举等监督方式试图改变政府决策和议事日程的行为意愿。公共参与意识是公民权利意识、公共责任意识、法治意识的展现和确证，是公民道德意识从认识到行动的中介和桥梁，是"公民自由意识和自我发展的精神保障"，是"社会稳定与和谐的精神保障"③。

在古希腊，公民全部生活的核心就是实践，制定政策和形成政治决策的一个根本前提就是公民真正卷入司法过程中并参与到公共辩论中④。20世纪60年代，美国政治学者阿尔蒙德（Gabriel A. Almond）等提出，新的世界政治文化将是参与的政治文化，他将世界上正在发生的政治变革称为"参与爆炸"⑤。马克思主张"通过人民自己实行的人民管理制"⑥，列宁认为"政治就是参与国家事务"⑦。党的十九大报告提出要加强协商民主制度建设，形成完整的制度程序和参与实践，保证人民在日常政治生活中有广

---

① 柏拉图. 法律篇 [M] // 西方法律思想史编写组. 西方法律资料史资料选编. 北京：北京大学出版社，1983：26.

② 西塞罗. 国家篇 法律篇 [M]. 徐奕春，译. 北京：商务印书馆，2002：39.

③ 章秀英. 公民意识评价与培育机制 [M]. 北京：中国社会科学出版社，2012：56-61.

④ 希特. 公民身份：世界史、政治学与教育学中的公民理想 [M]. 郭台辉，余慧元，译. 长春：吉林出版集团有限责任公司，2010：6.

⑤ 阿尔蒙德，维巴. 公民文化：五个国家的政治态度和民主制度 [M]. 张明澍，译. 北京：商务印书馆，2014：2.

⑥ 马克思，恩格斯. 马克思恩格斯全集：第2卷 [M]. 北京：人民出版社，1957：639.

⑦ 列宁. 列宁全集：第3卷 [M]. 北京：人民出版社，1995：201.

泛持续深入参与的权利①。从公共权利的基本范畴来看,公共参与大致包括政治参与、社会公共事务参与和社会公共秩序与安全维护三个方面②。本书根据农民工主要活动领域,考察其经济事务参与意识、政治事务参与意识和社会事务参与意识三个基本方面。

经济事务参与意识主要考察农民工在经济活动中试图影响或改变市场主体决策和参与维护自身和群体利益的行为意愿。政治事务参与意识主要考察农民工参加选举与被选举、利用政府征求民意和政务公开等渠道,试图影响或改变政府政策和议事日程的行为意愿。社会事务参与意识主要考察农民工通过参加小区居民运动、群众文化活动、社团组织或活动,试图影响和融入城市公共生活的行为意愿。

4.2 新时代农民工公民道德意识现状调查方案

4.2.1 调查内容设计

本书调查由问卷和访谈两部分构成。问卷主要内容分为两部分,第一部分涉及样本的人口学特征,主要考察农民工的性别、年龄、文化程度、在城市生活年限、收入水平、政治面貌、婚姻状况和务工领域;第二部分涉及公民道德意识的具体情况,围绕农民工公民道德意识四个维度的关键变量操作化后生成的具体问题展开,这些问题主要以农民工在日常生活中能够感受的经验或经历过的事件来呈现,同时考察这四个维度内含的自由、平等、民主等公民核心价值理念(见表4.1)。考虑到大多数农民工受到自身文化水平和工作时间限制,问卷只列出了35个题目。访谈的主要内容是将问卷内容进一步细化,深入考察农民工公民道德意识现状及其原因。

---

① 习近平. 决胜全面建成小康社会,夺取新时代中国特色社会主义伟大胜利 [M]. 北京:人民出版社,2017:38.

② 张善根,李峰. 法治视野下公民公共参与与意识的多因素分析:基于上海数据的实证研究 [J]. 北方法学,2015(2):105-112.

表 4.1　农民工公民道德意识调查问卷设计

一级维度	二级维度	具体问题
权利意识	法律权利意识	您是否同意"只要不违法,到哪里赚钱是我的自由"? 您是否同意"农民工和城市居民一样有同等的发言权"?
	政治权利意识	您是否同意"政府的权力产生于人民"?
	社会权利意识	您是否同意没有城市户口的农民工孩子有权在城里公办学校上学? 您最希望政府在下列哪些方面为农民工提供帮助?(多选)
公共 责任意识	国家认同意识	我国的国际地位越来越高,您为中国感到自豪吗?
	政治责任意识	您了解全国人民代表大会上的农民工代表吗? 您是否关心政府事务的新闻报道?
	公益意识	您了解社会公益活动吗? 您参加过以下哪些类型的公益活动?(多选)
	集体意识	当公共利益和您个人自身利益发生矛盾时,您认为应该怎样做?
	环保意识	您了解垃圾分类吗?
	宽容意识	大家讨论问题时,如果遇到与您的观点不同的人,您会怎么办?
	协作意识	您认为农民工的团结合作精神怎么样?
民主 法治意识	民主意识	您是否同意"大多数人决定的事,不应该因少数人的利益而改变"?
	守法意识	您是否同意"人人应当遵守法律"? 您是否同意"如果没人没车,即使红灯亮了,也可以过马路"? 如果您没有拿到应得的工资,您一般会采取什么样的方式讨要工资?(多选)
	契约意识	在与老板或工作单位签订劳动合同时,您会认真阅读合同吗?
	人本意识	于欢的母亲因欠钱未还,讨债人当着于欢的面百般侮辱他的母亲,于欢一怒之下杀死了讨债人。山东省高级人民法院二审判决酌情从轻处理于欢,您认为法院的判决是否合理?
	程序意识	当您正在大街上行走时,突然听到有人在喊"抓小偷",您会怎么做?
公共 参与意识	经济参与意识	如果您的单位要成立职工代表大会,大家推选您当代表,您愿意吗? 如果您被政府邀请去讨论农民工养老、医疗、保险等问题,您会参加吗?
	政治参与意识	如果符合条件,您会参加竞选,争当人大代表吗?
	社会参与意识	您是否愿意参加社区或单位的群众文化活动? 当您生活的小区或社区有人发生冲突时,您是否愿意参与调解? 您参加过哪些社会公共组织或活动?(多选)

4.2.2 抽样程序及调查方法

为了确保调查的广泛性和代表性，本调查主要按农民工地理分布和行业分布进行抽样，依据一是国家统计局近三年发布的《农民工监测调查报告》中公布的农民工从业地域分布情况和所从事产业情况，依据二是各城市近三年统计年鉴中公布的流动人口比例。课题组将按60%、20%和20%的比例将问卷分配到东、中、西部，然后在东、中、西部中分别抽取4个、2个、2个净流入人口占比排名靠前的城市投放。

调查主要分为两步：一是预调查。首先对关键变量进行操作化，设计出《农民工公民道德意识现状调查问卷》初稿，并随机抽出120名农民工进行预调查；然后，再运用SPSS22.0软件对回收的100份有效问卷数据进行分析，检验问卷的信度，并修订完善问卷。二是正式调查。通过预调查和一部分正式调查发现，在大型的工厂或服务业企业投放问卷，效果较差，农民工相互抄袭答案或随意填写的现象非常突出。因此，本调查仅有20%的问卷是在用工量超过50人的企业进行的，委托企业人事部对农民工发放问卷，并协助农民工完成问卷；80%的问卷在城镇街道的商铺、超市、批发零售点、居民服务点分散发放并分散回收。同时，按前述抽样方式，对200名农民工进行深度访谈。

2017年6月到2018年8月，笔者先后到广州、深圳、厦门、苏州、武汉、太原、成都、南充等地进行调查。鉴于人力、物力和时间的有限性，本次调查计划选取大约2 000名农民工作为调查样本。根据前辈研究者们的常规调查经验并考虑农民工的实际情况，估计样本有效率在80%左右。因此，实际调查中共发放问卷3 600份，进行访谈200次。调查结束后，获得有效问卷1 180份，有效率仅33%。本书调查对象基本情况见图4.1。

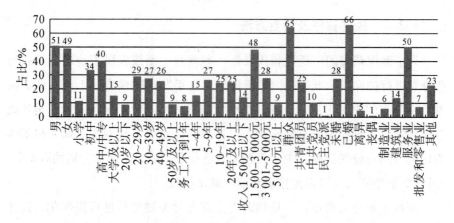

图 4.1　1 180 份农民工调查样本的人口学特征及从业基本情况

注：以上数据比例不足 100% 的为缺省值。

4.2.3　问卷信度检测和效度分析

信度是指一个测量或调查对同一对象或相似对象重复进行，其所得结果一致的程度[①]。本书调查用克朗巴哈 α（Crob α）系数检测信度。这一系数法是最简单易行且常用的方法，α 越接近于 1，则量表中项目的内部一致性越高。α 的计算公式为：

$$\alpha = \frac{k}{k-1}\left(1 - \sum S_i^2\right)$$

公式中，k 表示量表所包含的总题数，$\sum S_i^2$ 代表量表题项的方差总和，S^2 代表量表题项加总后方差。问卷表的信度高低与 α 系数的大小正相关，即是说，α 系数越大，表明问卷的信度越高，也说明量表设计越合理，其测量项目的选取越好；反之，α 系数越小，表明问卷信度越低，这就需要对问卷重新进行设计。

本书在剔除多选题和不适合进行信度分析的题目之后，通过 spss 分析结果得到，α 信度系数 = 0.788（见表 4.2），说明通过抽样的统计方法获得的样本进行问卷调查后数据的总体信度较好，适合做进一步调研使用，有借鉴参考的价值。

---

① 戴钢书. 思想政治教育统计研究方法论［M］. 北京：人民出版社，2005：126.

表 4.2　可靠性统计资料

Cronbach　Alpha 系数	项目个数/个
0.788	24

同时，本书使用 Cochran 测试进行方差分析，本例的显著性为 0.000，小于显著性水平，说明有显著差异，这个结果是可靠的，具有统计学意义，也说明了调查问卷的信度是可信的。见表 4.3。

表 4.3　使用 Cochran 测试进行方差分析

		平方和	df	平均值平方	Cochran's Q 检定	显著性
人员之间		651.564	134	4.862		
	项目之间	1 889.021	23	82.131	1 156.905	0.000
人员中	残差	3 180.896	3 082	1.032		
	总计	5 069.917	3 105	1.633		
总计		5 721.480	3 239	1.766		

注：总平均值 = 3.35。

效度是指一个测量工具能够真实地测出调研人员所要测量的概念或者变量的程度[1]。在编制问卷之前，笔者在大量参阅相关文献的基础上，对农民工和公民道德意识的概念进行了仔细探究，为问卷效度的确立奠定了基础。本书采用了内容效度这一检验方法测量问卷的效度，主要通过咨询国内外相关领域专家和参考相关文献进行检测。本书在编制问卷之前和修改的过程中，先后咨询了国内十余名农民工问题和公民问题专家，对农民工公民道德意识考察的维度、相关变量的操作化问题设计反复推敲，并结合预调查反馈信息进行了适当调整。问卷设计数易其稿，最终在专家们的肯定和农民工的认同下开展正式调查。

4.2.4　数据处理方法

问卷设计完成后，按筛选区域进行投放。问卷回收后，筛选出有效问卷，并按回收时间和区域编码，并根据问卷编码录入数据，录入完成后再与原始问卷进行核对复查。本书对录入数据的处理工具是社会科学软件

---

① 戴钢书. 思想政治教育统计研究方法论 [M]. 北京：人民出版社，2005：121.

SPSS22.0 版本，部分数据还运用了 Microsoft Office Excel 2003 进行处理。在统计过程中，笔者对样本数据主要采用了频数分析、交互分析和相关分析等方法。

4.3　新时代农民工公民道德意识的主要特点

本书主要从权利意识、公共责任意识、民主法治意识和公共参与意识四个维度考察了农民工公民道德意识，每个维度设计了围绕关键变量操作化后生成的 5~9 个具体问题。这些问题比较通俗易懂，符合农民工的认知特点。问卷主要采取里克特五级量表的形式，多数题目的答案选项按同意或符合程度由弱到强排序，分别计 1 分、2 分、3 分、4 分、5 分，得分越高者表明其公民道德意识越强。为了避免答题时产生心理定式，问卷的一些题目提问方式和答案有所调整，一些题目调整为反向题，其答案顺序也做了相应调整。所有五点记分的题目赋值后得到一个平均分，再将各维度所有题目得分加总后平均得到四个维度的平均分。统计数据显示，农民工四个维度的得分与章秀英教授对全体公民的调查结论差别较大，最明显地体现在公共责任意识和民主法治意识的差别上[①]。具体见表 4.4。

表 4.4　农民工公民道德意识四个维度平均得分

	样本总数/人	权利意识	公共责任意识	民主法治意识	公共参与意识
本书调查	1 180	4.15	3.23	3.69	3.41
章秀英调查	715	4.31	4.59	4.40	3.82

注：本表为笔者调查结论与章秀英调查结论对比。

从统计结果、访谈情况和相关实证研究来看，农民工公民道德意识四个维度呈现出四个主要特点：权利主张意识较强，权利理解和维护能力较弱；爱国意识很强，政治责任意识和公益意识最弱；守法意识最强，民主意识、契约意识和人本意识较弱；经济参与意识中等，政治和社会参与意识较弱，具体见图 4.2。

---

① 章秀英. 公民意识评价与培育机制 [M]. 北京：中国社会科学出版社，2012：113-117.

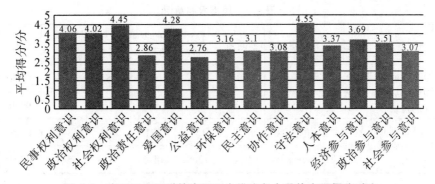

图4.2　农民工公民道德意识四个维度各个具体方面得分对比

注：本图只展示了可赋值题目的平均得分。

4.3.1　农民工权利意识的特点

调查问卷统计结果显示，在公民道德意识四个考察维度中，农民工权利意识总体较强，各题目平均得分4.15分，但单个题目得分存在一些差异，具体呈现出三个特点。

4.3.1.1　民事权利中的平等权利意识最强，但自由意识受到束缚

平等在法律层面上表现为每个人都依法享有同等参与、同等发展的权利，在价值取向上表现为不断实现实质平等，要求尊重和保障人权。在民事权利意识中，农民工的平等权利意识最强。在回答"您是否同意农民工和城市居民一样有同等的发言权"时，86.9%的农民工选择了"比较同意"或"非常同意"。农民工的权利平等思想的充分发展，既得益于新民主主义革命的积极影响，又得益于改革开放以来市场经济建立和发展过程中所要求的各市场主体平等原则的影响。在新民主主义革命中，党为了宣传和发动农民群众，进行了土地革命，开展了"打土豪劣绅、分田分地"运动，人人平等的思想深入人心，在农村有着持久而深远的影响。在市场经济中，"市场是天生的平等派"，农民工同样是市场经济的主体之一，因此，平等意识已经成为农民工公民道德意识中的重要组成部分。但是，农民工的平等思想带有传统小农平均主义思想的烙印。在访谈中，笔者发现，农民工对平等的理想期待仍然是所有的人享有一样的衣、食、住、行，相当一部分人高度认同计划经济时代的平均主义做法。具体见表4.5。

表 4.5　民事权利意识

题目		不同意	不太同意	有些同意	比较同意	非常同意	合计
您是否同意"农民工和城市居民一样有同等的发言权"？	频率/次	28	37	89	187	839	1 180
	百分比/%	2.4	3.1	7.5	15.8	71.1	99.9
您是否同意"只要不违法，到哪里赚钱是我的自由"？	频率/次	111	151	171	405	342	1 180
	百分比/%	9.4	12.8	14.5	34.3	29.0	100.0

注：数据比例不足 100%的为缺省值。

　　自由是个人生存和人类社会发展的理想状态和价值取向，也是人的权利实现的必然要求和充分展现。自由表现为存在的自由、意志的自由和发展的自由。在访谈中，农民工表现出对存在自由和意志自由的高度认同和渴望，但农民工的自由择业权受到了极大的限制，因而难以感受到发展自由的现实性。在回答"您是否同意'只要不违法，到哪里赚钱是我的自由'？"时，有 22.2%的农民工选择了"不同意"或"不太同意"（见表 4.5）。虽然多数农民工认同择业的自由，但艰难的从业经历已经让他们深刻体会到了现实的各种不自由。老一代农民工对其群体在此前择业中所遭受的种种歧视和限制至今仍然记忆犹新，在那时的境况之下，存在的自由和意志的自由甚至都不在他们的思考范围之内。在当下，尽管随着整个社会对农民工贡献和作用的肯定、户籍制度的松动和城市改革步伐的加快，农民工的择业已经不再受到严重的歧视和排斥，但由于自身的文化素质和社会资本欠缺，大多数农民工仍然只能在城市里的次属劳动力市场寻找就业机会，从事着重、脏、险、累的工作。因此，他们内心深处虽然渴望着自由自主，却深刻感受到了这些价值理念与现实存在之间距离的遥远。

　　4.3.1.2　政治权利意识较强，但政治理解能力较弱

　　在我国，政治权利体现在公民通过各级人民代表大会来实现自己的民主权利，依法享有政治自由、选举权和被选举权、监督权等。调查显示，71.3%的农民工认同"政府的权力产生于人民"，可见他们对自己的政治权力有比较强烈的诉求。但是，仍然有 19.1%的农民工选择"不清楚"，表明有相当一部分农民工难以理解政治活动及其意义（见表 4.6）。在访谈中，当被问及国家权力的来源时，老一代农民工最频繁的表达就是"那些事我不管"，新生代农民工最常见的表达是"不清楚"。在大多数农民工的

世界里，更多的是工作赚钱和家庭生活，他们既没有时间和精力也没有能力认知和理解政治活动。因此，相当一部分农民工对于政府权力的来源、政治活动的意义、政治参与的方式与程序等问题难以理解，也不愿去深入了解。

表 4.6　政治权利意识

题目		不同意	不太同意	说不清楚	比较同意	非常同意	合计
您是否同意"政府的权力产生于人民"？	频率/次	64	49	225	296	545	1 179
	百分比/%	5.4	4.2	19.1	25.1	46.2	99.9

注：数据比例不足 100%的为缺省值。

4.3.1.3　社会权利意识普遍较强，但权利诉求能力较弱

社会权利主要涉及公民的就业权、社会保障权、居住权和受教育权。我国的户籍制度使得农民工与城市户籍市民的社会权利呈现出二元结构，农民和城市市民处于社会权利结构的两端。进入 21 世纪以来，农民工有了更多的离土离乡的择业机会。随着他们在城市居留时间的逐渐延长，他们日益深刻地感受到了户籍制度规定的城乡居民之间在享受社会权利上的实质性差异给他们带来的种种不平等。他们开始由城乡二元结构背景下对城乡差异和"城里人"与"乡下人"实质不平等的默认，转向对公民平等社会权利的主动要求，因此其社会权利意识逐渐增强。以教育权利为例，20世纪的农民工几乎没有想过子女到城里上学的事情。而进入 21 世纪以来，随着国家农民工相关政策的调整和农民工自身权利意识的成长，87.3%的农民工认为其子女有权利在城里公办学校上学，仅有 3.7%的人认为没有权利（见表 4.7）。

表 4.7　社会权利意识（一）

题目		不同意	不太同意	说不清楚	比较同意	非常同意	合计
您是否同意没有城市户口的农民工孩子有权在城里公办学校上学？	频率/次	44	31	74	232	798	1 179
	百分比/%	3.7	2.6	6.3	19.7	67.6	99.9

注：数据比例不足 100%的为缺省值。

同时，随着城镇化步伐的加快、户籍制度改革的推进和新农合、低保政策的稳步实施，特别是精准扶贫活动的开展，部分困难农民已经享受到了低保福利，农民工子女也有机会进入城市学校就读，农民工的社会权利要求随之不断提升。在农民工希望政府给予帮助的事务中，排在前四位的是子女入学、劳动就业、养老保险和医疗保险，占比分别为 77.5%、74.1%、70.8% 和 68%（见表 4.8）。虽然希望得到这类帮助并不能代表权利本身，但也能从一个侧面反映出农民工对就业、教育、社会保障等社会权利认知的日益拓展和深化。

表4.8　社会权利意识（二）

选项	频率/次	百分比/%	多选组合前10位排序	频率/次	百分比/%
A. 劳动就业	874	74.1	ABCDE	114	9.7
B. 廉租（住）房	611	51.8	ABCDEFGHI	53	4.5
C. 子女入学	915	77.5	ACDEI	33	2.8
D. 养老保险	835	70.8	ACDE	31	2.6
E. 医疗保险	802	68.0	ABCD	28	2.4
F. 监督用人单位履行合同	369	31.3	ACDEH	27	2.3
G. 职业技能培训	325	27.5	ACDEF	19	1.6
H. 民主权利保障	329	27.9	ACDEG	17	1.4
I. 法律援助	441	37.4	BCDEI	15	1.3
J. 其他	52	4.4	BCDE	13	1.1

本表涉及的问题：您最希望政府在哪些方面为农民提供帮助？

在现实生活中，农民工在诉求社会权利时却常常遭遇挫折。这既有政策及其实施的因素，也有农民工自身的因素。尽管国家近年来出台了农民工应享受与城市居民相当的多种社会权利的政策，但政策的具体实施却在地方政府。由于我国地区发展的不平衡性和地方政府政策实施在一定程度上缺乏连续性，不同地方不同时期农民工的社会权利政策不仅有所不同，而且难以接轨。从农民工自身来看，他们大多数人不了解国家和地方政府的政策，不能及时跟上政策调整的步伐，同时因为频繁的工作流动或者不时处于失业和半失业状态，他们没有能力及时主张自己的各项社会权利。

4.3.2　农民工公共责任意识的特点

调查问卷统计结果显示，农民工公共责任意识的平均得分为 3.23 分，在公民道德意识四个考察维度中得分最低，说明其公共责任意识总体很弱。但从具体内容来看，这一维度的不同方面差异十分明显。

4.3.2.1　爱国意识最强，集体责任意识趋于理性

在我国，爱国主义精神、集体主义传统源远流长，而改革开放 40 多年的巨大成就带给农民工的实惠进一步增强了其爱国意识。调查显示，80.2%的农民工为国家感到自豪。但是，在社会群体及其利益日益分化，尤其是农民工在遭受种种社会不公的情况下，少部分农民工已经逐渐失去了民族自豪感与国家认同意识，有 5.6%的人表达了这种意向（见表 4.9）。同时，笔者在访谈中发现，农民工的爱国认识还处于一种自发情感状态，是对于"生于斯长于斯"的土地所产生的朴素感情，还缺少对理性爱国的认识，甚至会带上一些民粹主义的色彩，其实质是一种臣民意识倾向。

表 4.9　国家认同意识

题目		不自豪	不太自豪	有些自豪	比较自豪	非常自豪	合计
我国的国际地位越来越高，您为中国感到自豪吗？	频率/次	22	44	168	301	645	1 180
	百分比/%	1.9	3.7	14.2	25.5	54.7	100.0

调查显示，农民工的政治责任感非常弱。以多种宣传方式进行意识形态教育，是我们党在长期的革命和建设中总结出来的基本经验。改革开放以来，中央和省级广播与电视台、两报一刊等主流媒体成为党的政治意识形态宣传主要阵地，中央电视台新闻联播栏目就是最具有代表性的宣传形式。但是，农民工在城市中缺乏接受主流媒体影响的条件和时间，甚至少数农民工连看电视的条件都不具备。尽管在新媒体技术广泛运用的情况下，新生代农民工也开始利用手机获取信息，但是他们更愿意将有限的时间消耗在休闲娱乐信息上，而很少关注传统主流媒体。因此，农民工群体整体的政治关注度比大多数城市户籍居民和农村居民都低。仅有 34.9%的农民工表示非常或者比较关心政府事务，有 19.5%的人表示不关心或不太关心。甚至对于代表自身群体利益的农民工代表，非常了解或者比较了解的仅占 18.4%，不了解或不太了解的却占 52.4%（见表 4.10）。

表 4.10　政治责任意识

题目		不关心	不太关心	有些关心	比较关心	非常关心	合计
您是否关心政府事务的新闻报道?	频率/次	86	144	539	304	107	1 180
	百分比/%	7.3	12.2	45.6	25.8	9.1	100.0
题目		不了解	不太了解	有些了解	比较了解	非常了解	合计
您了解全国人民代表大会上的农民工代表吗?	频率/次	163	455	345	126	91	1 180
	百分比/%	13.8	38.6	29.2	10.7	7.7	100.0

改革开放以前,国家层面更多地强调国家利益、集体利益、社会整体利益的优先性,往往忽视个人利益,甚至极少论及正当的个人利益,把对个人利益的追求当成资产阶级自由主义、个人主义的表现。这种不正常的集体利益观在一定程度上压制了人的自由自主发展,也一度限制了人民群众的劳动积极性和创造性。在市场经济条件下,集体利益至上的观点开始受到怀疑,农民工的集体责任意识有所弱化,集体利益意识更趋于理性化。在回答当公共利益和个人利益发生矛盾时的应对策略时,仅有3.8%的农民工选择"只考虑公共利益",有43.3%的人选择"具体情况具体处理",37.2%的人选择"先考虑公共利益,再考虑个人利益"(见表4.11)。农民工集体意识趋于理性化,一方面是因为农村集体经济对农民工生产与生活的影响减弱。在社会生产方式、就业方式和报酬获取方式多元化的条件下,有相当一部分农民工或者在小私营企业就业或者自主创业,他们逐渐摆脱了农村集体经济的束缚。因此,农村集体对农民工经济生活的影响日渐弱化。另一方面是因为农民工在集体中遭遇了不公或挫折。近年来,农村的最低生活保障政策实施工作和精准扶贫工作中的确出现过一些不公平不公正的现象,农民工与城市居民在同一集体中劳动也存在过而且在一定程度上仍然存在同工不同酬的现象,这些都导致了农民工对集体的认同感和归属感的弱化。

表 4.11　集体责任意识

选项		频率/次	百分比/%	有效百分比/%	累计百分比/%
缺失		1	0.1	0.1	0.1
有效	个人利益不可侵犯，只考虑个人利益	51	4.3	4.3	4.4
	先考虑个人利益，再考虑公共利益	132	11.2	11.2	15.6
	先考虑公共利益，再考虑个人利益	438	37.1	37.1	52.7
	只考虑公共利益	59	5.0	5.0	57.7
	具体情况具体处理	499	42.3	42.3	100.0
总计		1 180	100.0	100.0	

本表涉及的问题：当公共利益和您个人利益发生矛盾时，您认为应该怎样做？

4.3.2.2　环保意识中等，公益意识亟待提升

从世界环保意识发展历程来看，人类对环境问题的关注大致经历了这样一个过程，即始于对环境污染造成的沉痛代价的回应，然后反思环境破坏的原因并意识到环境保护的重要意义，再到可持续发展理念的提出、发展、完善和践行。我国政府和社会精英的环保意识发展虽然大致与世界同步，但是环保意识真正深入人心却是在科学发展观正式提出以后。农民工受制于自身文化素质和经济条件，其环保意识还处于中等偏下水平，发展得很不充分。以垃圾分类为例，尽管近几年各种主流媒体广泛宣传，但仍有 21.6% 的农民工对此不了解或不太了解（见表 4.12）。而选择非常了解的主要是在餐饮业和环卫行业就业的农民工，他们在工作中每天都要接触垃圾分类的要求，这些要求已经转化为他们自身的环保意识。

表 4.12　公益意识、环保意识

题目		不了解	不太了解	有些了解	比较了解	非常了解	合计
您了解垃圾分类吗？	频率/次	89	166	512	296	117	1 180
	百分比/%	7.5	14.1	43.4	25.1	9.9	100.0
您了解社会公益活动吗？	频率/次	132	260	597	145	46	1 180
	百分比/%	11.2	22.0	50.6	12.3	3.9	100.0

农民工的公益意识比环保意识更弱。虽然公益活动在中国出现的时间比较早，如《史记》中记载了春秋战国时期范蠡"十九年之中三致千金，再分散与贫交疏昆弟"。但在古代中国，那些乐善好施的人往往是有钱有势的官员、名门望族或乡绅，其公益之举也主要表现为在灾荒之年救济灾民。占人口绝大多数的劳动人民不了解也没有能力从事公益活动。新中国成立后，尤其是改革开放以来，随着经济发展水平的提升和人们生活的改善，越来越多的大众参与到公益事业中。但是，农民工自身处于社会边缘，其生活状态处于窘迫之中，他们大多数主要在发生重大自然灾害或事故等特殊情况下，出于朴素的善良本能去帮助那些临时处于困境中的社会成员，而没有时间和能力涉足更多的公益事业和公益活动。33.2%的农民工表示不了解或不太了解公益活动，15.6%的人表示从未参加任何公益活动。在参加过公益活动的农民工中，他们参与最多的就是在公共场所给需要帮助的人让座和在洪水、地震等自然灾害发生时的捐赠活动，两者的比例分别占71.2%和64.6%（见表4.13）。当被问及"您了解哪些公益组织"时，大多数农民工显得很茫然；被问及中华慈善总会、宋庆龄基金会、中国红十字基金会等具体公益组织时，他们了解得更少。

表4.13　公益意识（可多选）

选项	频率/次	百分比/%	多选组合前8位	频率/次	百分比/%
A. 从未参加任何公益活动	158	13.4	BC	173	14.7
B. 给老弱病残孕让座	840	71.2	A	99	8.4
C. 爱心捐助类	762	64.6	BCD	84	7.1
D. 无偿献血	388	19.0	B	71	6.0
E. 治安维护、文明监督	224	13.2	BCG	60	5.1
F. 慰问福利院等	156	27.5	BCDG	48	4.1
G. 志愿者服务	325	12.5	BCH	36	3.1
H. 其他	147	13.4	C	29	2.5

本表涉及的问题：您参加过以下哪些类型的公益活动？

4.3.2.3　宽容意识较强，协作意识较弱

宽容要求人们在人格平等与尊重的基础上，以理解宽谅的心态和友善和平的方式，来对待、容忍、宽恕某种或某些异己行为、异己观念，乃至

异己者本身的道德与文化态度、品质和行为①。在社会公共生活中，宽容意识是公民必备的公共责任意识之一。中国传统文化的宽容精神对农民工影响至深，"己所不欲，勿施于人""君子以厚德载物"这些思想意识已经深深地扎根于他们的灵魂深处。在访谈中，笔者发现，大多数农民工同意为人处世应当宽容。在遇到与自己的观点不相同的人时，42.5%的农民工选择"求同存异"，23.1%的人选择"不争论，随他去"，仅有1.8%的人选择与其绝交（见表4.14）。

表4.14　宽容意识

题目		与他绝交	与他争论，改变他的看法	不争论，随他去	求同存异	其他	合计
在大家讨论问题时，如果遇到与您的观点不同的人，您会采取什么态度？	频率/次	21	203	273	502	180	1 179
	百分比/%	1.8	17.2	23.1	42.5	15.3	99.9

注：数据比例不足100%的为缺省值。

　　传统思想与传统生活方式紧密相连，这就意味着农民工对现代城市公共生活一定程度的疏离。传统自然经济与老一代农民工曾经历的小农生产方式使其对现代公共生活要求如协作意识在一定程度上存在漠视甚至拒斥。即便是当下生活在城市里，农民工参与国家政治生活和社会公共生活的机会仍然很少，因此他们的协作意识相对缺乏。调查显示，26.9%的农民工表示自己所在群体团结协作意识非常弱或比较弱（见表4.15）。

表4.15　协作意识

题目		非常弱	比较弱	一般	比较强	非常强	合计
您认为农民工的团结合作精神怎么样？	频率/次	127	190	464	265	134	1 180
	百分比/%	10.8	16.1	39.3	22.5	11.3	100.0

4.3.3　农民工民主法治意识的特点

　　调查问卷统计结果显示，农民工民主法治意识平均得分3.69分，在公

----
① 万俊人. 寻求普世伦理 [M]. 北京：商务印书馆，2001：307-308.

民道德意识的四个维度中得分排名第二，说明其民主法治意识比较强。从各个题目得分具体情况来看，农民工的法治意识主要有三个特点。

4.3.3.1 法律权威认同度高，守法意识最强

守法意识表现为两种心理状态，其一是行为当事人对自己行为的感受，即他感觉自己未守法或可能不守法时，内心所产生的自责感和愧疚感；其二是行为当事人对他人行为的感受，即看到他人不守法或可能不守法时，内心所呈现出的强烈的愤慨和谴责。调查显示，农民工对法律权威的认同度较高，守法意识非常强。在回答"是否同意'人人应当遵守法律'"时，选择非常同意或比较同意的农民工占91.2%。尽管农民工在实际行动中可能会出现"中国式过马路"现象，但88.7%的农民工在思想上并不赞同闯红灯行为（见表4.16）。农民工守法意识强，一方面是服膺礼治所产生的惯性作用。农民工曾长期生活在礼治影响下的乡村社会，乡村社会中"人服于礼"无须外在权力来约束，而是从教化中养成个人的敬畏之感①。因此，对于"礼"这一权威的认同和服膺，可以使农民工较为容易地迁移到对"法"的认同和遵循上。另一方面，这也是我国法治教育的结果。随着法制体系逐步建立和完善，对法治精神的大力宣传和普及，特别是六个五年普法工作的顺利完成，农民工对法律权威的崇尚进一步加强，其守法意识进一步得到强化。

表4.16 守法意识

题目		不同意	不太同意	有些同意	比较同意	非常同意	合计
您是否同意"人人应当遵守法律"？	频率/次	10	25	68	213	863	1 179
	百分比/%	0.8	2.1	5.8	18.1	73.1	99.9
您是否同意"如果没人没车，即使红灯亮了，也可以过马路"？	频率/次	840	206	57	41	36	1 180
	百分比/%	71.2	17.5	4.8	3.5	3.1	100.0

注：数据比例不足100%的为缺省值。

4.3.3.2 民主、契约意识不强，法律不服从有所表现

民主既是一种价值追求，也是国家政治生活的基本制度和社会公共生活的基本原则，但是农民工对民主价值并不理解，对民主制度和民主程序

---

① 费孝通. 乡土中国 [M]. 上海：上海世纪出版集团，2013：49.

也不十分了解。34.6%的农民工表示"不同意"或"不太同意""大多数人决定的事，不应该因少数人的利益而改变"，而选择"非常同意"的仅占14.9%，说明农民工的民主意识较弱。这既有中国封建专制制度下臣民文化的影响，也有现实生活中农民工政治参与活动极度有限的因素（见表4.17）。后文将进一步阐述这种现象及其产生的原因。

表4.17　民主意识

题目		不同意	不太同意	有些同意	比较同意	非常同意	合计
您是否同意"大多数人决定的事，不应该因少数人的利益而改变"？	频率/次	123	286	287	308	176	1 180
	百分比/%	10.4	24.2	24.3	26.1	14.9	99.9

注：数据比例不足100%的为缺省值。

契约意识是指对存在于商品经济社会中的契约关系与内在原则的认知，是契约缔结各方在自由平等基础上的守信精神。契约有正式和非正式两种，正式契约以法律、法规、合同、规则、准则为表现形式，有明确的规定和要求，因此对人的约束力较强，人们比较容易遵守。非正式契约没有正式的表现形式，主要是人们在长期的共同生活中自发形成的风俗、习惯、宗教、信仰等，以人的自我内心感受为约束，其约束力弱于正式契约。在缺乏外在强制约束力的情况下，一些人可能会选择逃避非正式契约的约束。

本书以《中华人民共和国劳动合同法》为例，主要考察农民工的正式契约意识。从签订劳动合同的情况来看，10.3%的农民工没有签订劳动合同；在签订了合同的人中，只有47.4%的人会认真阅读合同，15%的人主要关注薪金和待遇（见表4.18）。《2016年农民工监测调查报告》数据显示，仅有35.1%的农民工与雇主或单位签订了劳动合同[①]。由此可见，农民工的契约意识并不强。究其原因，还是要从中国的乡土社会说起。农民工来源于乡土社会，乡土社会并不重视契约，而是讲求信用，即"对一种行为的规矩熟悉到不假思索的可靠性"[②]。农民工到城市就业主要是依托乡土社会积累的社会关系，而这种关系的维持正是靠彼此信用。近年来众多的劳资纠纷之所以难以有效解决，一方面是因为相当一部分农民工劳动的

①　国家统计局.2016年农民工监测调查报告［EB/OL］. http://www.stats.gov.cn/tjsj/zxfb/201704/t20170428_1489334.html.

②　费孝通.乡土中国［M］.上海：上海世纪出版集团，2013：10.

基层组织负责人仍然以包工头为主，农民工与包工头的熟识使他们在建立雇佣劳动关系时仍然以信用为主；另一方面是因为长期以来农民工劳动力市场发育不完善，一些用工单位或雇主并不严格按法律签订劳动合同。再结合上文关于"您是否同意政府的权力产生于人民"一问，只有 46.2% 的农民工选择"完全同意"，不仅反映农民工契约意识不强，而且也可以看出其难以理解契约的精神实质。

表 4.18　契约意识

选项		频率/次	百分比/%	有效百分比/%	累计百分比/%
缺失		1	0.1	0.1	0.1
有效	认真看，并且会提出自己的要求	559	47.4	47.4	47.5
	简单看看薪金和待遇的条款，但不会提要求	242	20.5	20.5	68.0
	不看，就是看了也没用	177	15.0	15.0	83.0
	根本就没签合同	121	10.3	10.3	93.2
	其他	80	6.8	6.8	100.0
总计		1 180	100.0	100.0	

本表涉及的问题：在与老板或工作单位签订劳动合同时，您会认真阅读合同吗?

在选择讨薪办法时，78.9% 的人选择了走法律路径，62.6% 的人选择走信访路径，45.3% 的人选择找媒体曝光（多选，见表 4.19）。其实，这不过是一种理想状态设想，说明他们有一定的法律常识和认知。但是，在实际生活中，农民工更多地选择体制外的讨薪手段，后文将深入分析这一点。在农民工的认知世界里，法律远未成为社会公平正义的化身，而主要是维护自己权益的工具。当法律能维护其合法权益的时候，农民工绝大多数倾向于遵守法律。而当他们感到自己利益受损，但因多种主客观原因而难以获得法律支持时，他们会选择信访，或者依托熟人社会解决。在上述办法都失效的情况下，农民工就有可能表现出对法律的不服从，8.3% 的农民工选择了武力手段就是例证。他们之所以采取这种方式，主要是因为自身文化素质较低，基础教育阶段接受的法律知识并不系统全面，而他们通过电视节目、书籍报刊或其他人口头表述等途径获得的法律信息比较松散或片面。因此，他们运用法律武器保护自己的能力十分有限。

表 4.19　法治意识

选项	频率/次	百分比/%	(单)多选组合前 7 位	频率/次	百分比/%
A. 用武力手段逼老板付钱	98	8.3	CEF	179	15.2
B. 托熟人向老板讨要	343	29.1	CF	139	11.8
C. 找信访部门	739	62.6	F	108	9.2
D. 以堵路、拉横幅、跳楼等方式讨薪	162	13.7	EF	54	4.6
E. 找媒体曝光	535	45.3	G	53	4.5
F. 找劳动调解委员会或向法院起诉	931	78.9	BCF	52	4.4
G. 其他	290	24.6	BCEF	47	4.0

本表涉及的问题：如果您没有拿到应得的工资，您一般会采取什么样的方式讨要工资？

4.3.3.3　人本意识不强，对法律程序有一定的认知

法治意识中的人本意识是对于法律中人的地位和作用的认知。人本意识坚持法律产生的原因在于人的需要，因此它必须以人为根本目的，致力于维持人与人之间的合作，保障人的各项权利。人本意识要求公民在法律认知与实践活动中必须秉持以人为本的精神，使法律符合人的治理需求，服务于人。人本意识的生成需要以一定的人的理性认知为基础，更要结合实践来评估。在对于欢一案二审判决是否合理的评价中，21.8%的农民工选择了"非常合理"，12.3%的人选择了"不合理"（见表 4.20）。当被问及理由时，选择"不合理"的人给出的主要理由是"杀人偿命，天经地义"，而选择"非常合理"的人给出的理由则是"法院判决肯定是有道理的，国家不会随便判"。这说明多数农民工对于法律的认知更多的是从感性出发，而没有立足于人作为法治目的来进行理性思考。

表 4.20　人本意识

选项	频率/次	百分比/%	有效百分比/%	累计百分比/%
不合理	145	12.3	12.3	12.3
不太合理	154	13.1	13.1	25.3
有些合理	245	20.8	20.8	46.1

表4.20(续)

选项	频率/次	百分比/%	有效百分比/%	累计百分比/%
比较合理	379	32.1	32.1	78.2
非常合理	257	21.8	21.8	100.0
总计	1 180	100.0	100.0	

本表涉及的问题：于欢的母亲因欠钱未还，讨债人当着于欢的面百般侮辱他的母亲，于欢一怒之下杀死了讨债人。山东省高级人民法院二审判决酌情从轻处理于欢，您认为法院的做法是否合理？

程序意识表现为公民内心坚信任何公民或法人追求的实质正义和利益都必须经过正当的法律程序，坚信约束者必须遵从经过正当法律程序做出的决定。由此，程序意识对公民的约束表现为两个方面，其一是在做出决定或实现正义的过程中，必须严格遵守正当法律程序；其二是一旦正当法律程序做出了决定，行为人就必须严格遵守。简言之，既要遵从程序过程，又要服从程序结果。经过多年的普法教育熏染或者在生活中的相关经历体验，农民工对法律程序已经有一定的认知。在遇到"抓小偷"这一事件时，43.7%的农民工选择了先报警再采取行动，但仍有9.7%的人选择"抓到就打"（见表4.21）。以"礼治"的视角观之，偷盗行为是不合"礼仪"的行为，可以"人人得而诛之"。在日常生活中，一些人出于义愤而见小偷就打并没有引起太多的异议，也容易造成假象，让农民工认为此行为并不违法。在访谈中，当被问及"没有证据，能否打赢官司"时，相当一部分人表示只要无证据一方是正确的就能胜诉，说明农民工对法律程序知识和程序正义有所了解，但是还未成为衡量行为善恶的最终评价标准。在农民工的深层法律心理中，程序正义无法与实体正义匹敌，"礼治社会"的道德标准更甚于法律标准。史向军等对400名新生代农民工的调查同样证实了这一点。他们的调查结果显示，新生代农民工对实体法、法律程序的认知水平较低，只有近5%的人了解、45.9%的人听说过农民工权益保障的专门机构[1]。

---

① 史向军. 共享发展理念下新生代农民工政治认同研究 [J]. 学术论坛, 2016 (10)：35-39.

表 4.21　程序意识

选项		频率/次	百分比/%	有效百分比/%	累计百分比/%
缺失		1	0.1	0.1	0.1
有效	二话不说，抓到就打	115	9.7	9.7	9.8
	赶紧走开，不是自己的事情就不管	71	6.0	6.0	15.8
	拨打"110"，让警察去管吧，这是警察的事情	281	23.8	23.8	39.7
	先打"110"报警，然后在警察来之前跟踪小偷	516	43.7	43.7	83.4
	其他	196	16.6	16.6	100.0
总计		1 180	100.0	100.0	

本表涉及的问题：当您正在大街上行走时，突然听到有人在喊"抓小偷"，这时您会怎么做？

4.3.4　农民工公共参与意识的特点

调查问卷统计结果显示，农民工公共参与意识平均得分 3.41 分，在公民道德意识四个维度中得分排名第三，说明其公共参与意识处于中等偏弱。从单个题目得分来看，农民工公共参与意识的不同方面亦有所不同。

4.3.4.1　经济事务参与意识中等，但主动性不强

经济活动是指人们从事物质生产及相应的交换、分配和消费活动。雅诺斯基认为，经济参与权利包括个人和群体通过他们对市场、组织和资本的某种监控措施，参与私方决策的权利①。本书结合我国公民经济活动的现实情况，主要考察了农民工生产和分配活动参与情况，具体分为参与职工代表大会和参与讨论自身社会保障活动两方面情况。调查显示，农民工参与经济活动主要是出于谋生的基本需求，他们参与经济管理活动的意愿并不强。如果是在被他人推举的情况下，他们参与的可能性更大一些。具体见表 4.22。

---

① 雅诺斯基. 公民与文明社会 [M]. 柯雄，译. 沈阳：辽宁教育出版社，2000：41.

表 4.22　经济参与意识

题目		不愿意	不太愿意	有些愿意	比较愿意	非常愿意	合计
如果您上班的单位要成立职工代表大会，大家推选您当代表，您愿意吗？	频率/次	103	141	328	321	285	1 178
	百分比/%	8.7	11.9	27.8	27.2	24.2	99.8
您是否愿意参加有关农民工养老、医疗、失业保险等问题的讨论？	频率/次	66	94	234	262	524	1 180
	百分比/%	5.6	8.0	19.8	22.2	44.4	100.0

注：数据比例不足 100%的为缺省值。

我国工会组织的存在保证了经济组织内个体的参与权利，但农民工参与工会的比例并不高。在回答是否愿意担任职工代表大会代表时，表示非常愿意和比较愿意的农民工占 51.3%，表示不愿意或不太愿意的占 20.6%。在参加与农民工自身利益密切相关的社会保障问题讨论时，肯定性意愿表达占 66.6%，而否定性意愿表达仅占 13.6%（见表 4.22）。很明显，农民工的经济参与意愿与自己切身利益正相关。这一方面是因为一些企业的工会组织不健全，农民工参与工会和其他相关组织的渠道不通畅；另一方面是农民工基于对自身利益相关性较小的考虑而不愿意参加。在访谈中，一位企业的管理者直言，农民工加入工会主要是考虑对他们是否有利，有利可图才会加入。

4.3.4.2　政治事务参与意识较弱，受到自身条件和相关制度的约束

政治参与是公民通过一定的方式直接或间接地影响与政府活动相关的公共政治生活的政治行为。政治参与内容主要有民主选举、民主决策、民主管理、民主监督，其具体表现形式有投票、选举、游行示威、主动接触等。调查发现，农民工政治参与意识较弱，他们参与政治事务的意愿取决于他们对政治参与行为的认知、政治效能感以及对经济利益相关性的权衡。统计显示，在是否参与竞选的选择中，肯定性意愿表达占 55.8%，而否定性意愿表达占 23.9%（见表 4.23）。可见，农民工的政治参与意识较弱。

表 4.23　政治参与意识

题目		不愿意	不太愿意	有些愿意	比较愿意	非常愿意	合计
如果符合条件，您愿意参加竞选，争当人大代表吗？	频率/次	151	131	237	282	377	1 178
	百分比/%	12.8	11.1	20.1	23.9	31.9	99.8

注：数据比例不足100%的为缺省值。

　　农民工的政治参与意识受到两方面的约束。一是受到自身条件的约束，包括政治素养、经济条件和时间条件。农民工总体文化层次不高，他们对政治活动及其意义的认知极其有限，对于政府权力来源问题难以理解，也不愿去深入了解。同时，农民工的收入和空闲时间极其有限，参与政治活动会在一定程度上减少他们的工作时间从而影响其收入，或者减少他们有限的空闲时间。即使有一些闲暇，他们也更愿意交友、娱乐或者睡觉。二是受到参政议政渠道的约束。根据我国选举法等法律规定，绝大部分农民工在流出地被登记为选民，其选举权在流出地实现。农民工或者委托他人代为行使，或者自己回到户籍地参加选举。农民工在权衡选举与自身利益相关程度、参与成本等因素后，表现为"不愿参与"原户籍所在地政治与公共事务管理。卢海阳博士的调查也证实了这种现象，68.9%的农民工没有参加过村委会选举，尽管有58.2%的人认为自己应参加城镇所居住社区的选举活动，却受制于参与资格[1]。可见，既有的城市政治制度设计"沿袭着长期城乡分割的体制，还没有为农民工这一特殊群体准备好必要的参与渠道和机制"[2]；城市和农村的政治生活与农民工关系不大，其边缘性特征相当明显。

　　4.3.4.3　社区事务参与意愿总体较低，但邻里意识仍然较强

　　农民工在经济活动和政治活动之外，还会有一些主动或被动参与社区管理、文化活动或其他社会活动的机会。本书主要从参与社区文化活动、参与调解和参与社团组织三个方面考察农民工的社会参与意识。农民工的社会参与意识得分仅为3.07分，在公共参与意识三个方面的所有题目中得分最低。

　　在回答"是否愿意参加社区或单位的业余文化活动"时，仅有17.6%

①　卢海阳.农民工的城市融入及对经济行为的影响［D］.杭州：浙江大学，2014：43.
②　徐勇.把农民工纳入有序政治参与中来［J］.农村工作通讯，2010（2）：45.

的农民工表示比较愿意或非常愿意，34.5%的农民工表示不愿意或不太愿意（见表4.24）。这其中既有农民工自身经济实力和文化素质因素的影响，更有城乡文化传统差异因素的影响。从经济实力来看，上文已多次说明，农民工无暇顾及生计之外的社会活动。从文化素养来看，农民工受教育程度以中学为主，中学阶段恰好是我国应试教育较为明显的时段，因此他们受到的艺术训练相对较少，缺少参加社会公共文化活动的基本素养。从文化传统来看，村民文化与城市文化在主题、内容和表现方式等方面呈现出较强的差异，大多数农民工的城市生活时间比较有限，受城市文化熏染的时间较短，其有限的城市文化积淀还不足以让他们登上城市公共文化生活的舞台。

表4.24　社会参与意识（一）

题目		不愿意	不太愿意	有些愿意	比较愿意	非常愿意	合计
您是否愿意参加社区或单位的业余文化活动？	频率/次	344	63	562	164	44	1 177
	百分比/%	29.2	5.3	47.6	13.9	3.7	99.7
当您生活的小区或社区有人发生冲突时，您被物管公司或社区组织邀请去参与调解，您愿意去吗？	频率/次	92	97	375	292	322	1 178
	百分比/%	7.8	8.2	31.8	24.7	27.3	99.8

注：数据比例不足100%的为缺省值。

比较而言，农民工参与调解的意愿较强。当被问及"是否愿意参与调解小区或社区冲突"时，52%的农民工表达了肯定的意愿，远远高于参与文化活动的意愿。市场经济体制改革的推进和城乡行政区划改革的完成，被称为"社区居民委员会"的城市社区的行政管理机构和农村的村民委员会一起构成了自我管理、自我教育、自我服务的基层群众自治组织。相对于经济参与的有效性和政治参与的成本权衡，同时得益于对传统的地缘关系网络产生的邻里情谊的重视，农民工对于参与社区管理有一定的积极性。

从农民工参与社团组织的情况也可以看出农民工社会参与意识总体不强。在回答"您参加过哪类社会公共组织或活动"时，11.7%的人选择了"没有参加任何社会公共组织"，在参与的组织或活动中，排在前三位的分别是同学会、体育或娱乐组织、老乡会，其占比分别为69.4%、33.6%、30.4%（见表4.25）。由此反映出农民工的社会关系网络是极其有限的，主要的公共生活仍然建立在传统社会纽带基础之上，以同质文化圈为主。农民工的社区事务参与意愿较低，一是因为自身的经济条件和对城市的认同不足，二是因为城市和城市户籍居民对农民工的社会排斥。另外，农民工的组织化程度较低、缺乏社区有效动员也是一个重要因素。我国民间组织发育有限导致社会利益结构的组织化程度不高，农民工群体的自治组织相对更少。

表 4.25　社会参与意识（二）

选项	频率/次	有效百分比/%	（单）多选排名前 9 位	频率/次	有效百分比/%
A. 老乡会	359	30.4	I	138	11.7
B. 同学会	819	69.4	B	129	10.9
C. 工会	298	25.3	BG	86	7.3
D. 小区业主委员会	223	18.9	AB	51	4.3
E. 商会、行业协会、技术协会等	163	13.8	ABG	42	3.6
F. 佛教、天主教、基督教等教会	88	7.5	BC	41	3.5
G. 体育或娱乐组织	397	33.6	ABC	32	2.7
H. 其他志愿组织或社会组织	199	16.9	BH	31	2.6
I. 没参加过任何社会公共组织	138	11.7	BCG	24	2.0

本表涉及的问题：您参加过哪类社会公共组织或活动？

4.4　新时代农民工群体内部相关变量对农民工公民道德意识的影响

4.4.1　性别对农民工公民道德意识的影响

本书所采用的调查样本统计显示，农民工中男性占 51%，女性占 49%（见图 4.1），两个性别群体在年龄、学历、月收入水平和从业领域上存在一些差异。男、女农民工年龄结构差异较小，50 岁以上男性略多于女性。男性农民工文化程度、收入水平高于女性：高中及以上文化的男性占 57.8%，比女性高 5.7%；收入在 3 000 元以上的男性占 47.5%，比女性高

20.5%。见图4.3和图4.4。在从业领域方面,在建筑业工作的男性多于女性,在服务业工作的女性多于男性。

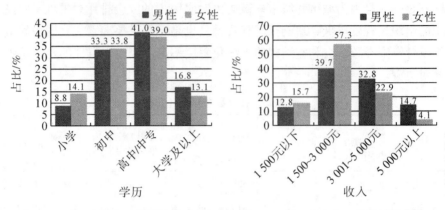

图4.3　男、女农民工学历结构对比　　图4.4　男、女农民工收入结构对比

农民工的性别对其公民道德意识有一定的影响,男性农民工公民道德意识总体上略强于女性。男、女农民工公民道德意识差异主要体现在政治权利意识、政治责任意识和政治参与意识等方面,见表4.26。

表4.26　不同性别农民工公民道德意识四个维度得分对比

性别	频率 /次	百分比 /%	权利意识	公共责任意识	民主法治意识	公共参与意识
男性	600	50.8	4.148	3.25	3.70	3.48
女性	580	49.2	4.145	3.22	3.68	3.33

在权利意识中,男性与女性农民工政治权利意识差别较为明显。在论及政府权力来源时,女性非常认同其产生于人民的占42.1%,比男性低8.1%;女性选择"说不清楚"的占21.9%,比男性高5.6%(见图4.5)。相对而言,男性农民工对自身的权益更为关注,因此他们对国家政治权力的关心从总体上并不完全出于公心。

在公共责任意识中,男性与女性农民工政治责任意识差别较为明显。在回答是否了解农民工代表时,有58.3%的女性表示不了解或不太了解,比男性高11.6%(见图4.6)。这也体现在农民工对政府事务的关注度上,对政府事务比较关心或非常关心的男性占40.8%,比女性高12.2%。见图4.7。

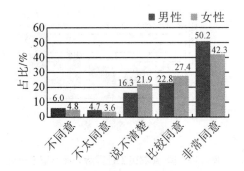

图 4.5 男、女农民工政治权利意识对比

本图涉及的问题：您是否同意"政府的权力产生于人民"？

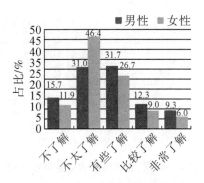

图 4.6 男、女农民工政治责任意识对比

本图涉及的问题：您了解全国人民代表大会上的农民工代表吗？

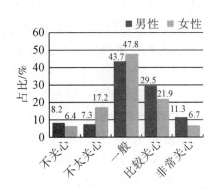

图 4.7 男、女农民工政治责任意识对比

本图涉及的问题：您是否关心政府事务的新闻报道？

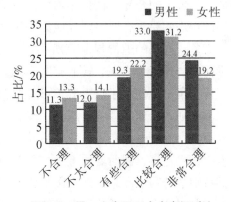

图 4.8 男、女农民工人本意识对比

本图涉及的问题：您认为法院对于欢案的判决是否合理？

　　在法治意识中，女性农民工的守法意识略强于男性，男性农民工人本意识强于女性。在回答"是否同意应当遵守法律"时，女性农民工表示比较同意或非常同意的占比略高于男性农民工。在对于欢案判决是否合理的判断上，男性农民工认为比较合理或非常合理的占57.3%，高出女性7%（见图4.8）。在公共参与意识中，男性的公共政治、经济、社区事务和文化活动的参与意愿都比女性更高一些。在回答是否愿意担任职工代表大会代表时，表达肯定性意愿的男性农民工占55.5%，比女性高8.4%（见图4.9）。在回答是否愿意争当人大代表时，表达肯定性意愿的男性农民工占61.2%，比女性高10.8%（见图4.10）。

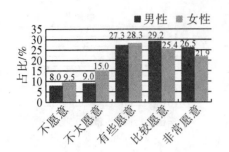
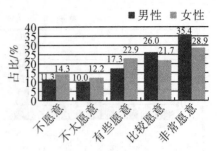

图 4.9　男、女农民工政治参与意识对比　　图4.10　男、女农民工社区活动参与意识对比

本图涉及的问题：您是否愿意担任职工代表大会代表？　　本图涉及的问题：您愿意参加竞选，争当人大代表吗？

　　男、女两性农民工群体公民道德意识之所以存在上述差异，主要基于他们生理上的差异，社会对两性在政治生活、经济生活和文化生活上所承担的作用的要求有所不同。他们在生活与工作中扮演的角色、承担的责任与义务、遵从的道德规范有所不同，逐渐形成两性在思想意识上的差异，进而在公民行为表现方式上有所不同。比较而言，男性长期在政治生活中担任主角，他们乐于也更擅长参与政治活动，男性更为理性，对民主、法治和规则的认识和理解更深刻一些，因而他们的政治权利和政治参与意识更强。女性更多地在私人领域活动，更关注家庭和孩子，她们相对更具有爱心、更宽容，因而更乐于参与公益事业和文化活动。当然，由于农民工都特别辛苦和忙碌，女性农民工在照顾家庭方面花去了更多的时间，因此她们参与社区文化活动的也寥寥无几。

4.4.2　文化程度对农民工公民道德意识的影响

　　不同文化程度的农民工在年龄结构和收入结构上也存在着较为明显的差异。总体来看，农民工学历与其收入正相关。在仅有小学文化程度的农民工中，40 岁以上的农民工占 69.6%，收入水平在 3 000 元以下的占 88.9%，见图 4.11 和图 4.12。在有大学文化程度的农民工中，年龄在 20 岁到 40 岁之间的占 91.5%，收入水平在 5 000 元以上的占 31.3%，见图 4.11 和图 4.12。

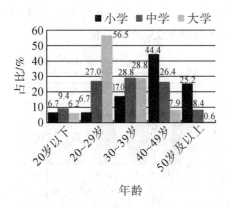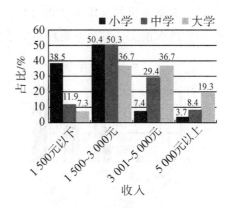

图 4.11　不同文化程度农民工年龄结构对比　图 4.12　不同文化程度农民工收入结构对比

　　不同文化程度的农民工在公民道德意识四个维度得分上呈现出比较明显的规律性，具有小学和大学文化的农民工在公民道德意识得分上呈现出较为明显的差异性，而具有中学文化的农民工得分则居于两者之间。赋值得分显示，除民主法治意识得分略有出入外，农民工文化程度越高，其权利意识、公共责任意识和公共参与意识越强，见表 4.27。

表 4.27　不同文化程度农民工公民道德意识四个维度对比

文化程度	频率/次	百分比/%	权利意识	公共责任意识	民主法治意识	公共参与意识
小学	135	11.4	4.09	3.21	3.60	3.30
中学	396	33.6	4.15	3.22	3.71	3.41
大学	472	40.0	4.15	3.24	3.67	3.44

　　从每个维度各个具体方面来看，不同文化程度的农民工呈现出一些较为明显的差异。在政治权利意识方面，最为突出的是具有小学文化的农民工在权利认知上选择"不清楚""不了解"或"不知道"的占比最高。在政治责任意识方面，具有小学文化程度的农民工对农民工代表不了解或不太了解的占 60%，比具有中学和大学文化的农民工分别高出 7% 和 17%。见图 4.13 和图 4.14。

　　在公共责任意识上，农民工较明显的差别体现在公益意识和环保意识上。具有小学文化的农民工对公益活动和垃圾分类不了解或不太了解的分别占 56.3%、41.5%，比具有中学文化的农民工比例分别高 22.5%、21.5%，比具有大学文化的农民工比例分别高 33.7%、27.4%。由此可见，文化程度越低的农民工，其公共责任意识越低，见图 4.15 和图 4.16。

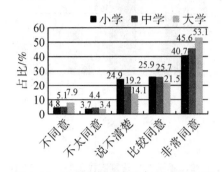

图 4.13 不同文化程度农民工政治权利
意识对比

本图涉及的问题：您是否同意"政府的权力产生于人民"？

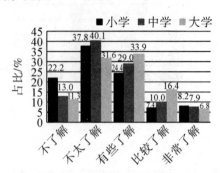

图 4.14 不同文化程度农民工政治责任
意识对比

本图涉及的问题：您了解全国人民代表大会上的农民工代表吗？

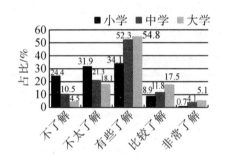

图 4.15 不同文化程度农民工公益意识对比

本图涉及的问题：您了解社会公益活动吗？

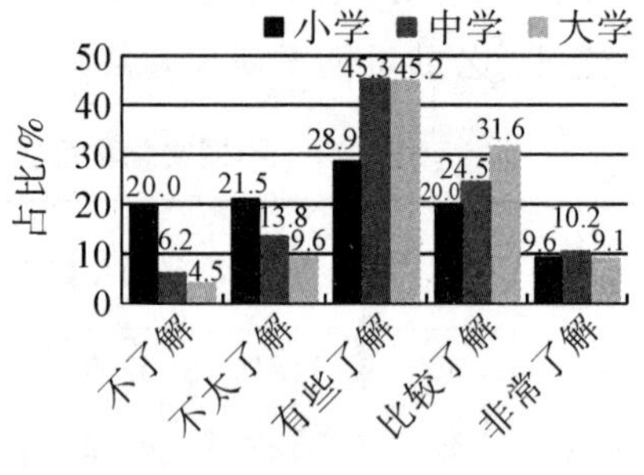

图 4.16 不同文化程度农民工环保意识对比

本图涉及的问题：您了解垃圾分类吗？

在法治意识上，除了守法意识差别不明显外，在契约意识、人本意识和法律程序上，不同文化程度的农民工差别较为明显。统计显示，文化程度越高的农民工越重视合同所规约的法律关系、越关注法律的程序要求和人本精神。在对待劳动合同问题上，不看合同或没有签订劳动合同的小学文化农民工占 37%，比具有中学和大学文化的农民工分别高出 12.5% 和17.2%。在对于欢案判决合理性的认识上，表达否定性判断的小学文化农民工占 31.3%，比具有中学和大学文化的农民工分别高出 6.0% 和 10.4%（见图 4.17 和图 4.18）。

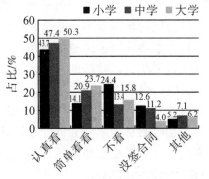

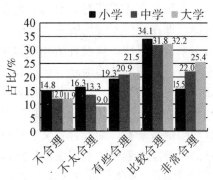

图4.17 不同文化程度农民工契约意识对比

本图涉及的问题：在与老板或工作单位签订劳动合同时，您会认真阅读合同吗？

图4.18 不同文化程度农民工人本意识对比

本图涉及的问题：您认为法院对于欢案的判决是否合理？

具有不同文化程度的农民工在公共参与意识上的差异主要体现在政治活动和文化活动的参与差异上。文化程度越高的农民工，其政治参与意识越强，但社区参与意愿相对更低。在是否愿意争当人大代表问题上，58.7%的大学文化农民工表示愿意或非常愿意，比小学文化的农民工高9.0%（见图4.19）。但是，在邻里调解活动参与上，小学文化农民工表达非常愿意的占31.1%，比大学文化农民工高9.1%（见图4.20）。可见，具有大学文化的农民工更关注政治生活，而具有小学文化的农民工更关注身边的事务。

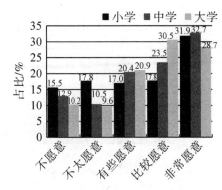

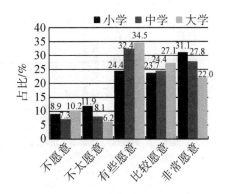

图4.19 不同文化程度农民工政治参与意识对比

本图涉及的问题：如果符合条件，您会参加竞选，争当人大代表吗？

图4.20 不同文化程度农民工社会参与意识对比

本图涉及的问题：您是否愿意参与小区或社区调解活动？

农民工文化程度对其公民道德意识的影响契合了政治学所揭示的一般规律，即在社会地位的所有变量中，教育与公民的政治参与、社会责任感的关系最为密切。从教育活动过程来看，教育能够发展公民道德意识的许多成分，学校的社团活动、会议和讨论等就是训练公民技能的活动。学生通过参与这些活动，既有助于培养公民的自信、自制力和表达能力，又有利于增强其公民的义务观念，培养其政治竞争意识、兴趣和责任感。从教育活动结果来看，受教育者文化程度越高，其政治意识、社会责任意识和政治参与能力越强，他们也能更好地将他们的政治兴趣和知识传授给下一代[①]。因此，文化程度与农民工的公民道德意识活动正相关。

4.4.3　年龄对农民工公民道德意识的影响

2010年，国务院发布《关于加大统筹城乡发展力度，进一步夯实农业农村发展基础的若干意见》，提及了农民工群体内部年龄分化情况，并对"新生代农民工"做了明确界定。新生代农民工主要是指在20世纪80年代和90年代出生的、在改革开放的大环境下成长起来的农民工群体。本书主要根据国家层面对新生代农民工的界定，将40岁以下的农民工归为新生代群体，将40岁以上的农民工归为老一代群体两类，考察二者公民道德意识的差异。从人口学特征来看，新生代农民工文化程度和收入水平高于老一代农民工：高中及以上文化的新生代农民工占67.3%，比老一代农民工高35.2%；收入3 000元以上的新生代农民工占43.1%，比老一代农民工高16.5%（见图4.21和图4.22）。

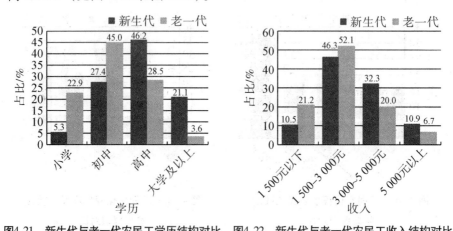

图4.21　新生代与老一代农民工学历结构对比　图4.22　新生代与老一代农民工收入结构对比

---

① 杨光斌. 政治学导论 [M]. 北京：中国人民大学出版社，2004：263.

从总体上看，年龄差别对农民工公民道德意识的影响并不大，老一代农民工在四个维度上的公民道德意识得分略高于新生代农民工。二者的差异主要体现在权利意识、公共责任意识、民主法治意识和公共参与意识等方面，见表4.28。

表4.28 新生代和老一代农民工公民道德意识四个维度的对比

群体	频率/次	百分比/%	权利意识	公共责任意识	民主法治意识	公共参与意识
新生代	769	65	4.13	3.13	3.54	3.33
老一代	411	35	4.20	3.27	3.86	3.61

老一代农民工权利意识强于新生代农民工。在回答是否认同有择业自由时，老一代农民工选择比较同意或非常同意的占70.1%，比新生代农民工高10.4%（见图4.23）。这主要是因为新生代农民工从业期望更高，他们参照的对象并不是老一代农民工，而是同龄的城市户籍从业人员。因此，相比较而言，新生代农民工受自身文化程度和社会资本有限的影响，在就业可选择性上感受到了比老一代农民工更深刻的束缚。

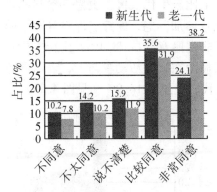

图4.23 新生代与老一代农民工
权利意识对比

本图涉及的问题：您是否同意"只要不违法，到哪里赚钱是我的权利"？

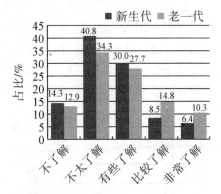

图4.24 新生代与老一代农民工
公共责任意识对比

本图涉及的问题：您了解全国人民代表大会上的农民工代表吗？

在公共责任意识方面，老一代农民工对农民工代表比较了解或非常了解的占25.1%，比新生代农民工高10.1%（见图4.24）；老一代农民工关心政府事务新闻报道的占比高出新生代农民工20.6%（见图4.25）。在民主法治意识上，老一代农民工显得更理性，而新生代农民工则显示出对规则的叛逆。在对是否同意"大多数人决定的事，不应该因少数人的利益而改变"的回答中，39.7%的新生代农民工选择了"不同意"或"不太同意"，比老一代农民工高 15.1%（见图 4.26）。

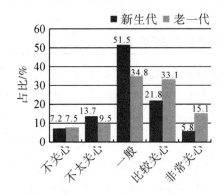

图 4.25　新生代与老一代农民工
公共责任意识对比

本图涉及的问题：您是否关心政府事务的新闻报道？

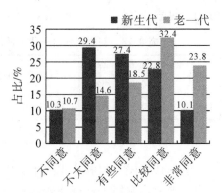

图 4.26　新生代与老一代农民工
民主法治意识对比

本图涉及的问题：您是否同意"大多数人决定的事,不应该因少数人的利益而改变"？

在公共参与意识方面，老一代农民工比新生代农民工更愿意参与和自身切身利益相关的活动。在回答是否愿意参加养老、医疗、保险等问题的讨论时，老一代农民工选择比较愿意或非常愿意的占 78.4%，比新生代农民工高 18%（见图 4.27）。类似的结果显示在社区活动参与上，表示愿意或非常愿意参与的老一代农民工比新生代农民工高 14.9%（见图 4.28）。

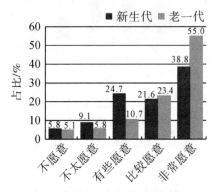

图 4.27　新生代与老一代农民工
公共参与意识对比（一）

本图涉及的问题：您是否愿意参加有关农民工养老、医疗、保险等问题的讨论？

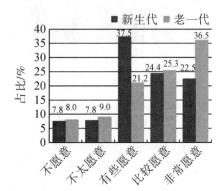

图 4.28　新生代与老一代农民工
公共参与意识对比（二）

本图涉及的问题：您是否愿意参与小区或社区调解活动？

笔者在访谈中发现，大多数新生代农民工表示，他们觉得自己参与这些活动不会对政策产生直接影响。同时，由于工作很辛苦，他们宁愿把有限的闲暇时间花在上网、看电影、朋友聚会等娱乐休闲活动上，而不愿意参与此类与自己个人生活直接关联甚少的活动。相对而言，老一代农民工受传统文化影响更深一点，他们更乐于参与邻里事务。

4.4.4 收入水平对农民工公民道德意识的影响

从人口学特征来看，不同收入水平的农民工个体特征表现出一些规律性。除了高中学历的农民工在收入水平上分布比较均衡外，其余指标显示出收入水平与文化程度正相关。同时，收入水平在 3 001 元以上的农民工年龄集中在 20~40 岁之间。

从总体趋势来看，农民工的收入水平与其公民道德意识正相关，即是说，农民工收入越高，其公民道德意识越强。其中例外的是，收入在 1 500~3 000 元的农民工较收入在 3 001~5 000 元的农民工在权利意识、公共责任意识、民主法治意识方面略强，见表 4.29。

表 4.29　不同收入水平农民工公民道德意识四个维度得分对比

收入水平	频率/次	百分比/%	权利意识	公共责任意识	民主法治意识	公共参与意识
1 500 元以下	168	14.2	4.01	3.00	3.57	3.31
1 500~3 000 元	570	48.3	4.18	3.18	3.65	3.37
3 001~5 000 元	330	28.0	4.14	3.17	3.61	3.45
5 000 元以上	112	9.5	4.21	3.31	3.73	3.58

统计显示，农民工的收入越高，其权利意识越强。收入在 5 000 元以上的农民工权利意识明显高于收入在 1 500 元以下的农民工。在回答是否认同农民工有平等权、政府权力源于人民时，收入在 5 000 元以上的农民工选择"非常同意"的分别占 77%、56%，比收入在 1 500 元以下的农民工分别高出 13%、15%。见图 4.29 和图 4.30。在权利意识的各个方面认知上，收入在 1 500 元以下的农民工选择"说不清楚"的占比最高。

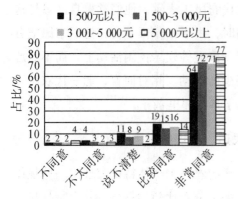

图 4.29　不同收入水平农民工
民事权利意识对比

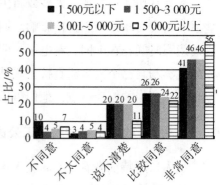

图 4.30　不同收入水平农民工
政治权利意识对比

本图涉及的问题：您是否同意"农民工和城市居民一样有同等的发言权"？

本图涉及的问题：您是否同意"政府的权力产生于人民"？

统计显示，农民工的收入越高，其公共责任意识越强。在对农民工代表的了解程度上，收入水平在 1 500 元以下的农民工选择"不了解"或"不太了解"的占 59%，比收入水平在 1 500~3 000 元、3 001~5 000 元和 5 000 元以上的农民工分别高出 5%、11% 和 11%，见图 4.31。在对政府事务的关注上，尽管总体上显示出农民工收入越高，对政府事务的关注度越高，但是收入在 1 500 元以下的农民工对此呈现出两极分化的状态，选择"非常关心"和"不关心"的比例均高于其他收入水平的农民工 5% 以上，见图 4.32。笔者在访谈中了解到，政治责任意识较强的低收入农民工大部分年龄较大，曾经是乡村中的政治活跃分子。他们曾积极参与村民自治，习惯性地关注政治事务。而另一些收入水平低的农民工则年龄较小，刚刚进入职场。他们还处于实习阶段，每天忙于应付工作，没有闲暇也有没有能力关注政治事务。

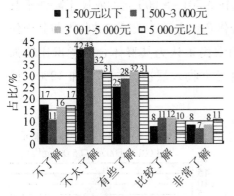

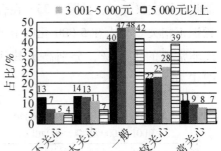

**图 4.31　不同收入水平农民工
政治责任意识对比（一）**

本图涉及的问题：您是否了解全国人民
代表大会上的农民工代表？

**图 4.32　不同收入水平农民工
政治责任意识对比（二）**

本图涉及的问题：您是否关心政府
事务的新闻报道？

　　统计显示，农民工收入水平越高，国家认同意识越强。在为中国感到
比较自豪和非常自豪的农民工中，收入在 5 000 元以上的占 86%，分别高
出其他三个收入层次 8%、3% 和 17%，见图 4.33。类似的情况出现在公益
意识和环保意识上，在比较了解或非常了解公益活动的农民工中，收入在
5 000 元以上的占 24%，分别高出其他三个收入层次 7%、9% 和 10%；在
比较了解或非常了解垃圾分类的农民工中，收入在 5 000 元以上的占 41%，
分别高出其他三个收入层次 6%、6% 和 10%，见图 4.34。

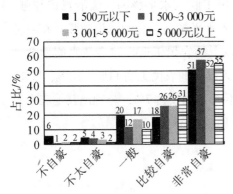

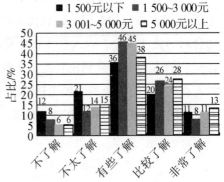

**图 4.33　不同收入水平农民工
国家认同意识对比**

本图涉及的问题：您为中国感到自豪吗？

图 4.34　不同收入水平农民工环保意识对比

本图涉及的问题：您了解垃圾分类吗？

统计显示，在宽容意识上，收入在 3 001~5 000 元的农民工略强于其他收入层次农民工，见图 4.35。在合作意识方面，农民工的收入与其合作意识正相关。收入在 5 000 元以上的农民工认为其群体合作意识比较强或非常强的占 41%，分别高出其他三个收入层次 8%、7% 和 12%，见图 4.36。

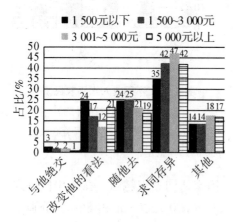

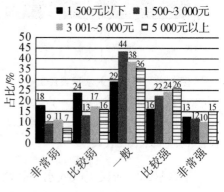

图 4.35　不同收入水平农民工宽容意识对比

本图涉及的问题：遇到与您的观点不同的人，您会采取什么态度？

图 4.36　不同收入水平农民工合作意识对比

本图涉及的问题：您认为农民工的团结合作精神怎么样？

统计显示，在法治意识方面，农民工收入水平越高，法治意识越强，见图 4.37。在契约意识上，农民工收入水平越高，契约意识越强。在对劳动合同的关注度上，收入在 5 000 元以上的农民工选择"会认真阅读劳动合同"的占 58%，分别比其他三个收入层次的农民工高 11%、12%、12%；收入在 5 000 元以上的农民工选择"不看"的仅占 7%，分别比其他三个收入层次的农民工低 5%、10%、12%，见图 4.38。

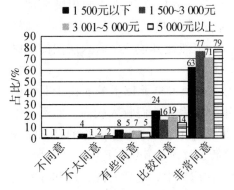

图4.37　不同收入水平农民工
守法意识对比

本图涉及的问题：您是否同意"人人
应当遵守法律"？

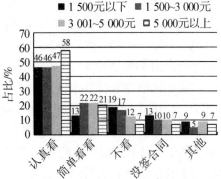

图4.38　不同收入水平农民工
契约意识对比

本图涉及的问题：您会认真阅读
合同吗？

在公共参与意识方面情况也类似，农民工收入水平越高，公共参与意识越强。收入在5 000元以上的农民工选择"愿意"或"非常愿意"担任职工代表大会代表的占57%，比其他三个收入层次的农民工分别高1%、8%、12%，见图4.39；收入在5 000元以上的农民工选择"愿意"或"非常愿意"争当人大代表的占67%，比其他三个收入层次的农民工分别高6%、15%、15%，见图4.40。

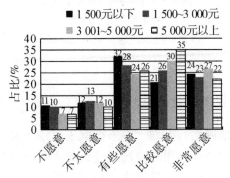

图4.39　不同收入水平农民工
公共参与意识对比（一）

本图涉及的问题：您愿意担任职工代表
大会代表吗？

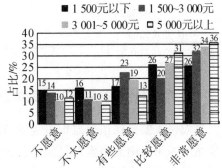

图4.40　不同收入水平农民工
公共参与意识对比（二）

本图涉及的问题：您愿意参加竞选，
争当人大代表吗？

从总体来看，各类收入群体农民工参与社区文化活动的积极性都较低，但还是受到其收入水平的影响。收入在 5 000 元以上的农民工选择"愿意"或"非常愿意"参加的占 28%，依然比其他三个收入层次的农民工分别高出 11%、12%、9%，见图 4.41。

在社区治理等公共事务活动中，收入在 5 000 元以上的农民工非常愿意参与的比其他收入群体比例高。这主要是因为他们收入较高，而不必忙碌于生活，有相对更多的时间和精力参与公共事务。令人困惑的是，收入在 1 500 元以下的农民工的参与意愿虽低于收入在 5 000 元以上的农民工，却高于其他两个收入群体，见图 4.42。在访谈中，笔者发现，这部分农民工年龄比较大，生活压力相对较小。他们热衷于解决邻里事务，既是出于乡土情谊，也是为了丰富晚年生活。

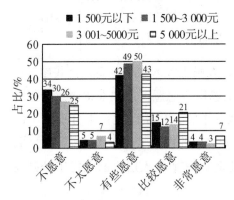

图 4.41　不同收入水平农民工
文化参与意识对比

本图涉及的问题：您是否愿意参加社区或单位的群众文化活动？

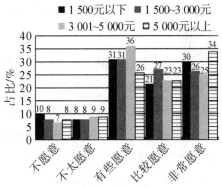

图 4.42　不同收入水平农民工
社区参与意识对比

本图涉及的问题：您是否愿意参与小区或社区调解活动？

4.4.5　地域差别等对农民工公民道德意识的影响

农民工的公民道德意识也呈现出地域性的差别。本书抽取了由经济欠发达的四川省南充市南部县的民营企业金泰集团的农民工完成的 153 份问卷，与在深圳、广州、武汉、成都等大都市的农民工完成的 153 份问卷进行了对比分析。数据对比发现，相较于在经济发达的大都市就业的农民工，在经济欠发达的县域内就业的本地农民工年龄更大、学历和收入水平更低。南部县农民工年龄在 40 岁及以上的占比比大都市农民工高 13%，而收入在 3 000 元以上的则低 35%，见图 4.43 和图 4.44。

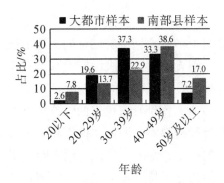

图 4.43 大都市与南部县农民工
年龄对比

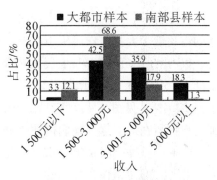

图 4.44 大都市与南部县农民工
收入结构对比

在欠发达县域工作的农民工公民道德意识中，除公共参与意识外，权利意识、公共责任意识、民主法治意识都相对较弱，见表 4.30。在回答是否同意"农民工和城市居民一样有同等的发言权"时，南部县农民工持明确肯定性态度的占 77.2%，而大都市农民工则占 88.9%，见图 4.45；而在回答是否同意"政府的权力产生于人民"时，南部县农民工持明确肯定性态度的占 64.7%，而大都市农民工则占 75.2%，见图 4.46。

表 4.30 大都市与南部县农民工公民道德意识四个维度得分对比

样本分布	频率/次	权利意识	公共责任意识	民主法治意识	公共参与意识
大都市样本	153	4.15	3.64	3.75	3.40
南部县样本	153	4.05	3.62	3.63	3.59

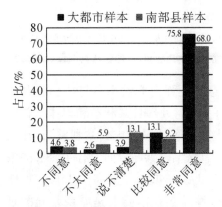

图 4.45 大都市与南部县农民工
权利意识对比（一）

本图涉及的问题：您是否同意"农民工和城市居民一样有同等的发言权"？

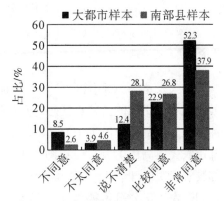

图 4.46 大都市与南部县农民工
权利意识对比（二）

本图涉及的问题：您是否同意"政府的权力产生于人民"？

在回答于欢案判决是否合理时，南部县农民工认为比较合理或非常合理的占比低于大都市农民工10.4%，见图4.47。在回答劳动合同关注情况时，仅有43.1%的南部县农民工选择了仔细看并提出要求，较大都市农民工低12.5%；23.5%的南部县农民工选择了根本不看合同，较大都市农民工高12.4%，见图4.48。笔者在访谈中发现，南部县农民工的工作地点大都离户籍所在地不远，他们彼此之间大都较为熟悉。因此，他们在解决彼此之间的利益冲突时，更喜欢采用传统的办法，即通过亲戚、朋友等关系人来协商。即便租住在城里的小区，他们仍然保持着较为经常的、密切的联系。小区或社区于他们而言，类似于自己的家乡，因此他们比较愿意参与小区或社区活动。

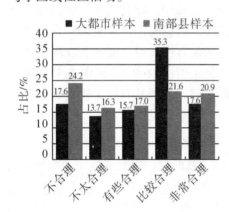

图4.47　大都市与南部县农民工
人本意识对比图

本图涉及的问题：您认为法院对于欢案的判决是否合理?

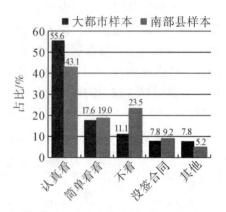

图4.48　大都市与南部县农民工
契约意识对比

本图涉及的问题：在与老板或工作单位签订劳动合同时，您会认真阅读合同吗?

在欠发达县域工作的农民工集体意识更强，更乐于参与社会公共事务，表现出更强的公共责任感。在被问及如何处理公共利益和集体利益的冲突时，南部县农民工中有13.1%的人选择了"只考虑公共利益"，比大都市农民工高出11.8%，见图4.49。在社区活动参与方面，有41.8%的南部县农民工乐于参与小区或社区调解，比大都市农民工高出15%，见图4.50。农民工公民道德意识的这种地域性差异在本质上是城乡差异的延伸。在县域工作的农民工主要是本地农民工，生活环境相对闭塞，乡土意识更强，思想偏于保守。他们就业往往是通过亲友介绍或者直接在亲友的企业里工作，若遇到工资待遇和福利问题，主要是通过传统的乡土人情关系的办法去解决，一般不会选择通过法律途径去解决。由于离家不远，他们的政治权利的实现主要还是通过回家参加村民自治来体现；由于文化层次更低，又长期受到基层传统管理模式影响，他们不关心也不理解国家权力的真正来源。同时，在县域工作的农民工主要还是生活在传统人际网络圈里，相对比较重视邻里协助，也更乐于参与小区和社区活动。与之形成对比的是，大都市农民工身处陌生人环境中，必然会更多地面对现代市场经济条件下的雇佣劳动关系，在乡土关系失效的情况下，他们更希望通过法律使自己的权益得到维护。因此，他们更重视自己的权益。同时，在大都市的环境中，他们获取信息的机会更多。比如，相当一部分大都市农民工对于欢案有所了解，并且对案件的核心争议有所耳闻，而在县域工作的农民工则很少知道这一案件。

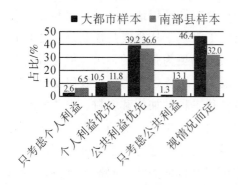

图 4.49　大都市与南部县农民工
集体意识对比

本图涉及的问题：当公共利益和您个人利益发生矛盾时，您认为应该怎样做？

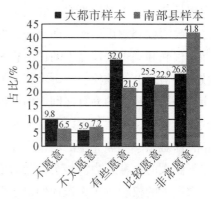

图 4.50　大都市与南部县农民工
公共参与意识对比

本图涉及的问题：您是否愿意参与小区或社区调解活动？

　　此外，农民工因婚姻状况和政治面貌的不同，其公民道德意识也随之呈现出一些差异，但总体差别并不是特别明显。统计显示，群众身份的农民工的权利意识强于共青团员和共产党员农民工，但后两者的公共责任意识、法治意识和公共参与意识又强于前者。这充分显示了党的严格的纪律约束、深入的法治宣传教育和长期的思想政治教育对共青团员和共产党员产生了深刻影响，使他们的责任感、法治意识和参与意识更强。总体而言，已婚农民工的公民道德意识强于未婚农民工。一般而言，已婚农民工承担着更多的家庭责任，大都面临孩子上学权利问题，所以其社会权利意识非常强。同时，相较于未婚农民工，已婚农民工大都从业时间更长、经历过或关注过的维权事件更多，参与过的公共活动更多，因此他们对公民生活有了更高的期望和诉求。

4.5　新时代农民工公民道德意识现状调查的结论

根据上文的调查分析，并对比国内相关研究结论，可以看出农民工的公民道德意识整体相对薄弱，但公民道德意识各维度之下各个方面的强弱程度并不一致。

在公民道德意识的四个考察维度中，农民工的权利意识最强。从权利意识的各个方面对比来看，农民工的社会权利意识最强，民事权利意识次之，政治权利意识最次。即是说，农民工对基于社会成员福利待遇之上的社会权利和基于法律之上的民事权利表现出更为强烈的诉求，但是对基于政治参与之上的政治权利诉求相对较弱。这主要是因为处于农民身份与城市户籍居民身份的夹缝之间，但是城镇化进程的加快和农村、农业发展的式微，使农民工大都难以再次回到农村生产与生活；他们工作和生活在城市，却难以享受到完全的城市居民待遇，明显地感受到了各种权利不公平之下巨大的生存压力。整个社会对农民工群体的关注、同情与支持，唤醒了农民工的权利意识，但他们对于权利的理解并不全面、深刻，维权能力极其有限。

在公民道德意识的四个考察维度中，农民工的公共责任意识最弱，其各个方面表现出不平衡性。农民工的国家认同意识较强，在所有意识赋值得分中仅次于守法意识和社会权利意识的得分，这是我国民众爱国主义优良传统的直接表现。但是，农民工的政治责任意识极弱，其赋值得分仅略高于排名倒数第一的公益意识。农民工公益意识极其薄弱，主要是因为农民工囿于自身的生存困境，没有更多的时间和能力投入公益活动。农民工抽象的集体意识已经开始弱化，主要因为在市场经济条件下，农民工原来所属农村集体组织的经济功能已经弱化，个人的集体依赖性减弱，市场在农民工个人生存中扮演着极其重要的作用。农民工已经有一定的环保意识，主要得益于大量的环保宣传和环保知识普及。受长期以来的原子化的生存状态影响，农民工在公共生活中的宽容意识和合作意识中等偏弱。

在公民道德意识的四个考察维度中，农民工的民主法治意识较强，其赋值得分排在第二位，但存在具体与抽象、理想与现实的极大差异。一方面，农民工已经有一定的民主意识，具备一些基本的法律认知，对法律权威有高度的认同，抽象的守法责任意识较强；另一方面，大多数农民工的法律知识是通过各种非正式的渠道获得的，因此他们对法律的认知相对片面，缺乏理性。农民工对宪法之下的各种具体的法律规范的具体内容及其相关性还缺乏系统了解，特别是对法律规定下的具体和抽象的权利与义务的理解还不够准确。如果农民工意识到法律不能维护自身的权益，他们会表现出不服从。农民工对于抽象的精神如人本精神知之甚少，对生活中的直观的契约行为、以人为本的认识同样不深刻。在日常生活中，法律还主要是农民工取得自身利益的工具，乡土关系、礼治思想和民间习惯等对法律的权威还有一定程度的负面影响；农民工的法律信仰还远未建立，还没能成为他们维护公平正义的精神力量。

在公民道德意识的四个考察维度中，农民工的参与意识居于中等偏弱的地位。农民工的参与意识强弱程度呈现出一定的差异性，经济参与意识最强，尤其是对体现他们社会权利的相关经济活动的参与意识最强，但其参与政治活动和社会公共活动的意识依次减弱。这一方面是因为农民工长期处于社会底层，他们所进入的次属劳动力市场本身并没有给他们太多的参与机会；另一方面是因为农民工参与经济活动以维持其基本的生存几乎成了他们生活的全部，他们或者因精力有限或者因能力欠缺而失去了参与的机会。

同时，农民工公民道德意识四个考察维度因性别、年龄、文化程度和收入水平的不同而又有所不同。农民工的性别对公民道德意识有一定的影响，男性农民工公民道德意识总体上略强于女性，比较明显地体现在男性农民工的政治权利意识、政治责任意识和政治参与意识等方面。年龄差别对农民工公民道德意识有一定的影响，老一代农民工公民道德意识总体上略强于新生代农民工，较为突出地表现在民事权利意识、政治责任意识、经济参与意识和社区活动参与意识等方面。农民工的文化程度、收入水平与其公民道德意识强度正相关：从小学文化到大学文化，农民工的公民道德意识渐次增强；收入水平从1 500元以下到5 000元以上，农民工的公民道德意识依次增强。农民工的公民道德意识也呈现出地域性的差别：相较于在经济发达的大都市就业的农民工，在经济欠发达的县域内就业的本地农民工的权利意识、环保意识、契约意识更弱，但集体意识、守法意识和社区公共活动参与意识更强。农民工政治面貌、婚姻状况不同，其公民道德意识也存在一定的差异。共产党员和共青团员的公共责任意识、法治意识和公共参与意识强于普通群众，而后者的权利意识强于前两者。已婚农民工的公民道德意识总体上强于未婚农民工。此外，农民工的从业期限和从业领域对其公民道德意识的强弱也有一定的影响，但差别并不是特别明显。

综上所述，农民工公民道德意识总体不强，尤其是公共责任意识和公共参与意识相对更弱，亟待提升。但是，我国历史传统、现实国情和农民工自身素质决定了农民工不可能单纯依靠自身的公民觉醒来形成理想的公民道德意识，而需要国家、社会和农民工自身各方相互支持和配合，对农民工进行系统的公民道德意识培育。

5 新时代农民工公民道德意识薄弱的原因分析

从前文的调查结果可以看出，农民工公民道德意识总体上比较薄弱。产生这种现象的原因是多方面的，本章着重从三个方面来分析。我国公民文化片面发展是农民工公民道德意识薄弱的历史思想根源，中国传统臣民意识根深蒂固、近代启蒙思想发育不足和新中国公民观念曲折发展是其具体表现。从农民工自身的公民实践来看，农民工生存的物质基础相对薄弱、社会保护不足和自身综合素质的局限，他们的维权活动、政治参与活动、文化参与活动和社会公共参与活动等还存在诸多问题。改革开放以来，尽管国家层面也出台了农民工公民道德意识培育的相关政策，实施了相关的培训项目，取得了一定的成效，但仍然存在理论准备不足、政策实施不到位和管理监督不严格等问题。

5.1 中国的公民文化发展有限

公民文化属于政治文化的范畴。政治文化是特定民族在历史和现实的社会政治和经济活动过程中产生的对政治体系及其各个部分的认知、态度和评价，是在特定时期内和特定地域范围内流行的政治信仰、政治态度和政治感情。阿尔蒙德根据社会成员的政治取向，将政治文化分为村民型、臣民型和参与型三种类型。他认为，公民文化兼具传统和现代的特质，是以沟通和说明为基础的一致性与多样性相统一、稳定性与变迁性相统一的多元主义文化①。参照阿尔蒙德的这一论述，从宏观视角审视我国的政治文化传统，农民工公民道德意识薄弱的文化根源就在于公民文化的片面发展，具体表现在以下三个方面。

5.1.1　古代中国臣民文化根深蒂固

阿尔蒙德论及的臣民型政治文化表现为政治体系的高频率政治输出取向和几近于零的政治输入取向②。纯粹的臣民文化可能完全忽视政治输入，无限放大了统治者的权威和权力，从根本上否定了社会成员个体的基本权利，是一种带有明显奴性特征的政治文化。在我国长达几千年的封建专制统治中，用于规约人们政治关系的是"君臣""君民""官民"等词汇，由此造就了两对相互依存的思想意识，即"君主意识"和"臣民意识"。不可否认，我国传统政治文化中有许多优秀和积极的因素，如"仁者爱人""民贵君轻""中庸之道""尊尊亲亲""忠恕孝悌""礼乐文明""天人合一"等思想充满了人文意蕴，至今仍然深刻地影响着社会治理方式和人们的思想和行为。但是，以臣民文化为代表的消极成分，如愚忠愚孝、纲常名教、等级制度、父子相隐等思想，造成了民众根深蒂固的臣民意识。这种臣民意识与公民道德意识背道而驰，具体表现在以下三个方面。

5.1.1.1　君权至上要求下的忠君观念

中国传统社会政治结构的核心是君主政治，即君主一统天下，君主具有至高无上的权威。君权至上表现为以下两个方面：

其一，君主权力的唯一性和至高性。在君主政治条件下，君权是国家权力的唯一表现形式。一方面，只有君主一人是最高政治权力的所有者，君主的权力和权威具有至上性，无可匹敌；另一方面，君主以外的其他所有人都是君主的臣仆，在国家政治中处于被动和从属地位。尽管在等级制度中，封建官僚集团也有一些层级分化的权力，但是这些权力也只不过是君主权力的再次分配，仅仅是从王权派生或演化而来的经济和政治特权。

其二，君主权力具有主宰性和压倒性。在君主政治条件下，君主是天下所有物质财富、精神财富的最高所有者，是全体民众命运的主宰者。一

---

①　阿尔蒙德，维巴. 公民文化：五个国家的政治态度和民主制度 [M]. 张明澍，译. 北京：商务印书馆，2014：13-14.

②　阿尔蒙德，维巴. 公民文化：五个国家的政治态度和民主制度 [M]. 张明澍，译. 北京：商务印书馆，2014：18.

方面，君主可以随意赏罚臣民，即可以恩赐臣民以地位、荣誉、土地和其他物品，也可以肆意剥夺臣民手中的一切；另一方面，既然臣民的一切都源于君主的恩赐，那么臣民就只有顺从君主的威压才能实现生命的保全和特权的维持。对于封建官僚集团而言，他们要长期拥有君主所恩赐的特权，就必然对君主竭力尽忠。同样，既然普天之土皆为君主之土，耕种于这些土地上的普通民众也必然对君主感恩戴德。

由此，在君权至上的价值规约和实践要求之下，君臣之间的主仆关系造就了普遍的忠君义务观念。忠君义务观念是一种基于君主政治条件而形成的习惯性政治义务观。与法律义务观不同，这种观念的认识前提是君主和君主政治的利益需要。在忠君义务观念的制约和作用下，人们的政治期盼和利益表达并非通过权利规定的形式，而是通过忠君、报皇恩等形式表现出来，这又进一步加深了人们政治参与的从属性和被动性。

5.1.1.2 "三纲五常"规约下的人治思想

汉代以降，统治阶级为了巩固专制统治和维护社会生活秩序，确立了"君为臣纲、父为子纲、夫为妻纲"和"仁、义、礼、智、信"的"三纲五常"社会治理框架体系，这一体系的实质就是宗法等级关系规约下的人治思想。尽管这一体系中也确实有一些维护社会稳定与维持良好人际关系的成分，但它从政治体制和社会伦理要求等方面进一步深化了臣民意识。

首先，"三纲"回应了君权的至上性，建立了人治思想的体制基础。"三纲"强调了三对主从关系，君、父、夫分别主于臣、子、妻，即前三者分别是后三者的主宰和榜样；臣、子、妻分别从属于君、父、夫，即后者必须遵从前者的意志并模仿前者行事。而且，在这"三纲"之中，君臣、父子、夫妇的排序方式进一步构建了国家与家族之间的纵向主从关系，即国先于并主于家，由此再次强调了君的至上性和神圣性，强化了人治的合理性。其次，"五常"强调了人际关系和人伦要求的永恒性，建立了人治思想的伦理基础。董仲舒认为，君臣、父子、夫妻这三对人伦关系是上天注定的、永恒不变的，而处理这三者的上下尊卑关系必须依据"仁、义、礼、智、信"这五常之道。因此，"五常"实际上成了支撑"三纲"的伦理基础。其三，"三纲五常"维护了封建阶级统治和等级秩序的合理性，共同推进了人治思想的现实转化。自汉代董仲舒提出"三纲五常"以来，又经过历代统治阶级思想家不断完善，"三纲五常"逐渐成为中国封建专制主义统治的基本理论。在普通百姓生活中，"三纲五常"经常被写进封建家族的家训和族谱中，成为人们的日常行为准则而得以强化。

"三纲五常"顺应了封建专制统治的发展要求，作为治国的铁律而被传承，在经历宋明理学纲常名教的极端化发展之后，成为人治思想的核心。宋明理学所强调的"存天理，灭人欲"，极力排斥个人的权利、需求和欲望，甚至拒绝作为自然人的正常生理和心理需求。至此，"三纲五常"扭曲了孔子"君臣、父子和夫妇"关系学说，成为封建统治者维护其统治的理论武器，束缚了人们的思想和行动。在这样的思想制约之下，个人已完全没有了自由和独立，臣民意识愈加深厚牢固。

5.1.1.3　礼法结合制约下的义务本位意识

在西周时代，礼乐制是统治者为维护封建制度而建立起来的文化制度，是调节贵族集团内部关系的重要手段。周礼的种类主要有祭祀、丧葬、交际、征战和吉庆五大类，涉及冠、婚、丧、祭、朝、聘、乡、射及职官制度等诸多礼仪、礼制和礼义。当时许多经济和政治上的典章制度，常常贯穿在各种礼的仪式中，依靠各种礼的举行来加以确立和维护。西周礼乐制度以礼乐划分等级，其本身就有法的规约作用，其目的在于维护其宗法制度，维护贵族的世袭制和等级制。尽管春秋时代出现了礼崩乐坏的局面，但礼治精神却被沿袭下来，成为社会政治生活规范化和秩序化的参照。礼乐制度的产生和演进对于臣民意识的形成有着深刻的影响。礼乐制度要求以差别对待原则去安排不同社会群体的利益、义务关系，迫使社会成员消极被动地接受自上而下的安排，形成了义务本位意识。

同时，统治阶级以相应的法律体系强化这种义务本位意识。汉唐以降，随着法律体系的建立和不断完善，法的作用有所凸显，但这种法律却同样是义务本位的，是当权者实行人治的辅助工具。义务本位的法律文化重视法律的制约作用，它着眼于如何迫使社会成员以消极的臣民意识被动地接受自上而下的单向度社会控制，只是为了使社会成员更好地履行对统治者的义务。义务本位而非权利本位的法律体系，必然造成人们的消极归属心理，政治冷漠感强，政治参与率低，政治参与不是主动型的而是被动型的。这种体制下成长的只能是臣民、顺民，而非公民。

而且，统治阶级为了巩固自身的统治，发展了礼法并用的统治方法和立法经验，将国家法律统治力和封建伦理规范的精神力量结合在一起，实现了礼与法的统一，达到了"礼法合一"的境界。法的强制力加强了礼的束缚作用，礼的约束力强化了法的威慑力量，二者的统一强化了民众的义务本位意识。经过几千年礼法结合的政治文化的熏陶，忠君顺从不仅成为高尚的道德要求，也成为统治集团和普通大众维护自身利益的理性选择。与此同时，个人的权利被无限缩小，丧失了权利主体的地位和诉求。

5.1.2　近代中国启蒙思想发育不成熟

西方启蒙运动发生于 17 世纪，打破了中世纪宗教的黑暗统治，开创了现代公民道德意识的道路。启蒙运动有三个主要特点，即人权替代君权、人本替代神本、科学替代宗教，其本质就是要用理性来裁判一切，发现自我[①]。启蒙运动将政治革命与思想启蒙结合起来，自由、平等、人权等普遍而抽象的理论在民众中广泛传播，成就了公民道德意识实践和培育运动，为民族国家时代公民道德意识的繁荣与发展奠定了坚实的基础。但是，那时的中国还处于封建专制统治之下，西方的启蒙运动并未对封闭的中国产生深刻的影响。直到 19 世纪末 20 世纪初，中国的启蒙思想才发轫，但其发展过程充满曲折。

在清朝末年，中国启蒙思想开始出现，但其内容极其有限。较早传播自由、平等、民权、义务等观念的是以康有为、严复、梁启超等人为代表的改良派，他们以"君主立宪制"为目标，试图通过变法维新来拯救民族危机。康有为创立了"公羊三世说"，认为人类社会沿着据乱世、升平世、太平世依次演进，社会维新就是当时社会演进的动力。严复通过翻译赫胥黎的《天演论》，介绍了自然界和人类存在的"物竞天择、适者生存"的道理，提出教育救国论，即通过大力发展教育、开启民智来进行维新。梁启超认为，中国的文化传统造成国人只有家的意识，而无国的意识，公德观念非常薄弱。要维新，就必须对国民性进行改造，通过培育国民的自治力、公益心和政治参与能力来立国。他借用天赋人权和法制权利思想论及权利和义务观点，认为人之为人有两大要素——生命和权利，人人生而有应得之权利且应与其应尽之义务相均衡。可以说，这些启蒙思想家所论及的观点已经开始摆脱传统臣民意识的束缚，对近代公民道德意识的觉醒起了推动作用。但是，他们所处的阶级地位决定了他们不可能完全认同资产阶级的启蒙思想，因此他们的思想体系的形式和内容还不够系统和完整。戊戌变法的失败，则从侧面证明了康有为、梁启超等人启蒙思想的局限性。

---

① 穆允军.文化比较视域下"五四"新文化运动再思考 [D]．济南：山东大学，2010：81-97.

在民国时期，公民身份、公民权利与义务作为法律制度被肯定下来，"五四"新文化运动再次激起了启蒙思想的向前发展，但在内忧外患的条件下却难以实现。1912年，《中华民国临时约法》彻底否定了国民的传统臣民身份，确立了国家成员的国民地位和权利，明确了国家主权来源于国民，规定了人民的选举、参政、居住、言论、出版、集会、信教等权利和依法纳税、服兵役的义务。"五四"新文化运动对传统文化进行了深刻的批判，倡导民主与科学价值观念以确立人的主体地位，其实质也是一场声势浩大的思想启蒙运动。"科学"着眼于处理人与自然的关系，引导人们摆脱对自然的蒙昧无知的状态，树立起人在自然中的主体性地位。"民主"着眼于处理人与人的关系，引导人们摆脱统治与被统治、奴役与被奴役的关系，确立起主体之间平等地位。同时，在"五四"新文化运动中，中国知识分子深刻认识到必须与传统思想彻底决裂，打破旧世界的政治秩序，创立新的民族国家，可以说这是先进知识分子的民族独立和人权思想觉醒的重要标志。

但遗憾的是，近代中国处于内忧外患之中，外国列强的欺凌与掠夺愈演愈烈，内部军阀的武装争夺与民众的反抗斗争更是风起云涌，上述启蒙思想并无实践的现实基础，更不可能长足发展。可见，在遭受了封建专制统治桎梏、臣民文化熏染、外敌掠夺的旧中国，若不经过推翻三座大山的民主革命，要培育出具有公民道德意识的新国民是不可能的。因此，在救亡图存的历史任务面前，近代中国的启蒙运动思想难以得到充分发育。

5.1.3 新中国成立初期至改革开放前公民观念曲折发展

中华人民共和国成立后，虽然国体性质和政体形式发生了根本性的变化，广大人民在实质上成了国家主权的拥有者，但是直至改革开放之前，我国公民观念的发展并不顺畅。

中华人民共和国的建立既是国际共产主义运动影响下中华民族英勇奋斗和自觉选择的结果，又顺应了以民族国家为主体的世界民族发展的历史潮流。我国的第一部宪法明确规定了公民的基本权利和义务，社会成员的公民身份得到了法律的认可。在此前的宪法起草委员会第二次全体会议上，在对公民概念问题的讨论中，李维汉认为宪法中的公民包括所有中国国籍的人在内，邓小平建议把"全体人民"改写为"全体公民"，刘少奇接受了周恩来在制定《中国人民政治协商会议共同纲领》中阐述的人民思想，主张公民包括过去的所谓"人民"和"国民"在内①。这些思想都有助于将公民观向前推进，实现由革命政治走向常态政治的过渡。但是，在当时特殊的国际国内环境下，这些思想并未得到继续发展。

在当时，国际两大阵营尖锐对立和国内阶级斗争在一定范围内存在，党在指代社会成员时，使用"人民"的频率远远高于"公民"。"人民"这一称谓既反映了党对马克思主义人民立场和人民观的坚定信仰，也传承了以毛泽东同志为代表的中国共产党人坚持群众路线的优良传统，更是顺应了当时国内团结一致共同打击国内外的敌对势力和敌对分子的时代要求。因此，在新中国成立初期，党在确认国家成员的公民地位的同时，赋予公民以"人民"的称谓，获得了最大多数人民的支持。党不仅带领人民夺取了社会主义建设的巨大成就，而且巩固了自身的执政地位。在"人民"概念被广泛使用的情况下，人民观内容不断丰富和完善，而公民观念却一再被弱化。尽管1954年颁布的《中华人民共和国宪法》明确了公民的权利和义务，但是在计划经济体制条件下，国家和社会的整体利益湮没了个人利益，公民个人主要受国家的安排和控制，首先必须履行国家和集体的义务，因此公民权利在一定程度上被忽视了。

在新中国社会主义建设的过程中，在极"左"思潮的影响下，公民概念为人民概念所替代，人民概念直接变成国家权力的表征，一度遮蔽甚至取代了公民应有的地位。同时，随着"无产阶级专政下继续革命"理论的产生与强化，"人民"的范围不是扩大了而是缩小了：由于"专政"对象的不确定性，决定过程的无程序性、无规范性，任何人都可能被指认为"敌人"②。在这种情形之下，个别居心叵测的人并不是真正站在人民的立场上考虑公民个体的利益，而是以阶级斗争为借口，打着"人民"的旗号肆意剥夺普通公民的基本权利、侵犯他们基本权利的正当性基础，以此谋取国家权力、追逐个人利益，造成了国家权力的威压和公民权利的极度弱化。这完全违背了马克思关于人民民主专政时期公民与国家关系的设想，不仅在群众中造成了恶劣影响，而且损毁了党的形象、动摇了党的执政基础。同时，在世界两大阵营两军对垒的形势下，阶级斗争的强化导致"公民"一词在一定程度上被打上了意识形态的烙印，"公民"这一概念在国家政治生活中基本销声匿迹。

---

① 许崇德. 中华人民共和国宪法史：上册 [M]. 福州：福建人民出版社，2005：124.
② 周永坤. 中国宪法中"人民"概念的变迁与宪法实施 [J]. 甘肃社会科学，2017（3）：138-144.

5.2　新时代农民工公民实践活动有局限

改革开放以来，随着农民工人数的急剧增加，其活动的群体性特征日益明显。从单一的维护劳动报酬权到多种社会权利诉求，从参与村民自治到参加全国人民代表大会和党的全国代表大会，从打工文学到农民工春晚，农民工公民实践活动的方式日益多样化。纵向地看，农民工的公民实践活动在广度和深度方面都有所扩张。但是，横向地看，与其他社会群体相比，农民工的公民实践活动又有局限。

5.2.1　农民工公民实践活动的考察方面

本书以农民工活动空间领域为线索，根据农民工参与公民实践活动的特点和规律，着重分析对农民工群体和整个社会影响程度较大的农民工维权活动、政治参与活动、文化参与活动和日常公共生活参与活动四个方面的情况。这四个方面考察农民工参与这些活动对他们权利意识、法治意识、政治参与意识和公共参与意识的影响，与上文的问卷调查密切相关，能够作为剖析农民工公民道德意识薄弱原因的基本依据，

由于这几个方面涉及的具体内容较多，本书在每个方面只选取其中的一个热点现象进行分析。农民工维权活动主要考察部分农民工"体制外讨薪"（维护劳动报酬权）现象，剖析其游走在法律边缘的维权行为。政治参与活动主要考察农民工参加全国人民代表大会现象，探讨其文化程度、工作特点与公民素养对政治参与活动的制约。文化参与活动主要考察农民工在北京皮村参与公共文化生活现象，分析其文化活动中"悲情叙事"对公民道德意识的影响。日常公共活动参与主要考察农民工在公共场所的两种看似矛盾的行为表现，分析其外在条件与内在心理原因对其公民道德意识的影响。

5.2.2　农民工公民实践活动的具体表现

5.2.2.1　部分农民工的"体制外讨薪"现象

（1）部分农民工"体制外讨薪"现象产生的背景

自20世纪90年代以来，农民工"讨薪"现象不时见诸各大媒体，成

为社会普遍关注的热点问题之一。农民工遭遇欠薪，主要有两种情况。一是雇主有钱但不愿意支付农民工工资，想尽办法拖欠，即"恶意欠薪"。二是雇主所从事行业的上游某个链条资金链断裂，导致雇主亏损而无力支付农民工工资。一直以来，"讨薪"都是关于农民工的最沉重的话题。

从 2003 年时任国务院总理温家宝替重庆农妇熊德明讨薪，到 2017 年时任国务院总理李克强为云南昭通农民工甘永荣讨薪，时间整整跨越了 14 年。在此期间，从《建设领域农民工工资支付管理暂行办法》（劳社部发〔2004〕22 号）到《国务院办公厅关于全面治理拖欠农民工工资问题的意见》（国办发〔2016〕1 号），再到人力资源和社会保障部于 2019 年 8 月 13 日下发的《保障农民工工资支付条例（草案征求意见稿）》、2020 年 5 月 1 日该条例的正式施行，针对农民工工资支付的政策和法律法规在逐步完善，但是农民工"讨薪"的事件仍然不时出现。

在正常情况下，农民工在遭遇欠薪时可利用体制内的五种渠道维权，即通过工会或自己直接与用人单位进行协商、向劳动监察部门举报、向信访部门反映、委托律师申请劳动仲裁或提起诉讼。但是，在现实生活中，农民工利用体制内渠道维权的概率远低于体制外维权渠道。在他们看来，自己的社会地位、资本和影响力不足以对用人单位产生任何实质性的影响，与用人单位协商基本上是没有意义的。他们也向劳动监察部门进行过举报或向信访部门反映，但是这两个机构都属于协调资方与农民工关系的中间组织，本身并没有较强的法律执行力。农民工在经过多次尝试之后，发现向监察部门投诉或向信访部门反映难以达到立竿见影的效果，他们据此推断这两个机构可能与雇主有利益往来而不愿意为农民工想办法，因此他们在很多时候就放弃了这两种"讨薪"渠道。农民工委托律师面临的最大难题就是经费问题，他们收入微薄，难以支付高昂的诉讼费。北京青少年法律援助与研究中心的调查报告显示，从向劳动监察部门举报，到申请劳动仲裁，再到提起法律诉讼，农民工所付出的时间成本和经济成本，加上还有政府成本和法律援助成本，一般是其收益的三倍[①]。因此，农民工往往不通过体制内的渠道"讨薪"，而是利用体制外渠道，或者采取非法

---

① 张燕，石毅. 农民工维权成本调查：讨薪成本至少是收益的三倍 [N]. 京华时报，2005-06-21 (2).

方式，或者采取介于合法与非法之间的"非正式利益诉求"路径①。

（2）部分农民工"体制外讨薪"的主要办法

一是"自杀式讨薪"。农民工"自杀式讨薪"是指农民工以威胁要自杀姿态向企业和政府施压，同时引起媒体和公众的关注，并以此追回自己应得劳动报酬和补偿的维权行为。从本质上看，农民工"自杀式讨薪"是权利救济的一种方式，是为维护权利而抗争的极端形式②。

在"自杀式讨薪"过程中，若施救不及时或谈判无效，一些农民工可能在情绪失控的情况下真正结束自己的生命而酿成悲剧。2009年，河南农民工张海超为了获得尘肺赔偿，不顾生命危险，开胸验肺③。2010年，富士康农民工连续跳楼，10余个年轻的生命从世界上消失④。这些案例仅仅是农民工"自杀式讨薪"的一部分，它们无一例外地反映了农民工所遭遇的深刻的无助。

二是"暴力式讨薪"。"暴力式讨薪"是指通过威胁伤害、绑架、杀害、堵街、围攻政府等暴力方式来争得自己应获得劳动报酬的维权行为。"暴力式讨薪"和"自杀式讨薪"有一定的相关性。从宽泛的意义上讲，"自杀式讨薪"也属于"暴力式讨薪"的范畴，但二者施暴的对象不同。"自杀式讨薪"施暴的对象是农民工自己，多数情况下并不直接蓄意破坏法律，而"暴力式讨薪"施暴的对象主要是雇主，其目的本身就带有违法性质。当然，二者在特殊情况下也会交织在一起，"自杀式讨薪"的施暴对象也可能扩展到其他人员。

每当农民工"暴力式讨薪"事件发生后，当事人不仅难以拿到欠款，而且还要受到法律的审判。农民工王斌余杀人案是其中的典型代表。王斌余17岁开始到甘肃、宁夏等地打工，饱尝了生活的艰辛。2003年起，王斌余到宁夏亚泰公司打工，跟着包工头陈继伟干活。工地施工队队长吴新国及工头吴华对农民工的管理极其严格，王斌余与其他农民工工资一般都

---

① 王伦刚. 农民工的非正式利益抗争及其运行机制：基于"太太讨薪队的故事"的分析 [J]. 天府新论，2009（5）：66-70.

② 徐昕. 为权利而自杀：转型中国农民工的"以死抗争" [J]. 中国制度变迁的案例研究，2008（1）：255-305.

③ 余成普. 个人痛楚与制度壁垒：对张海超"开胸验肺"事件的反思 [J]. 学习月刊，2009（17）：25-26.

④ 黄裕安. 新生代农民工问题的社会反应方式与改革对策：以富士康N连跳为例 [J]. 中国青年研究，2011（1）：25-30.

是年底结算，平时用钱只能找吴新国借。2005 年 5 月，王斌余不满意工作安排，并在得知其父亲骨折未愈的情况下，提出辞职并要求结清自己与此前离职工友的工资。他多次向陈继伟讨要工钱未果。此后，他又找了劳动部门、法院。5 月 11 日，经劳动监察大队调解，吴新国代表陈继伟向劳动部门承诺 5 天内结清工资，答应先行支付 5 天的生活费，同时要求王斌余搬离工地宿舍。离开劳动监察大队后，吴新国付给王斌余 50 元生活费，王斌余嫌少未收。当晚，王斌余与其弟回到工地，见宿舍房门被锁无法入住，便到吴新国住处敲门索要生活费。吴新国没有开门，而是打电话让吴华等人过来劝走王斌余。在此期间，吴华与王斌余及其弟发生冲突，王斌余愤怒之下连杀吴华等 4 人，重伤 1 人。6 月 29 日，宁夏石嘴山市中级人民法院判处王斌余死刑。10 月 19 日，宁夏回族自治区高级人民法院做出终审裁定，维持原判，王斌余当日被执行死刑。王斌余杀人案成为农民工"讨薪"的一个悲剧案例①。

三是"创意式讨薪"。"创意式讨薪"是指农民工采用非暴力形式，如游行、示威、诉苦、网络舆论等，以博得社会同情或引起政府部门注意，借助第三方力量向欠薪方施压而争得自己应获得的劳动报酬的维权方式。一般而言，"创意式讨薪"与"暴力式讨薪""自杀式讨薪"最大的区别在于它本身的社会危害性小，但其社会影响力相当大。

"创意式讨薪"的种类多样，如"太太讨薪""裸体讨薪""卖肝讨薪""卖乳讨薪""拦路讨薪""哭诉讨薪""歌舞讨薪""贺卡讨薪"等。其中，"四川太太讨薪队"案例出现的时间较早，社会关注度极高，效果也非常明显。2005 年，在云南红河自治州修建蒙新高速公路时，中铁二局某公司承包了第十四合同段，重庆人唐某和武胜人廖某又从该公司承包了其中部分工程，有 200 多名农民工主要来自重庆和岳池，在该工地务工。2006年，双方合同终止，公司应付给包工队 440 万元劳务费，但公司实际上只支付了 200 多万元。包工队以公司没给钱为由，未给农民工支付工钱，最后农民工答应和包工队一起"讨薪"。2007 年 9 月，廖某找到朋友商量了多种对策，最后决定组织武胜县、岳池县相关农民工的妻子或母亲组成"太太讨薪队"。廖某等人事先联系好媒体，并打出"向××公司××项目部讨还血汗钱"的标语，然后让太太们在记者面前呼天抢地，痛斥万恶的赖

---

① 倪晓，周崇华. 宁夏高院驳回王斌余上诉 ［N］. 法制日报，2005-10-12（3）.

账公司。很快,《春城晚报》、《华西都市报》、广安新闻热线、四川在线等媒体纷纷报道了这一新闻。此后,随着太太们到工地上以"一哭二闹三上(塔)吊"的方式继续讨薪,《新民晚报》《侨报》《青年时报》《重庆晨报》《长江信息报》《城市晚报》《台州晚报》《平原晚报》《株洲晚报》《盐城晚报》《洛阳晚报》《新知讯报》等数十家媒体对这一新闻进行了转载或深度报道。媒体的报道迅速引起了政府相关部门和涉事单位的重视,武胜县劳动和社会保障局立即介入此事,四川省总工会马上表示援助,该公司董事长紧急赶往现场解决问题。2008年1月,公司完全支付了余下的工程款,"太太讨薪队"完成了"讨薪"任务。自此,"四川太太讨薪队"案例就成为农民工(包工头)突破常规、借助媒体力量扩散悲情、引发关注的典型"讨薪"案例①。

(3)对部分农民工"体制外讨薪"的审视

部分农民工"体制外讨薪"现象的出现,其背后固然有着江湖义气、拦路告状、哭诉申冤等惯常行动影响之下缺乏法治传统的历史因素,裹挟着利益主体多元化、市场体制机制不健全、法律和制度执行不力等现实因素,同时还夹杂着农民工"狡黠"的生存策略,但它更多地显示出农民工法律知识的欠缺、法律思维方式的缺失和法律行为能力的不足。

在没有危及他人生命的情况之下,"自杀式讨薪"似乎是合法的,但它绝非正当的维权之道,也绝不应当被鼓励。"自杀式讨薪"这种极端的"讨薪"方式不仅给自己带来生命危险,更会给家人带来深刻的伤害。西安农民工田某是家中唯一的男孩,他的自杀给年迈的双亲带去了毁灭性的打击。在他的家乡,儿子是家里的希望也是养老的依靠。此后,两位老人将永远面临丧子之痛并处于老无所依的困境之中。而且,"自杀式讨薪"也会给社会造成一定的负面影响。一旦"自杀式讨薪"当事人自杀身亡,它会在社会中传播一种极端的心理情绪,导致一些农民工仿效,进一步给社会大众造成巨大的心理压力,并给农民工群体公民维权活动造成更多的负面效应。

"暴力式讨薪"本身就具有社会破坏性,它对农民工群体公民道德意识的负面影响更大。杀人、堵塞交通要道、封堵公共场所等行为,不仅给他人生命和社会公共生活安全造成威胁,而且会给相关人员造成伤害,助

---

① 王伦刚. 农民工的非正式利益抗争及其运行机制:基于"太太讨薪队的故事"的分析[J]. 天府新论, 2009 (5):66-70.

长整个社会的暴力倾向。在王斌余一案中，他所杀害的对象是吴华及其亲人，包括吴华的岳父、妻弟和妻弟媳。一夜之间，吴华及其岳父两家就陷入了家破人亡的境地。而且，王斌余的施暴方式也是相当残忍的，先后两次行凶，一共捅了47刀。那种血腥的场面给当时的重伤者和目击者所留下的印象，也应该是极度的恐怖。在案件中，王斌余行凶前到劳动部门、法院和劳动监察大队寻求援助，都是在法律范围内的行事行为，说明他有一定的法律意识。然而，就在劳动监察大队调解了几小时之后，王斌余就大开杀戒。由此说明，在他的内心深处，他是不相信法律的。从他供述的材料来看，他由吴新国与监察大队调解员握手就联想到他们之间可能早就认识，就印证了他对体制内"讨薪"渠道的怀疑。因此，王斌余一案给农民工群体的法律实践活动所带来的影响也是负面的。

"创意式讨薪"种类多样，事件全过程所体现的法与非法的界限却难以区分。再以"四川太太讨薪队"为例，若用严格的法条主义观之，这一案例呈现出几个基本特点。其一，讨薪权利主体模糊。太太们所讨要的是丈夫或者儿子的工资，她们并未持有授权委托书，因而并不具备主体资格。其二，讨薪义务主体游移。太太们并不明确要工资的对象，她们根本就弄不清或者无力弄清其中的法律关系，因此，她们打出的标语是"向××公司××项目部讨还血汗钱"。其实，项目部非独立法人，并不能成为法律上的义务主体，太太们真正应该要钱的对象是包工头。但她们更愿意与熟识的包工头合作讨薪，目标指向拖欠工程款，而不管谁支付。其三，讨薪内容并非权利。权利主张要求清晰到权利主体，但"太太讨薪队"索要的不仅是丈夫或儿子的工钱，而且也包括包工头的工程款，她们混合主张了二者的利益。其四，讨薪方式非正式。尽管太太们并没有采取正常的法律渠道讨薪，但她们"讨还血汗钱"的诉求首先占据了道德的合法性。而且"太太讨薪队"成员多方奔走，并向家乡媒体求助，是在既定的正式法律框架之内较为圆满地完成了利益表达。因此，在整个过程中，"太太讨薪队"主要通过非正式的努力调动了社会资源，最终在社会舆论的支持下，获得了公权力的介入[①]。

总之，在大多数"体制外讨薪"事件中，部分农民工所采取的一些非正式的途径和争取非正式利益的行为介于合法与非法之间，他们维权的成

---

① 王伦刚. 农民工的非正式利益抗争及其运行机制：基于"太太讨薪队的故事"的分析[J]. 天府新论，2009（5）：66-70.

功往往依靠了政府的默许、社会道德和舆论的支持，并不完全是他们权责意识成长的结果。同时，在这些事件中，农民工一般都会借助第三方力量争取自己的劳动报酬权。在第三方力量中，媒体在大量的事件中起到了重要的助推作用。媒体的介入往往使事件被成倍地放大，社会影响力也会随之提升，但其中却良莠不齐，真假难辨。农民工的媒介素养比较缺乏，对外界事物和各类消息的辨识能力和分析能力不足，他们极易受到不良媒介的鼓动，不加取舍地完全相信并纷纷效仿。从表面上看，部分农民工的诸种"体制外讨薪"行为似乎都是在积极主张和维护自己的劳动报酬权利，似乎会带来其公民道德意识的增强，但实际上，这些行为或者本身就是违法行为，或者并不具备完全的合法性。因此，部分农民工的"体制外讨薪"行为不但不利于其培育法律意识，反而可能使他们陷入对法律的各种困惑之中而弱化其公民道德意识。

5.2.2.2 农民工任人大代表现象

（1）农民工任全国人民代表大会代表的背景

进入 21 世纪以来，随着农民工人数的急剧增加、社会贡献的日益突出，农民工问题得到社会的广泛关注。特别是 2006 年《国务院关于解决农民工问题的若干意见》发布以后，农民工作为一个有着自己特定利益的社会群体，开始进入社会公众视野，农民工参政议政也逐渐被提上日程。

2007 年 3 月，十届全国人大五次会议第二次全体会议根据我国农民工队伍正在不断扩大的新形势做出决定，要求在农民工比较集中的省、直辖市，推选农民工代表，代表名额在一线工人、农民代表名额中产生。2008年初，广东省十一届人大一次会议选举出农民工代表胡小燕，随后将其推选为全国人大代表，胡小燕成为中国农民工代表第一人。同年 3 月，广东代表团的胡小燕、上海代表团的朱雪芹和重庆代表团的康厚明作为首批来自农民工群体的全国人大代表，登上国家最高议事殿堂人民大会堂。

农民工代表的产生是农民工群体自身发展壮大的必然要求和结果。2008 年，农民工人数已经占劳动力人口的三分之一以上，其社会贡献也愈加明显。但是，由于我国特殊的历史演进格局，农民工并未融入城市，而是作为介于工人与农民之间的边缘化社会群体而存在，这与他们的社会贡献极不相称。同时，也应当看到，农民工群体也是中国社会巨大的矛盾体，一些重大社会矛盾的根源就集中在他们身上，赋予农民工群体以政治权力和话语平台，对他们改变群体的弱势命运、缓解社会矛盾、促进社会和谐都具有重要意义。另外，农民工分散于全国各地，面临着种种问题和困难，需要有人倾听他们的愿望和意见。在 2008 年以前，虽然也有代表提交与农民工问题相关的议案，但是他们都是其他领域的代表，受制于自身的身份，所反映的问题并不全面或难以体现实质。农民工的问题只有农民工自己最清楚，因此农民工代表的产生成为必然。农民工代表产生于农民工群体之中，其本身也是农民工，熟悉自身群体的生活情况，更了解农民工的疾苦，因此也更能反映群体的利益诉求。

农民工代表的产生是我国民主法治进程稳步推进的必然要求和结果。既然农民工已经成长为重要的社会群体，那么他们的利益诉求也应该得到社会的尊重、认可与维护。农民工担任人大代表、参与国家政策制定，体现了党和国家对农民工作为新时代的利益群体的一种法律认同和政治认同。我国宪法规定公民享有选举权和被选举权，农民工当选为人大代表就是自身被选举权的实现，体现了宪法的核心精神，是对宪法原则和宪法理念的回归。同时，我国民主法治进程的稳步推进对人大代表的广泛性和代表性提出了更高的要求，农民工代表的出现正是对这一要求的回应。农民工身临其境，直接提出议案，把群体的意愿展现在全国公众面前，体现了真正的民主精神，反映了人民当家做主的社会主义民主的本质要求。

（2）农民工全国人民代表大会代表履职情况

一是搜集农民工意见。全国人大代表会上的农民工代表经过层层推选，他们深知自己的责任重大。为了更好地反映农民工群体诉求，农民工人大代表采取了多种方式搜集农民工的意见。十一届全国人大代表胡小燕履职期间，经常利用休假时间走访工友、深入调研。同时，她还用博客、QQ 空间等工具搜集农民工信息、撰写建议。十一届、十二届全国人大代表朱雪芹经常深入餐饮行业、建筑行业等农民工密集的地方，举行农民工座谈会，与农民工聊天，了解他们面临的困难。同时，她还专门到劳动部门和社会保障部门了解相关政策措施，对农民工社会保障现状进行专项调查。朱雪芹总会随身携带一个小本子，及时记下农民工反映的问题，并定期归纳整理。十二届、十三届全国人大代表陈雪萍通过走访、电话、微信等多种方式进行调研。她在调查中发现，近年来越来越多的农民工用上了智能手机。于是，她加入了一些农民工建立的聊天群，通过 QQ 群、微信群等渠道征集意见，提高了工作效率。

二是反映农民工诉求。在十一届全国人大代表任期内，来自陶瓷车间、纺织车间和路面建筑工地的 3 位农民工代表提交的议案内容主要涉及农民工欠薪治理、职业培训、公寓建设、子女异地高考、农村环保、社保转移、职业病防治、医保对接、关爱农村留守老人和小孩等。在十二届全国人大代表任期内，作为环卫工、保安员、营销员、物业管理员等的 31 位农民工代表提交的议案内容已经有所拓展，主要包括农民工社会保障及异地转移、劳务派遣、子女入学入托、全国医保联网、保障性住房、职业教育质量提升、关爱农民工二代、城市文化认同、老年农民工免费体检、推进建设美丽乡村、村镇垃圾和污水处理资金纳入财政预算等建议。在十三届全国人大代表任期内，职业涵盖面更广的 45 位农民工代表提交的议案内容进一步拓展，既承续了前两届代表关注的内容，又向更广的领域进行了拓展，如"机器换人"时代的产业工人队伍建设、农民工理想信念教育、学前教育纳入义务教育范围、师德配套法制建设、创新网约车监管模式、反家庭暴力、环境治理、学生补习班、光源行业涉汞企业监管等。

三是协助农民工解决困难，承担社会公共责任。农民工代表除了反映农民工们的意见、反映群体利益诉求外，还尽自己的最大努力协助农民工解决困难，如协助农民工维权、关爱农民工子女成长、支持社会公益等。一直以来，胡小燕就非常关心农民工权益及其子女教育问题，并且尽力协助解决这些问题。2008 年，广东省总工会为她设立了一个"海燕信箱"，专门处理农民工来信，协助农民工维权。2011 年，在胡小燕的倡导和努力下，由政府相关部门主办、社会机构承办、社会志愿者响应的"小燕乐园"成立，专门为农民工子女提供免费暑期看护服务。朱雪芹不仅关心农民工子女中的失足者，而且积极参与社会公益事业。在上海市未成年犯管教所的协助下，朱雪芹经常给少年犯做报告，谈自己的成长经历，鼓励他们树立信心，勇敢面对困难。她还与少年犯签订了结对帮教协议，通过书信往来与他们交流思想，并经常买一些日用品送给少年犯。在公司里，朱雪芹带领青年主动参加各项志愿服务活动，为农民工子女送去学习用品和书籍，向农民工宣传交通规则和城市文明礼仪等知识。2008 年汶川大地震发生后，她以农民工代表的身份参加了上海市社会各界人士赈灾捐款活动，奉献自己的一份爱心。

（3）对农民工担任全国人民代表大会代表的审视

2008 年以来，农民工担任全国人民代表大会代表给农民工群体极大的鼓舞，农民工的利益诉求得到了更多的关注。农民工的各种待遇逐渐得到改善，他们的政治参与积极性有所提高。但同时应当看到，农民工担任全国人民代表大会代表仍然受到了诸多束缚。

一是农民工代表出现的时间短，人数有限。从 2008 年到 2023 年，中国农民工数量从 2.25 亿人增加到了 2.96 亿人。从十一届到十二届、十三届、十四届全国人民代表大会，全国人大代表中农民工的数量从 3 名增至 31 名、45 名、56 名。尽管纵向来看，全国人大会上的农民工代表数量在不断增加，比例也有所提高，但与其他社会群体在全国人大中出现的时间和数量相比，农民工代表出现的时间仍然很短，其数量仍然极其有限。在地方各级人民代表大会中，农民工的数量也同样极其有限。从 2008 年至今，无论是农民工代表的推选办法、程序，还是农民工代表自身的参政议政方式都还处于探索阶段。因此，农民工代表选任程序的科学性，代表的广泛性、先进性仍然需要进一步得到确证。

二是农民工代表自身素质限制了其对群体利益关注的深度和广度。首先，农民工代表反映的农民工诉求在很大程度上源于群体或自身工作、生活和家庭曾经面临的困难，缺乏更深层次的思考。2013 年，陈雪萍准备了两个议案，一个是呼吁解决拖欠农民工工资的问题，另一个是反映农民工子女入学难的问题，都是源于她自己的生活体会。陈雪萍自己曾遭遇欠薪，深知其中的艰难。她在儿子三四岁的时候外出打工，儿子见到她就像见到陌生人，后来儿子随她进城入学的种种坎坷也给她留下了难言的心酸。其次，农民工代表所提出的建议的广度有限。尽管从上文论述中可以看出，农民工代表关注的社会问题也在逐渐从群体内部向群体外部转移，但这种转移范围还是极其有限的。如农村环境问题与来自农村的农民工本来就有天然的联系，家庭暴力也是女性农民工经常遭遇的问题。最后，农民工自身的文化素质限制了其政治表达。大多数农民工代表的初始学历是初中文化，他们在第一年参会的时候很少提交议案，主要是因为不知道基本的写作规范。像康厚明、陈雪萍等文化程度不高、年龄较大的代表不熟悉电脑操作，他们一般先写出手稿，然后让他人代为打印。

三是农民工代表繁重的工作和压力对其履职有所影响。全国人大代表中的农民工代表大多数是国家级、省级劳动模范，是农民工中的优秀人才。他们之所以能当选，不仅是因为他们创造了突出的工作绩效，而且因为他们具有吃苦耐劳、敢于拼搏的奋斗精神。他们每天的工作繁重而艰苦，因此在工作期间或工作之余履行代表职责，也在一定程度上加重了他们的负担。特别是参加十一届全国人大会议的三位代表，他们曾面临过巨大的工作和心理压力。2008年3月，胡小燕公布自己的联系方式之后，她每天都有接不完的电话，回不完的邮件，严重干扰了她的正常工作。一些农民工急于请她帮忙讨薪，在得不到回复时很不理解，甚至开始谩骂，这也曾深深地困扰了她自己和家人。康厚明在参加全国人大代表会议的十来天里，花费了近千元电话费接打农民工们的电话。农民工们除了咨询有关维权和工作问题外，甚至还请他帮忙寻找自己被拐卖的孩子。可以说，农民工们提出的许多要求远远超出了康厚明的职责范围和个人能力。

总之，无论是主观因素还是客观因素影响，农民工代表参与政治实践活动的时间仍然很短，他们的自身素质、工作性质仍然深刻地束缚着他们政治参与的深度和广度。大多数农民工对自己群体利益代言人产生的政治意义与实际能发挥的作用的认识不足，对代表的具体工作也不甚了解。在得不到及时回复或有效回应的情况下，农民工会认为这些代表已经变质或形同虚设。因此，未来还需要增加农民工代表的人数和占比，增强他们的社会影响力，以发挥更大的作用。

5.2.2.3　农民工创造"皮村文化"现象

（1）"皮村文化"的缘起

皮村是北京市的一个"城中村"，隶属于朝阳区金盏乡，占地面积2.8平方千米，户籍人口不过1 000余人，而常住的外来农民工却超过2万人。这些农民工主要在建筑和服务等行业工作，低廉的房租和生活成本将他们吸引至此，并长期居留。

2005年，北京工友之家文化发展中心（简称"工友之家"）入驻皮村，不仅给皮村的农民工文化生活带来了巨大的变化，也在一定程度上为农民工群体在城市公共文化生活中展现自我争取了更多的话语权。孙恒和许多等人是"工友之家"的创办人，他们先后在皮村开办了同心实验小学、新工人剧场、图书馆、电影院、打工文化艺术博物馆，成立了"打工青年演出队""皮村文学小组"，举行了"打工春晚""大地民谣音乐会"等以"打工"为主题的文化活动。也因此，皮村成为中国农民工参与社会公共文化实践的一个平台。实际上，"皮村文化"现象是中国农民工参与公共文化活动的一个缩影，它已经成为农民工公共文化参与的一个符号。

（2）"皮村文化"的主要代表

一是"打工文学"。改革开放四十年余年来，"打工文学"一直是农民工群体参与公共文化活动的一个重要窗口。"打工文学"不同于群体外的专业文学创作者的叙事立场和表达方式，它是农民工基于自身的农民工身份，在关切自身和群体命运的过程中进行的文学创作活动。改革开放初期，"打工文学"主要出现在南方，因为珠三角是农民工流动的首选之地。近年来，随着纸媒的衰落，传统打工杂志发行量急剧萎缩，"打工文学"的网络面孔开始呈现，皮村文学就是其中的代表。

2014年9月，皮村"工友之家"社区工会的文学小组开放报名，来自不同行业的十几名农民工加入其中。中央艺术研究院的教授张慧瑜是志愿老师，每周来此给文学小组成员们上课。经过一段时间的训练之后，皮村涌现了一批拥有打工者和写作者双重身份的人。他们用自己的笔，书写繁华的城市与遥远的故乡，书写自己与他人的奋斗历程与心灵伤痛，向世界传递着农民工群体真实的生活状态。2016年，小组成员李若的《八个农村老家的真实故事》《穷孩子的学费》《安装螺丝钉的螺丝钉》等十多篇文学作品阅读量均超过50万次，被称为"流量女王"。2017年4月，小组成员、育儿嫂范雨素讲述个人经历的小说《我叫范雨素》在网上发布，阅读量迅速突破百万，红极一时。文学小组的其他成员，如店主胡小海、杂工郭福来、瓦工徐良园、焊工王春玉、店员张子怡等，也以其诗歌、小说、散文等作品在网络上崭露头角。

二是"打工春晚"。"打工春晚"与中央电视台主办的专业性更强的"农民工春节联欢晚会"不同，它是迄今为止唯一的由农民工自编、自导、自演的春节联欢晚会，是原生态质朴真挚的农民工表达。孙恒、许多、王德志等人策划"打工春晚"的动机，源自农民工群体对属于自己的精神文化生活的需要和这一群体强烈的表达诉求。与"打工文学"情况类似，农民工的文艺表演活动较早出现在东南沿海发达城市，一些有才华、表现欲强的青年农民工很早就组建了各具特色的农民工演出团队。皮村的"打工春晚"不仅与这些团队有联系和合作，而且还借助崔永元的名主持人效应、网络传播等方式扩大了自己在公共文化中的影响力。

皮村的"打工春晚"是在2008年至2011年举行过的四届"工人文化艺术节"基础上形成的。2012年，孙恒等人发现此前的定位只能吸引工人群体内部的注意，他们抛出"打工春晚"的概念以期获取更大的社会关注。从2012年到2015年，"打工春晚"演出地点由皮村转到团中央礼堂、朝阳区文化馆，还实现了在公共电视频道的播出，一度获得了体制内单位

的支持和援助。2015 年，首个网络版"打工春晚"呈现，点击率突破 5
万。2016 年，"打工春晚"以众筹的方式获得资金维持演出，演出地点再
次回到皮村。2017 年，皮村一所公寓发生了火灾而引发了安全顾虑，"打
工春晚"的线下实体演出正式退出。2018 年，"打工春晚"由北京"工友
之家"和言值视频联合主办，以高互动性的短视频形式出现，形成了"短
视频版打工春晚"。"打工春晚"节目以歌舞、相声、小品、诗朗诵和音乐
剧等形式呈现，围绕劳资纠纷、家庭关系、流动少儿上学和劳动受歧视等
具体问题展开，是农民工试图表达自身真实生活感受和经济政治诉求的新
文艺创作。出场的演员都由农民工及其亲属担任，他们从事的职业涵盖了
流水线工人、快递员、店员、家政大妈、厨师、草根网红等，年龄跨度从
三岁到六七十岁。

三是"打工文化艺术博物馆"。2007 年，打工文化艺术博物馆在皮村
建立，成为全国首家打工文化博物馆。博物馆墙上张贴着创办者孙恒等人
的价值理念："没有我们的文化就没有我们的历史，没有我们的历史就没
有我们的将来。"博物馆展品主要是与打工生活工作相关的各类物品，如
就业证、暂住证、劳动合同、工资单、欠条、工伤证明、照片、信件、生
活用品、工作服、劳动工具、政策文件、打工文艺作品等。展品陈列以时
间和主题交织为序，再现了农民工群体的文化和历史，是对农民工城市务
工生活的真实反映。博物馆陈列已经呈现了四个主题板块，即"打工者居
住状况""家在哪里""中国新工人的文化与实践""女工传记"。博物馆也
曾受邀到美国、德国、西班牙和玻利维亚等地去展出，在当地引起了一些
关注。

打工文化博物馆的场地是租借的皮村的集体房屋，日常运作资金主要
是靠一家民间基金会支持。博物馆自成立以来，因为所租用的集体产权房
屋的土地性质问题，曾经几次面临被迫迁移的困境。虽然在社会舆论的压
力下，博物馆暂时保留了下来，但仍然难以获得长期存在的保证。2017 年
7 月，多年来支持博物馆运转的基金会不再承担相关运营成本。孙恒等人
在网上发起了众筹，暂时筹集到一年的运营经费。这似乎是皮村文化开始
走向衰落的一个象征性事件。

（3）对"皮村文化"现象的审视

"皮村文化"自出现以来，逐渐得到了各方关注。尤其是 2012 年中央
电视台推出五集纪录片《皮村纪事》以后，皮村就已经被定位为农民工群

体追求梦想的一个文化符号，成为农民工参与公共文化活动的一个样板。而范雨素在 2017 年的瞬间爆红，更是为这一文化符号注入了一针强心剂。但不无遗憾的是，"皮村文化"本身所带有的多面性，以及它高频率闪亮出场所引发的多种解读，给农民工参与公共文化的实践活动带来的却是一把"双刃剑"。"皮村文化"的自发性和来自非主流话语的第三方的过度解读是造成它走向衰落的导火线，亦是造成它所代表的农民工公共文化实践活动无所适从进而导致农民工公民道德意识薄弱的必然结果。

"皮村文化"主题主要有赞美劳动、亲情伦理、人生反思和打工艰辛等几类，既有农民工阳光积极、温情脉脉的情感表达，又有孤苦无助的情绪宣泄，表达了他们的多种利益诉求、反映了农民工真实的生活和心理状态。它发起的初衷正是回应农民工参与公共文化的良好愿望，即融入城市公民文化体系并增强群体认同。但是，反映打工生活艰难困苦的"悲情叙事"却是比较伤感而又敏感的话题。孙恒的歌曲《讨工钱》曾在农民工中到处流传，歌中唱道："辛辛苦苦干一年，到头来不给结工钱……寒冬腊月要过年，全家老小把我盼；空手而归没办法，只有横下一条心：讨工钱"，折射出了农民工"讨薪"的种种辛酸。徐良园在诗歌《逃跑的牛郎》中写道："我是抛家舍业的罪人么，就只有抛下老父亲，抛下小儿子，抛下还淋在秋雨中的稻子，一走了之……"，反映出他内心的无奈与孤独。小有成就的范雨素和李若等人尽管依靠写作获得了一定的收入，但她们依然以打工为主，为生计发愁。对她们而言，写作就是给打工生活一个伤痛流淌的出口。

不可否认，农民工是我国现代化的建设者和推动者之一，是维持城市正常运转不可或缺的人力因素。但是，正如上文所述，特殊历史条件下形成的城乡分割与分治、市场经济发展不成熟所造成的农民工权益保护制度不完善，导致农民工在城市里的生活充满艰辛，使他们无法摆脱其文化表达的"悲情叙事"情结。而且，因为自身文化素质和沉重的生活负担，农民工的文化参与活动往往是自发的，他们难以理解或不愿深入理解自己这种"悲情叙事"产生的主客观原因。农民工这种自发的"悲情叙事"本身并无对错，它是人的正常情绪宣泄，用范雨素的表达就是"像感冒了要打喷嚏和咳嗽一样"，但是它所引发的群体内部发酵和外部点火却可能将它引至非正常发展轨道，这也正是农民工文化实践活动可能给农民工公民道德意识带来负面影响的潜在因素。

"皮村文化"的"悲情叙事"既是几十年"打工文化"叙事方式的接

续，又是一种创新。随着时间的推移，它的一些非主流话语表达尺度更大，而现代的传媒手段又扩大了它的传播范围，增强了它对受众的影响力，因此有更多的农民工模仿。在极端的情况下，这些情绪可能会导致群体性的情绪蔓延，进而成为社会的不安定因素，从而偏离了"打工文化"行进的正常发展轨道。在农民工群体外部，第三方对农民工"悲情叙事"的过度解读更加深了这种偏离程度。尤其是关于"新工人文化"的阶级意识分析论、主流意识形态话语界分论、物理空间与话语权争夺论、人格异化论、"零价值"或"价值中性"论等，或者危言耸听地歪曲农民工群体文化表达的真实意图，有意识地制造出对立的阶层和思想，或者居高临下地矮化、俗化和浅层化农民工的群体形象和价值诉求。这不仅可能影响主流意识的分析和判断，更可能会煽动农民工群体的不良思想和行动，给他们的公共文化参与活动带来毁灭性的影响。2019 年，皮村"打工春晚"的消失、"皮村文化艺术博物馆"的衰落和"范雨素"们的隐居，从侧面印证了这一猜想。取而代之的是上海电视台主导的公益活动"2019 年致敬上海城市建设者打工春晚"。这一台春晚的主角仍然是农民工，但加入了更多的体制内元素，有更强的主流话语表达，几十家企业的加盟也让它有了更强的生命力。这也许是农民工参加公共文化实践活动的新尝试。

5.2.2.4 部分农民工在公共生活中的"放肆与卑微"现象

（1）农民工进入城市公共生活的背景

现代公共空间的缺乏和国民公共生活观念的缺失是我国近代以来有识之士反复批判的一个话题。梁启超较早论及此话题，他在《论公德》一文中，开篇就论及我国国民最缺少的就是公德。台湾地区学者陈弱水认为，梁启超所指的"公德"就是指人的行为中能对公共利益、社会凝聚有所贡献者。近几十年来，华人世界已经在很大程度上获得了经济上的现代化，但是文化现代化并未同步并进。相较于先发国家或另一些发展中国家，华人对于公共行为规范的认识甚为浅薄，遵守这些规范的意愿和能力也很低①。其实，这种现象在国内表现得更为明显。

改革开放初期，我国出境人员不断增加，一些出境人员在境外公共场所的不文明行为反复上演，一些出境中国游客随地吐痰、乱丢垃圾、大声喧哗等现象引起了公愤，导致一些国外公共场所拒绝中国游客入内，这也

---

① 陈弱水. 公共意识与中国文化 [M]. 北京：新星出版社，2006：5，51.

引起了许多中国人的反省。无论是主动还是被动，经过大量的宣传教育，许多城市居民的公共规则意识明显提高了。同时，随着国内影剧院、购物中心、游乐园、公共交通系统的广泛建立，城市公共生活领域不断扩展，也进一步推动着城市居民公共生活文明意识的不断提升。

农民工进入城市公共生活的时间远远落后于城市居民。改革开放初期的农民工主要在乡镇企业和偏远工矿企业工作，他们极少有机会进入城市公共空间。20 世纪 90 年代以来，尽管农民工已经大量进入城市，但是他们也主要聚集在流水线上或者建筑工地上。农民工真正有少许的闲暇进入城市公共空间参与公共生活是在进入 21 世纪以后。但是，部分农民工一进入公共空间就遭遇了尴尬，他们在公共场所大声喧哗、袒胸露背、翻越栏杆、随意穿行马路、在盲道上摆摊、损毁公共设施、破坏公共财物，让已经具有较强公共规则意识的城市居民甚为不满。于是，部分农民工在不断调整自己公共生活行为的过程中，出现了奇特的"放肆与卑微"现象。

（2）部分农民工在日常公共生活中的"放肆与卑微"表现

一方面，部分农民工在公共生活中似乎仍然肆无忌惮，完全不顾及他人的感受。2019 年 3 月 30 日，网易新闻网以《农民工在 ATM 取款机旁边打地铺睡觉让人反思》为题，报道了几位农民工为了省钱又不耽误晚上工作，在自动取款机旁边打地铺睡觉的事件。类似的新闻近年来不时出现：农民工出现在商场里、马路上、公交车上、地铁站里、公厕里，似乎只要能挤出一点时间，他们就可以酣然入睡；似乎只要能腾出一点空间，他们就可以安顿自己在城市生活的全部家当；似乎只要能挪出一丝缝隙，他们就可以喧嚣成一个世界。从现场围观群众和网上围观网民的反应来看，既有对农民工生活艰辛的满怀同情的声援，也有对公共空间被占用、自己生命财产安全受到威胁的深切忧虑。单纯从公共生活规则要求来判断，人们普遍不赞同农民工的这种公共行为方式。

另一方面，部分农民工在公共生活中又表现出谨小慎微，甚至于不敢真正参与到公共生活中。同样是在银行自动取款机旁边，云南某农民工的故事却让人看到农民工与上文相反的一面。2017 年 7 月，云南电视台报道，腾冲一位建筑包工头赵某从工地上骑摩托车赶到银行取款。他看到银行大厅刚刚打扫干净，就把自己沾满泥水的劳动鞋子和安全帽放在银行的台阶上，然后赤脚去自动取款机上取钱。他的这一举动被路人拍下，也成了各大媒体争相报道的"网络红人"。近年来，类似的案例也不时出现在人们的视线中。一些农民工因身上脏而不敢坐车上的座位，宁愿蹲在地铁车上、蹲在公交车上，为了让上班的人先走而在地铁车站里等候两小时，甚至进公厕也脱鞋等行为，他们在公共场合的表现既让人心酸又让人汗颜。

（3）对农民工日常公共生活状态的审视

对于部分农民工在日常公共生活中的看似矛盾的或"放肆"或"卑微"的公共行为表现，绝不能简单地贴上"野蛮"或者"文明"的标签来评判。

若以历史原因论之，部分农民工"放肆"的客观原因不可避免地要追溯到户口登记制度、工农产品"剪刀差"、城乡分治和农村教育的整体滞后，而再往前溯就是新中国百废待兴的状况、两大阵营的对立、苏联模式的示范等。历史还可以不断地上溯，历史的演进亦有其必然性和偶然性。历史可以回顾，经验和教训可以总结，但历史终究已经成为历史，抓住历史的任何片段来解读或者批判都是不公正的。同样，将部分农民工的"放肆"贴上"野蛮"的标签也是不公正的。

若以现实为参照，部分农民工的"卑微"是否就是"文明"的标志呢？为了避免弄脏地板、公交车、影响他人上班而赤脚行走、席地而坐、长时间等候，固然包含着部分农民工良好的道德素养、对别人劳动的尊重、传递社会文明正能量等因素，但是，部分农民工的这种谦卑与其说是"自觉"，毋宁说是他们在遭到城市居民的社会排斥后产生的"心理定式"。部分农民工的"卑微"不能简单地用"文明"来解读，它实际上是部分农民工对城市公共生活的陌生感和疏离感的表现。

因此，部分农民工在日常生活中所表现出的"放肆与卑微"现象，是部分农民工参与公共实践活动的真实状况，它所反映的不仅是农民工群体，其实也包括社会所有群体社会公共参与实践能力的不足。既然农民工已经参与城市建设，为城市奉献了青春与汗水，那么他们就有资格融入城市、参与城市公共生活，任何其他社会成员都不应该防范、排斥或者拒绝他们加入。既然农民工的行业特点和从业方式决定了他们的工作服上会沾满泥土和油污，他们身上会散发出浓重的汗味，那么无论是农民工、工地资方还是社会公众，都有义务共同筹建一些场所供农民工临时换洗，不至于让农民工一身灰泥出现在公共场所。至于部分农民工在公共场所大声喧哗、随意摆放私人物品或设置临时居所等问题，同样也需要政府、社会和农民工自身共同努力，提供必要的物质基础、进行思想文化教育等。

5.2.3　农民工公民实践活动的制约因素

5.2.3.1　农民工生存的物质基础不牢固

农民工的公民实践活动需要农民工有足够的时间、经费和技能，但从上文相关论述可以看出，农民工在城市的生存状态难以满足这些要求。

一是农民工劳动时间长、劳动强度大，缺少参与公民实践活动的时间和精力。农民工主要从事建筑、餐饮、制造和家政服务等工作，他们的从业时间往往每天长达十余小时。在耗费大量体力之后，农民工将仅有的一点空闲业余时间花费在休息或自娱自乐上，一般不会考虑参与公共活动。而且，大多数农民工工作并不稳定，经常在不同地域和不同岗位流动，他们没有长时段和固定的业余时间去参与经常性的政治或者文化活动。2015年皮村的"打工春晚"有家政人员表演的节目，参与排练的人员有100多人，历时一年多，而最终上场演出的仅有8人。这主要是因为他们工作很忙，只有在休息时间轮流排练，最终上场的是当天不上班的人员。

二是农民工收入较低，缺少参与公民实践活动的经费支持。大多数农民工主要从事体力劳动，工作的技术含量不高，其获得劳动报酬本身就比较低。而且，由于我国市场经济体制的建立时间不长，劳动力市场的劳资关系还不规范，一些企业出于种种原因不能遵守合同约定甚至不与农民工签订合同的现象时有发生，拖欠或不能全额支付农民工工资现象普遍存在，导致农民工的收入在隐性层面更低。近年来，在全球金融危机的影响下，我国面临着经济下行的巨大压力，一些加工制造业向东南亚国家转移导致农民工失业的现象时有发生。在这样的情况之下，农民工没有经济实力参与公民实践活动。尽管公民实践活动本身可能并不需要缴纳费用，但其占用的时间也会使农民收入减少而影响其基本的生存需求。

三是农民工疲于应付当前职业要求，缺少参与公民实践活动的能力。农民工面临着最为迫切的生存问题，他们既缺少更多的机会也很少有愿望参加公民实践活动。即便是偶尔有机会参加农民工相关培训，他们也更倾向于工作技能培训，希望通过培训获得技能证书以便获得更高薪酬的工作岗位。无论是公民实践活动还是公民道德意识的培育活动，对他们而言都没有直接的效用，因此他们很少有参与的兴趣。以皮村的农民工公共文化活动为例，无论是其文学创作、文艺演出还是文化展览，创作者都没有经过专业训练，他们的语言表达和艺术表演都还比较粗糙。

5.2.3.2　农民工的社会保护极其有限

社会保护是一个比社会保障更宽泛的概念，指"居民在个人能力之外拥有的、用以维持生计可持续性的资源或者权利"，使其"在具备劳动能力时有一份稳定的收入来源，在退休或者失去劳动能力后有维持基本生活水平的策略或保障"①。社会保护不仅包括政府专门为弱势群体提供的相关政策干预，而且还涉及政府、企业、社区和家庭等多个层面的组织为社会全体成员提供的相关保护措施。石智雷、施念的调查显示，农民工社会保护水平非常低，城市本地市民的社会保护平均水平是农民工的 2.3 倍②。从上文相关论述也可以看出，农民工社会保护的不足导致其将更多的时间和精力投入到当期的生产劳动中去以积累更多的财富而获得自我保护，这也严重地影响了其公民实践活动，具体表现在四个方面。

其一，传统政策保护不足以使农民工抵御城市生存风险，影响了农民工对城市的归宿意愿和认同感，进而影响其参与公民实践活动。改革开放以来，国家的农民工政策给农民工带来了更多的流动、选择和自由。但在过去相当长一段时间里，无论是中央政府还是地方政府、企事业单位，都没有提供相应的制度保障和支持。从就业保护情况来看，农民工在城市频繁更换工作，会导致他们缺少就业稳定感。而农民工的劳动合同签订率较低，更是影响了他们就业的稳定性，增强他们对务工城市和企业的疏离感。从农民工的城市住房保障情况来看，大多数农民工以住集体宿舍、工棚或租住房来解决其城市居住问题，其住房往往会受到企业、房东和自身岗位变动的影响，因此他们的居住状态极不稳定。这种居住边缘化状态，容易让农民工产生颠沛流离之感，导致其城市认同感降低。从农民工的社会保险情况来看，由于农民工的工作地区和单位频繁变动，他们难以持续足额缴纳医疗保险。当他们遭遇疾病或工作事故时，保险的缺失或不足使他们难以承担医疗费。即便是不患病，农民工因为经济实力有限，很少进行常规性体检和日常健康保护。这极易造成农民工城市生活质量下降，影响他们参与公民实践活动的积极性，减少其城市居留意愿和认同感。

其二，企业或单位保护不足削弱了农民工进行长期职业生涯投资的积极性，而这又会影响农民工的劳动力市场竞争能力或创业能力，进而影响

---

① 石智雷，朱明宝. 农民工社会保护与市民化研究 [J]. 农业经济问题，2017（11）：77-89.

② 石智雷，施念. 城市化进程中的社会保护不平等：农民工、外来市民和本地市民的比较分析 [J]. 经济社会体制比较，2019（2）：56-68.

农民工的公民实践活动参与意愿。在过去相当长一段时间里，由于农民工就业不稳定和社会相关政策不完善，农民工所在企业很少承担农民工的各项保险费用，也没有安排其退出劳动力市场之后的基本生活保障，甚至连基本的企业关怀和劳动保护都极少。虽然农民工参加职业培训，不仅可以补充和发展已有的人力资本，而且还能进一步获得追加的人力资本，并据此提高他们的就业能力，但是，农民工预期自己很难在企业或单位长期就业，更不可能从企业获得退休金，他们大多数在失去劳动能力的情况下或年老时还是要返回农村养老。因此，大多数农民工会认为他们将无法获得职业生涯投资的预期回报，他们也就更不愿意参与与职业活动相关性更弱的公民实践活动。

其三，城市社区保护不足影响农民工与当地居民的有效互动，降低了农民工的社会信任，进而影响其公民实践活动效能感。尤格·森（Ugur Sen）的移民调查研究也发现，相较于社会信任水平较低的移民，社会信任水平高的移民往往获得了更多的社会保护，也能够更加顺利地适应和融入美国社区[1]。在我国传统社会中，"远亲不如近邻"所表达的正是邻里互助互济，这其实也是社会成员相互救济的一种方式。但是农民工进入城市社区以后，受自身种种条件的束缚，他们很少与城市居民交往，因此很难获得后者的帮助。同时，城市社区管理者将其服务对象定位为户籍人口，农民工很少有机会参与社区治理工作，而社区治理活动本身就是重要的公民实践活动。农民工与城市社区管理者和户籍居民之间的互动减少，必然减少其对城市社区的了解，进而影响其对社区及社区居民的信任水平，他们也因此更不愿意参与社区组织的公民实践活动。

其四，农民工的家庭保护不足导致农民工不仅缺少来自家庭的最可靠的生存屏障，而且还必须承担沉重的家庭责任。杨云彦、石智雷认为，家庭禀赋是重要的防护性保障，这种保护既来自家庭成员及其亲密的家族网络的支持，也来自整个家庭所共享的能力与资源[2]。农民在难以获得政府、企业、社区制度保护的情况下，就只能回到家庭和私人关系网络中寻求保障，但他们的家庭保护又极其有限。从上文的论述可以看出，在其发展的

---

① UGUR SEN. Social Capital and Trust: The Relationship between Social Capital Factors and Trust in the Police in the United States [M]. Proquest: UmiDissertation Publishing, 2001: 72.

② 杨云彦，石智雷. 中国农村地区的家庭禀赋与外出务工劳动力回流 [J]. 人口研究，2012（4）: 3-17.

前几个阶段，农民工主要是只身外出或夫妻结伴外出务工，而家庭中的年老和年幼成员则留守家中。农民工不仅要挣钱维持自身的生存，还要通过寄钱寄物的方式支持家庭其他成员的生活。进入21世纪以来，尽管相当一部分农民工已经开始举家流动但他们的负担并未减轻，他们还要承担家庭租住房、子女教育等更多的经济责任。因此，农民工在沉重的家庭责任之下，不得不拼命地劳动以换取更多的收入来维持家庭的正常运转。在这样的境况之下，农民工当然难以抽出时间参与公民实践活动。

5.2.3.3 农民工自身的综合素质有待提升

一是农民工自身文化水平较低，缺乏参与公民实践活动的知识与能力储备。大多数农民工只具有中学学历，所接受的义务教育课程涉及的公民教育相关内容不多。而且，在农村地区，在应试教育的影响下，许多学校很少按课程设置要求开设相关课程。大多数农民工没有接受系统的有关国家与公民、权利与义务、民主与法治等公民知识学习，也没有经过公共参与的方式方法等公民技能方面的规范训练。因此，多数农民工既缺少公民实践活动的基本知识和技能，也难以理解参与公民实践活动对于自身的生存适应、社会适应和文化心理适应的重要意义。

二是农民工组织纪律观念淡薄，难以满足公民实践活动的基本要求。老一代农民工曾长期生活在农村，分散的、自由经营的小农经济容易让他们形成自由散漫、缺乏组织性的行为方式。即使是没有农村生产与生活经验的新生代农民工，他们在长期同质化交往的群体中生活，也同样会熏染上这些习性。而这些习性很可能导致农民工漠视企业的生产规章制度和社会公共生活规范的约束。因此，在工作中，部分农民工不按工作规程操作、不执行安全规定、偷工减料、以次充好的现象时有发生，不请假而擅离工作岗位的现象时有发生。而且，农民工面临着最迫切的生存问题，最关心的是自己能否找到工作养家糊口，他们很少主动地把自己的行为与集体利益相联系，更缺乏团队合作精神。农民工的上述种种表现与具有公共精神的公民素质要求相去甚远。

三是农民工城市生活状态相对封闭，难以达到公民实践活动的人际关系要求。正如上文所述，"公民"这一概念本身就意味着一种身份和地位，这种身份和地位不仅以权利和义务作为静态的表现，更以积极主动的参与做动态的展示。因此，公民身份要求人们走出封闭的私人生活，在与他人的交往中思考公共政治生活和社会生活。公民实践活动就是将理想的公民生存状态转化为现实，在人们的相互交往中讨论公共事务、进行公共判断并做出公共决策。公民只有走出封闭的私人生活状态，主动参与公共生活，才能使公共生活充满生机与活力，以此带动整个社会的交流与互动。但是，大多数农民工居住在工厂的集体宿舍、工棚或出租房内，他们生活的空间基本上与城市户籍居民的生活空间相互隔离。同时，因为农民工从业的低端性、劳动力的廉价性与生活方式的乡土性，他们自身会产生有一种自卑和防御性心理而易与城市户籍居民之间产生文化心理距离。因此，农民工与城市户籍居民在物理空间上的隔离与文化心理上的疏离阻碍了两个群体之间的人际交往，农民工生活的相对封闭状态成为他们参与公民实践活动的阻碍。

5.3 新时代农民工公民道德意识培育存在的问题

农民工公民道德意识的薄弱与农民工公民道德意识培育中存在的问题也有一定的关系。改革开放以来，国家出台了一系列农民工公民道德意识培育的相关政策，也在全国范围内实施了"阳光工程""雨露计划""春风行动"等相关项目，取得了较为明显的成效。但同时，农民工公民道德意识培育中存在理论准备不足、主体定位不明确、组织管理不完善等问题。

5.3.1 农民工公民道德意识培育政策分析

5.3.1.1 农民工公民道德意识培育政策制定和调整的背景

进入 21 世纪以来，随着国家农民工政策总体趋向由过去的严格管控逐渐转向接纳和肯定，农民工群体内部分化，特别是具有强烈的城市融入意愿的新生代农民工的出现，农民工公民道德意识培育政策制定和调整获得了契机。

第一，基于对城乡文化之间的张力的考量，致力于回应农村劳动力转移过程中面临的文化困境。1958 年，《中华人民共和国户口登记条例》的颁布，标志着城乡二元分割制度的正式确立和城乡分治的开始，也意味着城乡两条发展路径的差异和城乡文化的相对隔离。城市文化与农村文化向着各自方向前进，以乡村熟人社会生活为基础的乡土文化与以城市公共生活为基础的公民文化分别形塑了农村村民与城市居民，农民工进入城市后所表现出的对城市公共生活规则认知的缺失可以佐证。正是在这一背景之下,《关于做好农民进城务工就业管理和服务工作的通知》等文件要求对农民工进行城市生活常识等方面的培训。

第二,基于对农民工的重要作用与其所面临待遇不公问题的考量,致力于回应社会进步性和公平性的道义要求。正如上文所述,农民工是伴随着我国改革开放的历史进程成长起来的社会群体,同时也是改革开放取得成功的主体性因素之一。他们冲破了城乡二元结构的体制藩篱,为我国的工业化、城镇化做出了重要贡献,是社会发展进步的重要力量。但是长期以来,大多数农民工从事着脏、累、险、差的工作,工作时间长、劳动强度大、缺乏安全保障,付出的劳动代价与所获得的经济收益差距较大。而且,农民工没有享受到城市户籍居民在社会保障和社会公共服务等方面的福利,在城市中遭到多种歧视,社会地位相对较低。正是在这一背景之下,《国务院关于解决农民工问题的若干意见》和《国务院关于进一步做好为农民工服务工作的意见》等文件要求把农民工纳入城市公共服务体系,对维护农民工的合法权益做了明确说明。

第三,基于对国家和政府行政权力损益的考量,致力于维护社会和谐稳定。改革开放以来,农民工逐渐由我国工人阶级的补充成分成长为重要组成部分,再到当下的主体部分,他们"已经成为一个有着自己独特利益诉求的规模巨大的特殊社会群体,这一群体不可避免地对现行制度安排与政策体系产生巨大的冲击"[①]。近年来出现的农民工罢工、法外维权、群体性事件等,已经释放出了这样的信号:有关农民工的个别的或局部的问题可能转化为波及全局的重大问题,并可能由此导致社会动荡,进而引发政治危机。因此,农民工公民道德意识培育相关政策的出台正是党和政府从国家长治久安的大局出发,充分考虑了农民工问题对国家和政府行政权益的数量或力量增减的影响,致力于促进城乡协调发展,确保农民工与其他社会群体一道共享改革成果。

5.3.1.2 农民工公民道德意识培育政策相关文件

从宏观视角来看,涉及农民工政策的相关文件大都会提及农民工职业培训、文化教育和素质提升问题,这些都是农民工公民道德意识培育的支

---

① 郑功成,黄黎若莲. 中国农民工问题:理论判断与政策思路 [J]. 中国人民大学学报,2006 (6):2-13.

持性要求。从专门性和专业性视角来看，无论是国家层面还是地方层面，各级政府出台的农民工政策文件主题中都没有直接的农民工公民道德意识培育内容。但就文件具体内容来看，又有部分文件的部分论述涉及了相关主题（见表5.1）。

2003年1月，《关于做好农民进城务工就业管理和服务工作的通知》（国办发〔2003〕1号），明确了农民工培训的目的、目标、主体、组织方式和培训内容。文件提出农民工培训以提高农民工素质为主要目的，以提高农民工遵纪守法和维护权益意识为目标，以流出地政府为培训主体，以劳务输出为培训的组织方式。其中，涉及公民道德意识培育的内容有法律知识、权益保护、寻找就业岗位和城市生活常识等。

2003年9月，农业部、劳动和社会保障部、教育部、科技部、建设部、财政部六部门联合颁布了《2003—2010年全国农民工培训规划》（国办发〔2003〕79号），明确了农民工培训的具体阶段、主要内容、组织形式和基本要求。培训分为两个阶段，2003—2005年为第一阶段，2006—2010年为第二阶段。培训内容包括两部分，即引导性培训和职业技能培训。其中，与公民道德意识相关的引导性培训内容包括四个方面，其一是基本权益保护，其二是法律知识，其三是城市生活常识，其四是寻找就业岗位。文件要求劳动力输出地政府统筹组织各类教育培训资源和社会力量参与其中，以集中办班、咨询服务和广播、电视、互联网等形式开展培训。

2004年3月，教育部印发《农村劳动力转移培训计划》（教职成〔2004〕1号），要求按照《2003—2010年全国农民工培训规划》和教育部《2003—2007年教育振兴行动计划》加强农村劳动力转移培训工作，强调了引导性培训内容。文件特别指出了培训对象是居住在社区的农民工，培训方式就是充分利用社区教育资源，开展农民工急需的维权方面的知识，提升其城市文明生活的意识和能力。

为了落实《2003—2010年全国农民工培训规划》，农业部等六部门从2005年到2010年连续发布了农办科〔2005〕4号、农科教发〔2006〕1号、农科教发〔2007〕1号、农科教发〔2008〕1号、农办科〔2009〕50号和农办科〔2010〕36号文件，其主题都是"关于做好农村劳动力转移培训阳光工程实施工作的通知"。文件规定引导性培训内容应除了（国办发〔2003〕79号）规定的内容外，还增加了艾滋病防治和安全生产等方面知识，明确了培训时间不少于8课时。文件还要求全国"阳光办"

（农村劳动力转移培训阳光工程办公室）修订和完善《农民务工培训读本》等相关教材，并尽可能制作标准化的引导性培训课件。

2004年12月，劳动和社会保障部发出了《关于开展春风行动 完善农民工就业服务的通知》（劳社部函〔2004〕280号），要求各地于春节后开展完善农民工"就业服务、技能培训、权益维护"三位一体的"春风行动"，提出了对初次进城务工的农村劳动者免费开展进城务工基本常识等引导性培训的要求。从2005年到2018年，全国各地每年都举办"春风行动"，人社部正式发布文件是从2009年开始的，主要有人社部函〔2009〕21号、人社部函〔2010〕13号、人社部函〔2011〕16号、人社部函〔2011〕337号、人社部函〔2012〕385号、人社部函〔2013〕254号、人社部函〔2014〕219号、人社部函〔2016〕13号、人社部函〔2017〕6号和人社部函〔2018〕6号等。这些文件大都重申了引导性培训的要求，并适时调整和增加了部分具体内容。

2005年4月，建设部发出《关于做好建设领域农民工法律知识学习培训工作的通知》（建法函〔2005〕102号），对建设领域的农民工培训提出了要求。文件提出培训主体是各级建设行政主管部门和建设领域建筑业、市容、环卫、园林、绿化、物业管理等单位，要求以《建设领域农民工权益知识读本》为蓝本，强调对农民工进行维权知识和法律知识的培训，以此提高他们的法律素养和维权能力。

2006年1月，《国务院关于解决农民工问题的若干意见》（国发〔2006〕5号）要求全面提高农民工素质，在强调职业技能培训的同时，明确了公民道德意识培育相关内容，主要包括以知法、守法、用法和维权为主的法制教育，以爱岗敬业、诚实守信、遵守交通规则、爱护公共环境、讲究文明礼貌、履行应尽义务为主的职业道德、社会公德教育和城市文明礼仪教育等。

2006年9月，共青团中央、教育部、公安部等12个部门联合下发了《关于深入实施"进城务工青年发展计划"，进一步加强青年农民工工作的意见》（中青联发〔2006〕57号）。文件以"培育新市民、服务新农村"为主题，提出以文化育人、寓教于乐为原则，在青年农民工中开展社会主义荣辱观教育，开展形式多样的文化活动，提高他们的综合素质。文件说明了这一计划实施的目的就在于为青年农民工提供法律服务和法律援助，活动方式主要是开展法制宣传，明确了有关社会组织如培训机构、企业、社区和法律服务机构在其中的主体作用，强调了与公民道德意识相关的法治意识培育是其重点内容。

2007 年 3 月，《关于印发〈关于在贫困地区实施"雨露计划"的意见〉和〈贫困青壮年劳动力转移培训工作实施指导意见〉的通知》（国开办发〔2007〕15 号）提出开展多渠道、多层次、多形式的引导性培训，适当安排法律知识、行为规范、权益保障等学习内容，全面提高贫困地区人口素质。

2008 年 12 月，《国务院办公厅关于切实做好当前农民工工作的通知》（国办发〔2008〕130 号）提出加大对农民工培训的投入，改进培训方式，扩大培训效果，培训项目主要包括就业计划、"阳光工程"、农村劳动力转移培训计划、"星火科技培训"、"雨露计划"等，培训采取订单培训和定向培训方式，培训内容包括职业技能培训、创业培训、农村实用技术培训和劳动预备制培训，其中也涉及了公民道德意识相关内容。

2014 年 9 月，《国务院关于进一步做好为农民工服务工作的意见》（国发〔2014〕40 号）较为系统地提出了涉及公民道德意识培育相关的农民工服务的目标、内容、主体、组织形式和实践方式。文件提出为农民工服务的目标就是要培育新市民，推进农民工的"四大融合"，即本人融入企业、子女融入学校、家庭融入社区、群体融入城镇。开展新市民培育的主体是各类学校开设的农民工夜校，培育内容包括三个方面，即职业道德、城市文明生活方式和心理疏导。文件提出为农民工服务的主体包括四类，即企业、社区（村社）、其他社会组织和个人。企业通过职工代表大会、社区通过居民委员会、村社通过村民委员会让农民工参与到民主选举、决策、管理和监督之中，以此培育他们的主体意识和权责意识。文件特别强调了为农民工服务的文化实践形式，如推进"两看一上"活动、群众文体活动、社区文化活动、农民工与市民之间交往活动等。此外，文件还提出文艺工作者、文化单位和其他社会组织以免费或优惠的文化产品等方式为农民工服务。

《国家新型城镇化规划（2014—2020 年）》（中发〔2014〕4 号）提出了农民工公益性培训、综合素质培训和政治参与训练的相关要求。公益性培训的主体是各级各类学校，主要有中级技工院校、高等职业院校和普通高校，综合素质培训和政治参与训练的主体既包括上述学校又包括街道、社区。这些培训内容主要有职业技能、综合素质、科普宣传等，目的就在于提高农民工综合素质与能力、科学文化和文明素质。同时，文件要求以提高农民工在各级人大代表、党代会代表、政协委员中的占比来提高农民工政治参与机会，并以引导农民工有序参政议政和参加社会管理的方式提升其参与能力①。

2016 年 3 月，《农民工学历与能力提升行动计划："求学圆梦行动"实施方案》（教职成函〔2016〕2 号）提出农民工学历与能力提升的重要任务之一，就是要开展包括社会主义核心价值观、职业生涯规划、基本权益保护、城市生活常识等为主的通识性素养培训，帮助农民工更好地融入城市生活，推动以人为本的新型城镇化建设。文件还特别提出培育少数民族农民工公民道德的要求，即提高农民工的基本素质和社会责任感、主人翁意识，增强维权意识和自我保护能力，提升幸福生活指数。

2019 年 5 月，《职业技能提升行动方案（2019—2021 年）》（国办发〔2019〕24 号）提出，对包括农民工在内的就业重点群体开展职业技能提升培训和创业培训，并将职业道德、职业规范、工匠精神、质量意识、法律意识和安全环保等内容贯穿职业技能培训全过程。

表 5.1 农民工公民道德意识培育相关文件一览表

时间	文号	名称	要点
2003 年	国办发〔2003〕1 号	《关于做好农民进城务工就业管理和服务工作的通知》	提高遵守法律法规和依法维护权益的意识，学习基本权益保护、法律知识、城市生活常识、寻找就业岗位等，提高素质
2003 年	国办发〔2003〕79 号	《2003—2010 年全国农民工培训规划》	同上
2004 年	教职成〔2004〕1 号	《农村劳动力转移培训计划》	开展就业前的引导性培训，城市社区文明生活和农民工维权知识培训
2004 年	劳社部函〔2004〕280 号	《关于开展春风行动完善农民工就业服务的通知》	对初次进城务工的农村劳动者免费开展进城务工基本常识等引导性培训
2005 年	建法函〔2005〕102 号	《关于做好建设领域农民工法律知识学习培训工作的通知》	学习《建设领域农民工权益知识读本》，提高农民工的法律素质，使他们真正懂法，能用法律武器来维护自己的权益

① 中共中央，国务院. 国家新型城镇化规划（2014—2020 年）[M]. 北京：人民出版社，2014：29.

表 5.1(续)

时间	文号	名称	要点
2006 年	国发〔2006〕5 号	《国务院关于解决农民工问题的若干意见》	在农民工中开展普法宣传教育、职业道德和社会公德教育、精神文化活动，引导农民工讲究文明礼仪、遵守交通规则、爱护公共环境，培养科学文明健康的生活方式
2006 年	中青联发〔2006〕57 号	《关于深入实施"进城务工青年发展计划"，进一步加强青年农民工工作的意见》	在进城务工青年中开展社会主义荣辱观教育，开展形式多样的文化活动，开展法制宣传，提供法律服务和法律援助，提高进城务工青年的综合素质
2007 年	国开办发〔2007〕15 号	《关于印发〈关于在贫困地区实施"雨露计划"的意见〉和〈贫困青壮年劳动力转移培训工作实施指导意见〉的通知》	实施引导性培训做到多渠道、多层次、多形式，安排法律知识、行为规范、权益保障等内容，全面提高贫困地区人口素质
2008 年	国办发〔2008〕130 号	《国务院办公厅关于切实做好当前农民工工作的通知》	增加投入，改进方式；实施就业计划、"阳光工程"、农村劳动力转移培训计划、"星火科技培训"、"雨露计划"等培训项目
2014 年	国发〔2014〕40 号	《国务院关于进一步做好为农民工服务工作的意见》	加强思想政治工作和科普宣传教育，开展新市民培训，培养诚实劳动、爱岗敬业的作风和文明、健康的生活方式
2014 年	中发〔2014〕4 号	《国家新型城镇化规划（2014—2020 年）》	开展农民工公益性教育培训、社区培训，提升其职业技能和综合素质，有序参政议政和参加社会管理
2016 年	教职成函〔2016〕2 号	《农民工学历与能力提升行动计划："求学圆梦行动"实施方案》	开展社会主义核心价值观、职业生涯规划、基本权益保护、城市生活常识等培训，增强维权意识和自我保护能力，提升幸福生活指数
2019 年	国办发〔2019〕24 号	《职业技能提升行动方案（2019—2021 年）》	将职业道德、职业规范、工匠精神、法律意识和安全环保等内容贯穿职业技能培训全过程

5.3.1.3 农民工公民道德意识培育政策的基本特点

一是权威性。进入 21 世纪以来，农民工问题在社会各界的广泛关注中被纳入国家要务考量之中，农民工公民道德意识培育的政策文件主要是在国务院或国务院组成部门的统一部署之下完成的。一般而言，包括公民道德意识培育在内的农民工政策的制定过程都经过了这样几个程序：首先由国家高层领导人做出批示，再由政府官员和学者组成调研组就相关问题深入调研并搜集大量的相关政策法规和文献资料，然后由起草组起草文件并下发相关部门征求意见，最后由国务院常务会议讨论通过文件并发布①。由此可见，农民工政策的制定是中央高层和国家专业人才集体智慧的展现，以国办（国务院办公厅）、中办（中共中央办公厅）为下发单位为主的相关政策文件规格也达到了相应的高度，其权威性是普通文件所不能比拟的。

二是附属性。从国家出台的农民工政策文件来看，农民工培训更多地强调经济生存导向下的职业技能培训，而公民文化导向下的农民工公民道德意识培育的内容尚未成为主流，总体上还处于附属地位。当然，这也是由经济与社会发展的历史条件和农民工自身发展现状决定的。同时，从在岗农民工的从业情况来看，农民工工作的技术含量低，提升的空间还很大。因此，加强职业培训，提升就业能力，尽快摆脱贫困或者尽可能地提高从业技术水平是进行农民工培训首先和重点要解决的问题。由此，与农民工公民道德意识相关的引导性培训必然被置于从属地位。从短期来看，将包括岗位培训、转岗培训、创业指导培训在内的农民工职业技能培训放在主要和首要地位是比较切合实际的，也是农民工市民化的前提和基础，因为只有首先创造农民工在城市立足的物质条件才能确保其最终融入城市。但是从长远来看，农民工公民道德意识培育应逐步得到强化和改进。尤其是在当下我国城市化、工业化、现代化加速发展的背景下，根据农民工已经逐渐融入城市，成为"新工人""新市民"的实际，更应调整引导性培训内容，强化公民道德意识培育，以此全面提高农民工的公民素质。

三是变化性。从总体来看，国家对农民工的政策发展趋势由原来的"问题研究""道义关怀"逐步转向"身份确认""平等权利""制度保障"等方面②，农民工公民道德意识培育政策也在相应调整和变化之中。这种变化性主要基于对农民工在不同历史条件下对城市生活需求转换的考量。在农民工成长的前两个阶段，农村仍然是大多数农民工的最终归宿，城市主要是其谋生的临时场所，因此以劳资关系协调为主的法律权益的保障是公民道德意识培育的政策导向。在当下，农民工在城市工作已经成为其谋生的主要甚至是唯一方式，农民工市民化已经成为解决农民工问题的主要办法。因此，以农民工的城市融入为主的公民生活方式和公民行为能力培

① 金维刚，石秀印. 中国农民工政策研究［M］. 北京：社会科学文献出版社，2016：100.
② 金维刚，石秀印. 中国农民工政策研究［M］. 北京：社会科学文献出版社，2016：213.

养已经开始成为公民道德意识培育政策的主要内容。《国务院关于进一步做好为农民工服务工作的意见》和《国家新型城镇化规划（2014—2020年)》等文件中，把农民工纳入城市公共文化服务体系、促进农民工与市民之间交往与互动、提升农民工的职业技能和综合素质等内容恰好反映了这一变化。

5.3.2　农民工公民道德意识培育的相关项目考察

农民工公民道德意识培育实践主要依托农村劳动力转移培训专门项目进行。这些项目围绕《2003—2010年全国农民工培训规划》展开，大都从2004年开始实施，以农民工为主要对象，以中、短期职业技术培训为主要内容，涉及公民道德意识培育的内容主要是引导性培训，即基本权益保护、法律知识、城市生活常识、寻找就业岗位等方面的内容。

5.3.2.1　农民工公民道德意识培育的主要相关项目

在农民工公民道德意识培育相关项目中，规模较大、辐射面较广、影响力较强的项目有农村劳动力转移培训"阳光工程"（简称"阳光工程"）、贫困地区劳动力转移就业培训"雨露计划"（简称"雨露计划"）、进城务工农民工就业服务"春风行动"（简称"春风行动"）、农村劳动力转移培训计划、农民工职业技能提升计划（简称"春潮行动"）。2010年以后，除了"春风行动"和"春潮行动"以外，其他三个项目因为国家政策调整而有所弱化或者转型。

"阳光工程"是由原农业部、人力资源和社会保障部（原劳动和社会保障部）、教育部、科技部、建设部、财政部共同组织的，在粮食主产区、劳动力主要输出地区、贫困地区和革命老区实施的农村劳动力转移到非农领域就业前的职业技能培训示范项目。项目以转移就业前的短期职业技能培训为重点，辅助开展引导性培训，培训时间一般为15至90天。

"雨露计划"是由国务院原扶贫办和地方各级扶贫办协同组织的、在贫困地区实施的贫困青壮年农民职业技术培训项目。"雨露计划"的培训对象为农村贫困家庭青壮年劳动力，培训性质为短期职业技能培训，培训的主要目的是提高培训对象的综合素质和就业技能，增加其务工收入，提供其转移就业的机会。

"春风行动"是由人力资源和社会保障部（原国家劳动和社会保障部）、国务院原扶贫办、全国总工会、全国妇联共同组织的，于每年春节在全国各地开展的进城务工人员的就业服务项目。项目主要是为有进城务工意愿、正在求职或有维权需求的农村劳动力提供政策指导、维权信息、维权支持和法律援助，并引导企业保障农民工劳动经济权益、丰富农民工的精神文化生活等。

"农村劳动力转移培训计划"是由教育部按照《2003—2010 年全国农民工培训规划》和《2003—2007 年教育振兴行动计划》要求实施的，主要利用职业教育、成人教育和培训机构开展农村劳动力转移培训项目。项目培训对象为农村劳动力，其目标就是要提高农村劳动力的城市适应能力和就业能力，确保农村劳动力向城镇和非农产业的转移稳定、有序。

"春潮行动"是由人力资源和社会保障部组织实施的农民工职业技能提升计划。项目自 2014 年开始实施，其培训对象是新进入人力资源市场或已经在岗的农村转移就业劳动者、具备一定创业条件或已创业的农村转移就业劳动者，目的就是将他们培养成符合经济与社会发展需求的高素质技能劳动者。

5.3.2.2　农民工公民道德意识培育相关项目运行特点

一是管理主体一元化。在农民工公民道德意识培育相关项目中，各级政府是管理的主体。政府通常通过政策、资助、评估等一系列手段来确保项目活动的供给。首先，政府通过制定相关宏观政策与立法，为农民工培训提供法律和制度上的保障。从 2003 年到 2010 年，国家层面先后出台了十余份相关政策文件。其次，政府参与和监管了整个培育过程。从项目的确立到运行过程的监管和验收，政府都参与其中。政府还对相关机构的培育决策、培育过程、培育质量和效益等方面进行了全程监管。再次，政府保障经费投入。尽管在农民工培训的多个文件中都明确提出农民工培训经费由政府、企业和农民工个人共同分担，但企业基于对自身成本的考虑而投入较少、农民工因经济实力有限而无力投入，因此在实际操作中，大多数实际运行的项目是由中央财政支撑的（见表 5.2）。据国务院农民工办（农民工工作领导小组办公室）统计，仅 2008 年，中央财政投入农民工培训的资金达到 44.15 亿元；其中，"阳光工程"为 9.84 亿元，"雨露计划"为 5.1 亿元[①]。从 2006 年至 2012 年，全国各级财政投入"雨露计划"的扶贫资金达到 135.55 亿元[②]。

---

① 韩俊，等. 农民工培训实态及"十二五"时期的政策建议 [J]. 改革，2010 (9)：74-85.
② 王金艳. 雨露计划扶贫培训探析 [J]. 理论学刊，2015 (8)：79-85.

表 5.2　政府在农民工培训中的角色定位①

职能	角色	行为
规则制定	立法者	制定有关政策、法律，规范、约束、管理农民工培训
财政支持	出资者	通过拨款及专项拨款形式，投资培训机构，资助农民工培训
宏观调控	监管者	以文件方式要求以职业学校为主，农业、劳动、财政等部门协调与合作，引导地方政府、企业开展农民工培训工作，监管培训市场
培训管理	培训管理者	设计推行有效培训模式，设计培训重点，明确具体措施，引导农业、教育、科技各方参与培训

二是培育组织多元化。2003 年，《2003—2010 年全国农民工培训规划》提出调动农民工个人、用人单位、教育培训机构、行业的积极性，逐步形成政府统筹、行业组织、重点依托各类教育培训机构和用人单位开展培训的工作格局。2010 年，《关于进一步做好农民工培训工作的指导意见》中进一步提出鼓励行业、企业、院校和社会力量加强农民工培训。2004 年以来，农民工培训实施机构主要包括三类：一是各级教育部门下属的各类职业院校、职业培训中心、成人学校和普通高校（简称"职业院校"），其最大特点是公共属性。二是附属于各级劳动部门和其他相关部门（如人力资源和社会保障部、农业部、财政部、科技部、建设部等）的行业和企业的技工学校、职业培训中心、就业训练中心等培训机构（简称"企业培训机构"），其培训具有专属性。三是社会力量举办的各类专门的民办培训机构（简称"社会培训机构"），其培训具有逐利性。这三类培训机构不仅性质各异，而且其承担的培训项目、资金来源、回报方式、针对性和存在的问题也有差异（见表 5.3）。

表 5.3　不同培训主体培训性质比较②

项目	职业院校	企业培训机构	社会培训机构
承担项目	职前培训、企业委托培训、转业培训	在职培训	职前培训、企业委托培训、转业培训

---

① 梁栩凌. 缺位或越位：农民工培训中的政府角色研究 [J]. 经济问题，2014（9）：72-76.
② 赵宝柱. 新生代农民工培训：意愿与行动 [M]. 北京：中国社会科学出版社，2016：219.

表5.3(续)

项目	职业院校	企业培训机构	社会培训机构
公民道德意识内容	专门的引导性培训	较少	较少
主体性质	公益性	非营利性	营利性
回报路径	从社会发展中获益	通过生产转化为绩效获益	从培训过程中获益
回报时间	时间较长	时间较短	即时性
资金来源	政府财政或委托资金	企业培训经费	个人或委托单位资金
针对性	针对性差	针对性强	针对性一般
存在问题	公益性,缺少动力	内部性,难以监督	市场化运作,逐利倾向明显

三是师资来源多样化。农民工培训组织多元化,其师资队伍相应由不同渠道的教师组成,主要由各类公益性的职业院校教师、人力资源和社会保障部等相关部门的专职培训教师、社会力量办学的专业培训机构教师、企业内部培训教师和企业优秀员工等组成。这些教师来源不同,其专业结构、知识水平、教学能力、培训方式等各具特点。

从农民工培训实施情况来看,各类师资在培训中都发挥了各自的优势。公益性职业院校的教师人数较多,他们专业基础知识较为扎实,有较为丰富的教学经验和较强的教学能力,在农民工公民道德意识培育中教学效果最为明显。相关部门的专职培训教师有较多的时间和精力进行农民工专门培训,他们对国家的农民工政策更为熟悉,对农民工培训的要求和标准把握更准确、全面,因此他们的公民道德意识培训具有一定的针对性和实效性。社会力量办学的培训机构教师为了机构和自身的生存和发展,他们更善于与相关部门和农民工进行沟通,致力于在教学技巧上下功夫,因此他们能得到多数学员的好评。企业内部的培训教师和优秀员工充分了解企业发展需求和工作岗位职责,因此他们更强调企业的要求和具体技能技巧,但往往轻视或忽略农民工的引导性培训和基本素养培育要求。

四是实施方式程序化。自2004年以来,内含公民道德意识培育的农民工培训项目逐渐形成了程序化的运作模式。其中,"阳光工程"参与的部门多、实施范围广、涉及的农民工人数多、社会影响大，其程序化方式在农民工培训项目中最具典型性。

"阳光工程"组织实施的基本原则是"政府推动、学校主办、部门监管、农民受益"，其运作机制为"公开招标培训基地、财政资金直补农民、培训保证农民就业"[①]。"阳光工程"具体实施主要包括政策管理、资金管理、实施管理三个方面。在培训政策管理上，政府不仅出台政策文件，而且建立从上到下的统一组织机构来推动政策的落实。从中央到地方，各级政府都要成立阳光办公室，全国阳光办公室的职责就是在制定政策的同时，协调各方面力量，并监管项目运行情况。地方阳光办公室的主要职责就是配合全国阳光办公室，协调地方关系，组织辖区内的具体工作。在资金管理上，政府和农民工个人按比例共担培训费用。政府提供的资金包括两部分，一是中央财政扶持资金，二是地方财政扶持资金，二者或者以培训券的形式直接发放给农民工，或者以降低培训机构收费标准的方式让农民工受惠，尽量减轻农民工负担。在培训实施管理上，包括培训基地招标和监督检查两个环节。培训基地招标的基本流程大致如下：政府首先根据国家培训目标和各用工单位的实际需求，发出订单并向社会招标，然后由符合条件的培训机构竞标，最后由中标机构根据政府相关要求和用工单位需求情况，实施具体的培训工作。监督检查由各级行政单位逐级落实，并接受社会监督。各级行政单位实行行政领导责任制，相关责任人首先要掌握并监督中标培训机构对所承担项目的实施计划和资金管理，其次要随时跟踪培训实施过程和效果，然后要对培训项目进行检查验收，对农民工培训台账、转移就业台账和资金使用情况进重点检查。最后，相关责任人还必须就培训机构、培训的专业、内容、政府和个人的费用分担比例等情况向社会公布，并接受社会的咨询和监督（见图5.1）。

① 北京师范大学科学发展观与经济可持续发展研究基地教育促进农村可持续发展课题组，联合国教科文组织国际农村教育研究与培训中心中国农村教育与农民培训课题组. 中国"阳光工程"：世界最大规模的农村劳动力转移培训 [M]. 北京：中国对外翻译出版公司，2012：1-5.

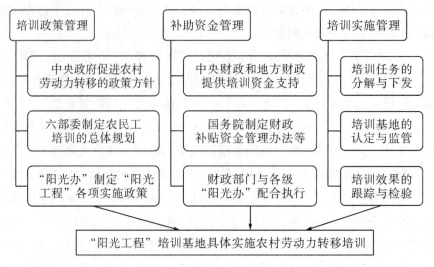

图 5.1 "阳光工程"运行模式①

5.3.2.3 农民工公民道德意识培育项目实施成效

自 2004 年以来,"阳光工程""雨露计划""春风行动""农村劳动培训计划"和"春潮行动"的实施取得了较为突出的成就,对农民工公民道德意识培育起到了明显的推动作用。

一是编写了相关培训教材。针对农民工引导性培训要求,各部门和相关行业协会编写了一些实用的教材,如《农民工培训读本》《进城务工教育读本》《农民进城就业指南》《农民工劳动权益维护》《劳动安全与卫生》《城市生活常识》《农村劳动力转移培训实践》《艾滋病防治》等。这些教材对于初次进城的农民工在寻找就业岗位、适应城市公共生活、维护自身的合法权益等方面提供了理论和方法指导,为农民工公民道德意识的提升打下了基础。

二是建立了大批培训基地和培训机构。各项目培训基地的认定经过了严格的程序,致力于整合已有的教育培训资源,调动社会多方积极性。最终确定的基地既有民办的,也有公办的;既有单一部门主办的,也有几个部门联办的。据国务院农民工办统计,2010 年全国参与农民工培训的机构

---

① 北京师范大学科学发展观与经济可持续发展研究基地教育促进农村可持续发展课题组,联合国教科文组织国际农村教育研究与培训中心中国农村教育与农民培训课题组. 中国"阳光工程":世界最大规模的农村劳动力转移培训 [M]. 北京:中国对外翻译出版公司,2012:18.

大约有 42 562 个，平均每个乡镇有 1 个①。当然，各种培训机构基础设施和师资配备有较为明显的差距。从规模大小、师资配备、软硬件条件来看，一般而言，农民工培训机构存在地域和性质的差别，大多数县乡级培训机构落后于省市级的培训机构，而多数的民营培训机构往往落后于公办培训机构。

三是培养了大量农民工。《2003—2010 年全国农民工培训规划》提出了计划培训的农民工数量，即从 2003 年到 2005 年培训 1 000 万拟进入城镇及非农产业的农民和 5 000 万已进入非农产业就业的农民工，从 2006 年到 2010 年培训 5 000 万拟进入城镇及非农产业的农民和 2 亿多农民工。教育部统计数据显示，这一规划已经超额完成。

四是提升了农民工的公民道德意识。通过相关项目的培训，农民工公民道德意识在一定程度上得到了提升。农民工在城市就业中最易遭遇欠薪，因此在早期的农民工培训项目中，维权能力是重要的内容。通过对维权能力的培养，农民工在一定程度上增强了权利意识和法治意识。在城市生活常识的学习中，农民工逐渐认识到城市公共文化与乡村熟人社会生活的差异。在偶尔参与城市公共生活、政治生活和文化生活过程中，他们的公共责任意识和公共参与意识有所提升。当然，农民工公民道德意识培育还在探索之中，参与的农民工并不多，因此其影响还是极其有限的。

5.3.3　农民工公民道德意识培育中的问题归纳

5.3.3.1　理论准备不充分

现阶段的农民工培训总体上仍然以职业技能为主，而以发展性与融入性为主的城市生活适应力提升的培训较少，涉及公民道德意识相关内容的引导性培训存在内容贫乏、针对性不强等问题。理论界对农民工公民道德意识培育的相关研究还处在起步阶段，农民工公民道德意识培育目标、内容、方式方法虽有所涉及，但仍未形成较为成熟的理论体系。在农民工公民道德意识相关培训中，涉及的主体各自为政，没有建立统一的课程标准和教学体系。政策执行者往往把政策当成理论，把操作化程序作为理论指导。

首先，农民工公民道德意识培育目标定位依附农民工培训的总目标，

---

① 韩俊，等. 农民工培训实态及"十二五"时期的政策建议 [J]. 改革，2010（9）：74-85.

显得过于宽泛而不系统。《国务院关于解决农民工问题的若干意见》提出，农民工培训总的目的就在于提高其转移就业能力和外出适应能力。《2003—2010 年全国农民工培训规划》提出开展引导性培训的目的在于提高农民工遵守法律法规和依法维护自身权益的意识，树立新的就业观念。《国务院办公厅关于进一步做好农民工培训工作的指导意见》提出，到2015 年，尽量给予有培训需求的农民工一次以上的技能培训机会，使他们掌握一项在城市就业和生活的基本技能。由此可见，在相关政策中，农民工培训目标的重点在于提升其职业技能，即便是引导性培训涉及公民道德意识培育目标，也都不够完整和系统。

其次，农民工公民道德意识培育的内容体系尚未建立，内容理论深度还有待挖掘。农民工引导性培训中涉及公民道德意识的内容主要包括法律常识、权益保护和城市文化生活等方面，这些方面不仅内容陈旧、简单、浅显，而且涉及领域有限，与时代变化和农民工自身情况变化并不相适应。随着学校基础教育中思想政治教育和法律教育的加强，大多数农民工已经掌握了原来引导性培训中设计的相关内容，但是这些内容在近年来的农民工培训中并没有得到调整或改进。以农民工权利意识培育为例，长期以来其主要内容就是培育农民工争取平等就业权利和获得劳动报酬，而其中的情景往往主要是事后处理，而非事前预防，而且行为本身的合法性尚存在争议。在见诸报端的诸多"讨薪"案例中，包括劳动监察大队、新闻媒体、农民工包工头和农民工个体在内的相关组织机构和个人往往是通过体制外的途径争取农民工的"非正式的利益"[1]。但这些案例却常常成为农民工维权意识培训中经常借用的学习资源，各培训主体更注重援引成功维权案例中农民工的维权途径和手段，而对于这些问题的理论分析和阐释极其有限。

最后，农民工公民道德意识培育的教学方式方法的理论体系尚未建立。农民工公民道德意识培育教学方法单一、培训手段落后的现象比较突出。在当下，农民工是一个拥有不同年龄段的群体，代际更替现象已经十分明显，群体内部受教育程度及其文化心理状况也发生了分化。在引导性培训中，一些教师缺乏对农民工的深入了解，很少与他们交流互动。在教

---

① 本书采用了王伦刚教授在其专著《中国农民非正式的利益抗争：基于讨薪现象的法社会学分析》（北京：法律出版社，2011：30）对非正式利益的界定。他认为"非正式利益"是指现行法律权利以外的利益。

学中，教师们大都以传统的讲授方法为主，很少利用现代信息技术支持下的教育教学手段，因而教学缺少生动性、灵活性和针对性，导致农民工对公民道德意识学习兴趣不大甚至产生排斥心理。一些地方院校在实施引导性课程培训时，较少考虑学员的文化水平和背景，往往按照传统教学模式授课，没有把单纯枯燥的理论转化成生动的案例，这导致这些课程的开设效果并不理想①。

5.3.3.2 相关主体定位不明晰

《2003—2010 年全国农民工培训规划》提出农民工培训的主体是行业、用人单位、教育培训机构、农民工个人，要求在政府统筹之下调动这些主体的积极性。《关于进一步做好农民工培训工作的指导意见》提出以"政府支持、市场运作"为基本原则，鼓励行业、企业、院校和社会力量加强农民工培训，建立促进农民工培训的多元投入机制②。由此，农民工公民道德意识培育从政策制定到执行的模式可概括为"核心决定、中间建言、边缘执行"模式③，主要涉及三类主体，一是政府，二是农民工，三是包括培训机构、企业、社区在内的社会组织。这一模式体现了党执政的特点和优势，能最大限度地利用一切资源，动员各方，短期内就能收到较为明显的效果。但是，这一模式的负面效应和上述三类主体对投入与收益的权衡比较，出现了各主体对自身的角色定位把握不准的现象。

政府本应该是政策制定的主导者和政策运行的宏观管理者、出资者和监督者，但实际上政府在农民工的公民道德意识培育中出现了角色越位和缺位现象。政府越位主要表现在政府不仅直接制定了培训规则，还直接参与了具体组织与培训工作，在农民工培训中往往集"章程制定者""运动员""裁判员"于一身。一些原本应该是培训机构、企业和社区承担的工作，如编写培训教材、发布培训信息、建立培训网站等，政府直接介入，"一竿子插到底"。这既不利于发挥政府在培训活动中的核心功能，又会因为培训针对性不强和专业性欠缺导致培训效果大打折扣。

政府的角色缺位主要体现在资金投入不足、法律制定缺位和市场机制建设不完善等方面。在投入方面，政府基于对财务收支、人力资本"溢出

---

① 张旭东. 地方本科院校参与青年农民工培训存在的问题及对策 [J]. 中国成人教育，2012 (21)：93-95.

② 国务院办公厅关于进一步做好农民工培训工作的指导意见 [J]. 中国劳动，2010 (2)：58-60.

③ 金维刚，石秀印. 中国农民工政策研究 [M]. 北京：社会科学文献出版社，2016：5.

性"的权衡，对农民工培训投入总量虽然不少，但与培训总体需求相比仍然极其有限。尽管从总量上看，农民工培训费用不少，但从人均费用来看却难以满足农民工的培训需求。以 2004 年到 2006 年为例，中央财政投入农民工培训的费用为 12.5 亿元，地方政府匹配投入 12 亿元，但农民工人均培训经费却仅有 100 元左右①。在立法方面，虽然我国政府出台了农民工公民道德意识相关政策，却没有专门立法，这就意味着农民工培训仍无专项法律保障。在市场机制建设方面，政府主要致力于监管培训机构，但这仅仅是市场机制建设的一部分。

社会组织本应该是政策制定的参与者与项目运行的主动执行者，但多数情况下却很少参与政策制定而且主要成为政策的消极执行者。培训机构、企业、社区在政策的制定过程中都很少有参与的机会，因此它们着重考虑自身的收益问题。相关政策中要求培训机构和企业参与农民工培训，但是这些表述条文大多数都是鼓动性和原则性的，诸如"充分利用""充分调动""引导和鼓励"等词句明显体现出社会组织的被动、附属、补充地位。因此，基于对收支的权衡，培训机构更愿意获得财政补贴并尽量减少支出，企业更愿意雇佣有经验的农民工而不愿意多支出培训经费，它们在客观上没有条件、主观上也不愿意承担农民工培训主体的责任。相关政策很少提及社区参与农民工培训，因此社区主要是在政府部门要求之下偶尔参与培训，却较少将农民工公民道德意识培育活动融入社区相关活动中，它们也没有充分发挥主体作用。

在社会组织中，直接实施农民工公民道德意识培育的教师源自不同性质的社会机构，他们的知识结构、年龄结构、培训能力虽各有优势，但也各有不足。由于教师队伍缺乏统筹，他们主体作用的发挥也明显不足。从年龄上看，培训教师年龄总体偏大，超过 60% 的教师年龄在 50 岁以上②。从学历层次来看，参与培训的教师初始学历相对较低，大多数教师的研究生学历都是后继学历。教师们承担的日常教学工作任务比较重，他们没有更多的时间和精力对农民工公民道德意识问题进行深入研究。从专业结构来看，农民工培训教师以技能型教师为主，他们比较缺乏教育学、政治学、社会学等相关学科背景，因此，与公民道德意识培育相关的复合型教

① 王文涛，张文聪. 基于农民工培训的阳光工程存在的问题与对策 [J]. 中国集体经济，2010（18）：162-164.

② 赵蒙成. 教育支持：农民工城市融入的培训研究 [M]. 苏州：苏州大学出版社，2012：39.

师与综合素质较高的教师相对缺乏。

农民工自身本应该是其公民道德意识培育活动的对象和主动参与者，但多数情况下却成为被动或消极参与者。无论是政策制定还是项目运行，农民工的表现仅仅是局外人。在政策制定过程中，相较于城市户籍居民和体制内的工作人员，农民工很少有机会参与农民工培训政策的制定，难以发挥参与主体作用。在政策执行过程中，农民工群体的高度流动性、群体内部的分化和社会地位的边缘化使他们获取教育培训信息的机会少、参与培训的机会少、参与培训的积极性不高。

5.3.3.3 组织管理工作不完善

（1）资源统筹不足，条块分割明显

一是政府部门之间统筹不足。进入21世纪以来，国家主导的农民工培训项目大多数由多个部门负责，直接介入农民工培训工作的有十几个部门。虽然这有利于调配各方资源、发挥各部门的优势，但缺乏统一领导，容易出现职能交叉、条块分割、地区分割等管理不协调的现象。从任务分配来看，各项目都是按各自的部门从上而下分配，容易形成"九龙治水，天下大旱"的局面。从认定的培训机构来看，它们隶属于不同部门，各自为政，存在办学规模小、专业设置交叉重复、争夺生源的现象。从培训资金分配来看，中央政府把资金按比例分拨给各个部门，这些部门再分拨给各省，但各部门有不同培训标准和补贴标准，这种分配方式容易产生资源浪费等问题。这种多头管理缺乏合作，分散了培训资源，很难形成统筹效益①。

二是城乡之间、区域之间统筹不足。相关政策明确了农村培训任务主要是引导性培训、岗前培训和创业培训，在城市企业内主要进行在岗培训，城乡各自的培训相对单一，缺乏相互协作。由于历史、经济和政治的多重因素，我国的城乡、地区之间发展极不平衡，农民工整体流动趋向经历了农村流向城市、中西部流向东部到部分反向流动的过程，农民工内部不同层次人员在不同历史时期的培训需求并不一致。因此，城乡之间和地区之间相对固定的、区隔化的培训难以满足农民工的多样化培训需求，亟待各方实现资源整合。

三是政府与其他组织的农民工培训统筹不足。政府的教育培训资源极

---

① 韩俊，等. 农民工培训实态及"十二五"时期的政策建议 [J]. 改革，2010（9）：74-85.

其有限，难以满足人数众多的农民工培训需求，于是一些企业、行业协会、私人部门和民间组织参与进行了农民工培训。但是，政府与这些组织之间在机构认定、专业设置、资金匹配之间同样缺乏协作，对层次不同、内容各异、方式各具特色的培训工作缺乏总体把握、整体协调和宏观布局，没有最大限度地实现资源整合。

（2）宣传不到位，培训时间有限

虽然农民工公民道德意识培育的相关项目总体在质与量方面都存在不足，但是即便是现有的有限的培训也并不为农民工所知悉。一方面，政府、媒体和其他社会组织宣传力度不够，导致针对农民工的各类教育供给信息不公开、不透明，很多培训机会浪费；另一方面，一些培训机构将工作重心置于完成培训指标上，不愿意投入更多的经费进行宣传，或者临时寻找培训对象应付检查，或者骗取农民工信息上报虚假培训人数。孙天华的调查显示，农民工获取培训机会和信息的方式及其比例分别为："自己寻找"的占39.5%，"亲友介绍"的占30.7%，"企业提供"的占9.6%，"媒体宣传"的占12.2%，"相关部门提供"的占4.2%，"其他渠道"占3.8%[①]。可见农民工获取教育培训信息的渠道主要来自自身寻找、亲友和老乡介绍，而政府部门、培训机构、媒体等还没能在第一时间向农民工提供最有效的培训信息。

同时，农民工公民道德意识培训的时间极其有限。相关培训项目主要以短期的职业技能培训为重点，引导性培训只是附属性内容。农民工大多数培训项目的时间为15~90天，其中职业技能培训时间占80%以上，而引导性培训时间大都低于20%。从短期来看，15~90天的这种培训期限大致能满足低层次就业岗位的需求，也能较少占用农民工的工作时间，有助于他们在城市中尽快立足。但从长期来看，如此短的培训时间和有限的培训内容难以满足高层次工作岗位的需求，更难以满足农民工长期融入城市生活的需要。一般而言，农民工只有经过较长时间的学习、锻炼和城市现代文化的熏陶，才能对城市生活与乡村生活的差异有较为深刻的认识，才能在与城市的互动中逐渐形成主动参与的思维和习惯，才能最终摆脱乡村文化中的落后因素对自身发展的束缚。

---

① 孙天华. 新型城镇化进程中新生代农民工教育培训的社会支持体系研究 [J]. 职业技术教育，2017（28）：56-61.

（3）监督机制缺乏，违纪现象突出

目前，我国农民工公民道德意识培育的监管总体上处于探索之中，尚未形成综合化、专业化、法治化和制度化的监管机制。正如上文所述，包括农民工公民道德意识在内的农民工培训涉及农业、教育、建设、人力资源和社会保障等多个部门。这一模式运行之初是为了借助多方力量最大限度地调配资源，却违背了组织管理中统一指挥的基本原则，造成了对参与各方的监督与管理相应变成条块分割、多头管理，难以形成广覆盖和高效率的监管机制。

由于监管不力，农民工培训中的违纪现象比较容易出现在两个环节。一是人数申报环节。培训工作运作之初一般由下级政府上报培训需求，然后再由上级政府制订培训计划，按下级上报数量分配培训人数。一些地方政府并未对农民工培训需求进行深入调查，在上报时容易多报人数并期望获得更多的培训资金。但是，培训计划下达后，一些地方政府现有的培训资源却难以胜任培训工作。个别政府部门和培训机构或者伪造学员档案与就业情况，以骗取上级的财政资金；或者鼓动没有积极性的农民工参加培训，以致学员流失现象严重，造成了培训资源浪费。二是监督培训机构的环节。在一些县域内，农民工培训机构数量极少，因此在招标环节对农民工培训机构准入要求低，培训项目招标不规范。另外，还存在个别政府管理人员参股培训机构而对培训机构的资质审查不严格的情况。个别培训机构受利益驱使，投机盛行，对培训农民工应付了事，随意减少培训时间和内容，甚至出现了保安人员冒充教师上课的现象。上级主管部门由于工作量大、监管任务重而难以严格审查，只能照常拨付培训费用。

6 新时代农民工公民道德意识培育的目标、原则与内容

农民工在从村民文化向公民文化场域迁移的过程中，最为迫切的需求是公民人格的形成。本书基于对农民工从村民向公民身份转换的考量，首先强调提升其公民道德，即不同于村民、臣民和农民的公共道德与职业道德。同时，从道德发展的一般规律来看，现代公民人格也应当包括公民应有的家庭道德和个人修养，社会成员的公民道德也需要不断提升。农民工只有成为公共道德、职业道德、家庭道德和个人品格上合格的人，才能成为与社会主义现代化强国相匹配、相适应的现代公民。因此，农民工的公民道德培育应当遵行公民教育、道德教育、思想政治教育的一般规律。本章以农民工公民道德意识现状与公民道德意识、社会主义核心价值观对公民提出的要求之间的张力为依据，以思想政治教育相关理论为内核，以公民教育的知识、态度和技能三方面要求为参照，建构农民工公民道德意识培育的目标、内容与原则。

6.1 新时代农民工公民道德意识培育的目标

农民工公民道德意识培育目标是这一活动的目的指向，也是其社会价值所在。纵观各国公民教育历史与现实，大多数国家的公民教育总的目标主要是围绕着国家共同体稳定运行而展开，通过丰富公民的公共生活知识、树立正确的公民态度和提升公民参与国家和社会公共事务的能力进

行①。盖尔斯敦认为，公民教育的目的在于陶冶社会成员人格，因为只有公民具有其所在的政治社群所认同的人格，其人生理想才能有效地实现，其人格才能在社群的肯定中得到强化和支持②。檀传宝认为，中国公民教育的目标定位的侧重点应放在权利意识和参与意识两个方面，前者致力于克服臣民意识，后者致力于克服私民意识③。傅慧芳基于对社会主义核心价值体系的考察，认为公民道德意识培育的目标就是要培育与社会主义制度相适应、与社会主义市场经济和民主政治发展要求一致的思想观念、意识形态和行为方式，其最终目的就是要实现人的全面而自由的发展④。本书以国家解决农民工问题相关政策为指导，从农民工公民道德意识培育对农民工群体、社会公共领域、国家政治生活和党的执政能力提升的价值这四个方面确立其目标。

6.1.1　培育新时代中国特色社会主义好公民

好公民的论题产生于古希腊时期，与之对应的是好人。在古希腊哲学中，好人就是有着至善品德、将追问永恒的美好生活当成自身生活方式的人，而好公民则是按照律法生活于政治共同体中，并具有与自身职位相应的品德的人。亚里士多德认为，城邦中所有的公民都应当有好公民的品德，但好公民不可能而且也无须全都具备好人的品德；好公民既能作为统治者，又能作为被统治者；作为统治者的好公民应该修习如何治理拥有自由意识的人民，作为自由人的个体应该修习怎样接受其他公民的统治⑤。简言之，好公民必须全心全意、充满效率地通过其思想和行动来奉献于共同体福祉⑥。希腊哲学关于好人的要求与我国优秀传统文化中对个人高尚品德的培养相一致，而好公民的要求又与我国社会主义核心价值观对公民素质的要求相通。改革开放以来，我国先后开展了"五讲四美三热爱"活动、培育"四有新人"活动、践行老纲要和社会主义核心价值观活动，这

---

① 王小飞. 比较公民教育 [M]. 北京：中国社会科学出版社，2008：172-173.

② WILLIAM A GALSTON. Liberal Purposes [M]. London：Cambridge Uiniversity Press，1991：242-243.

③ 檀传宝. 公民教育引论：国际经验、历史变迁与中国公民教育的选择 [M]. 北京：人民出版社，2011：208.

④ 傅慧芳. 中国公民意识的本土特质 [J]. 东南学术，2012（5）：13-21.

⑤ 亚里士多德. 政治学 [M]. 吴寿彭，译. 北京：商务印书馆，1965：124-127.

⑥ 希特. 何谓公民身份 [M]. 郭忠华，译. 长春：吉林出版集团有限责任公司，2007：44.

些活动对于探索如何培养中国特色社会主义好公民都是有所裨益的。

中国特色社会主义进入新时代与建成社会主义现代化强国两步走战略目标的确立,对培育与之相适应的新时代中国特色社会主义好公民素质提出了新的要求。党的十九大报告对培育新时代中国特色社会主义公民的法治意识、道德意识、政治参与、社会参与等方面提出了具体的新要求,如"树立宪法法律至上、法律面前人人平等的法治理念""践行社会主义核心价值观""树立正确的历史观、民族观、国家观、文化观"等①。新纲要提出了公民道德建设的总任务,即不断提升公民道德素质,促进人的全面发展,培养和造就堪当民族复兴大任的时代新人。党的二十大报告进一步提出具体要求,即推动明大德、守公德、严私德,在全社会弘扬劳动精神、奋斗精神、奉献精神、创造精神、勤俭节约精神,培育时代新风貌。这些要求也是农民工公民道德意识培育的思想和行动指南。

农民工公民道德意识培育的第一个目标就是要培育新时代中国特色社会主义好公民,能适应我国社会主义现代化强国建设对公民素质的新要求,能融入城市生活并不断从传统走向现代。新时代中国特色社会主义好公民要自觉拥护党的领导,认同中华民族,认同新时代中国特色社会主义道路、理论、制度和文化,认同中国共产党领导人民开创的以工业化、新型城镇化为载体的现代化道路,把个人自身的成长融入民族复兴、国家富强、人民幸福的伟大事业中,正确处理公民自身与国家、社会、其他公民的关系,将权利与义务观融入社会责任感和使命感之中,在参与国家政治生活与社会公共生活中不断提升自己的公民素质。

6.1.2 构建和谐有序的社会公共领域

公共领域是介于国家政治领域和经济领域之间的社会公共生活地带,是人们相互联系、相互影响的共同领域,更是参与者以追求共同的善为目标而创造出来的共同世界。对以共同善为价值指向的理想公共领域的诉求,是人之为人的本质性要求之一。汉娜·阿伦特认为,公共领域使个人的事务摆脱了私人性的束缚而进入了公共的视野,公共领域的善是照亮人们私生活和亲密关系的微光②。个人在生活中遇到困扰,如果能进入公共

---

① 习近平. 决胜全面建成小康社会,夺取新时代中国特色社会主义伟大胜利 [M]. 北京:人民出版社,2017:1-38.

② 阿伦特. 人的境况 [M]. 王寅丽,译. 上海:上海人民出版社,2009:33.

领域，就很有可能被其他人听到或者看到，具有了公开性，从而可能争取到同情、理解和支持，他们就有可能获得进一步行动的思想支持和实践空间。

公共领域以公众主体、共同事务、公共场所、公共议题和达成公共目的为基本要素。公众主体是因具有某些共同性而自由形成的，所经营的事务是群体内公共的，具有公共性、平等性、协商性；所讨论的问题是客观存在的实际问题，既涉及群体也涉及个人，讨论方式是理性沟通，具有客观性、批判性与和谐性①。由具有自由意识的公民通过行动和语言组成的公共生活领域，不同于依靠乡土文化自然而然地、非选择地生活在一起的村落共同体。它需要公民有理性的行动与言说，需要公民能够关注公共利益和公共福祉，而非单纯的家庭、宗族等血缘群体的利益。公共领域的这些特征和要求对参与其中的农民工提出了较乡土社会生活更高的要求。

在当下，随着大规模农民工群体定居城市意愿和能力的增强，其更大规模的随迁家属也将随之长期居留城市，他们将会成长为一个庞大的新市民群体，也必然会对城市的公共生活产生广泛而深刻的影响。农民工以其在家庭中的经济支配力而对其成员有着深刻的影响力，其公民道德意识强弱也必然影响家庭其他成员。一般而言，农民工较强的公民道德意识会对社会公共生活产生正面的积极影响，也能带动和影响其家庭成员在社会公共生活中有恰当的行为举止。反之，农民工公民道德意识较弱就极有可能影响其对公共生活的认识和判断，并给其同质群体和家庭成员造成负面影响。因此，培育农民工公民道德意识的第二个目标，就是要增强农民工的公共生活意识与能力，构建更加和谐有序的社会主义公共领域。

6.1.3　维护稳定的国家政治秩序

政治生活是人的基本社会活动之一，同样是人之为人的本质要求。亚里士多德认为，人只有在政治生活中才能够成为一个人，"人天生是一种政治动物"；而那些出于本性而脱离城邦的人，要么是超人，要么是匹夫②。政治生活的存在和正常运转必然诉诸政治秩序，稳定的政治秩序表现为社会成员认同国家的政治制度，遵从国家法律规约，愿意依据其条款从事政治和社会实践活动。亨廷顿在其著作《变化社会中的政治秩序》中

---

① 孙可敬. 我国农民公民道德意识培育研究 [D]. 郑州：郑州大学，2016：72.
② 亚里士多德. 政治学 [M]. 吴寿彭，译. 北京：商务印书馆，1965：4.

提出了政治秩序论，他认为强大的政治体制能适应环境、具有内聚力，是实现政治稳定的依据。这样的政治体制具有一套行之有效而且符合法理的程序，它可以控制领导人的行为和政权的更替，对政治冲突具有较强的约束力；其政府机构的运作是有效的，政党组织是完善的，军队的控制无须完全依靠武力，文官也能有效掌控军队，民众能广泛地参与政府的经济活动、高度参与公共事务①。福山认为，政治秩序有三个要素：政府、法治和民主，这三者分别对应着行政、司法和立法。高兆明认为民主的政治秩序是人类文明发展的历史趋向，在目的性层面上表现为对平等人格及其尊严、人民主体及其政治参与的精神追求，是对宗法等级、人身依附与奴役的否定和摒弃；在实践层面具有多样性，但它必须以法治为基础；个体只有在创建民主政治秩序实践活动中，才能成为具有民主与法治素质的真正公民②。

随着农民工群体的不断发展壮大，农民工已经成长为中国产业工人的主力军，在其经济影响力日益增强的同时，他们的政治影响力也随之逐渐增强。农民工群体公民道德意识的不完善和不成熟导致了其在诉求国家公民身份与维护自身合法权益时无助、无知甚至偏颇，以至于近年来出现了农民工罢工、围堵政府部门、乱拉横幅、暴力式讨薪等法律不服从的现象。同时，如果农民工没有能力表达自己的利益诉求，他们的政治话语权可能被其他一些企图破坏政治生活正常秩序的社会群体所替代。若长此以往，这些都有可能会演变为国家政治秩序的不稳定因素。因此，农民工公民道德意识培育的第三个目标就是要通过提升农民工的政治认知和政治参与能力，维护良好的国家政治秩序。

6.1.4 推进国家治理体系和治理能力现代化

国家治理体系和治理能力是一个国家制度和制度能力的集中体现，前者在党的领导下管理国家的制度体系，后者是运用国家制度管理社会各方面事务的能力，二者相辅相成③。其目的就是要实现党、国家、社会各项事务治理制度化、科学化、规范化以及程序化，不断提高运用中国特色社

---

① 亨廷顿. 变化社会中的政治秩序 [M]. 王冠华，等译. 上海：上海人民出版社，2015：1.
② 高兆明. 民主与政治秩序建构 [J]. 探索与争鸣，2015 (2)：43-48.
③ 习近平. 习近平谈治国理政：第1卷 [M]. 北京：外文出版社，2014：91.

会主义制度有效治理国家的能力①。加强新时代公民道德建设，广泛凝聚全体人民精神力量实际就是道德治理，它是国家治理体系和国家治理能力现代化的基本目标、重要组成部分和必然要求。道德治理不仅彰显国家治理软实力，推进国家治理现代化的文明建构，而且强调现代国家治理的道德资源、道德能力以及善恶研判的道德标准，进而推动现代国家治理体系现代化进程②。

农民工公民道德意识培育就是要重塑其公民道德的主体身份，建立公民、国家、社会等公民道德建设主体的协同关系，有助于促进公民与国家、社会的良性互动，是国家治理体系和治理能力现代化的题中应有之义。具体而言，培育农民工的权利意识，可以使农民工认识和理解国家权力和自身权利的来源，更加主动地参与到制定政策、监督权力运行和提出建议等社会治理过程中，更加自觉地主张和维护自身的合法权益。培育农民工的公共责任意识，可以使农民工更加坚定对中华民族的热爱和自豪感，增强对中国特色社会主义道路自信、理论自信、制度自信、文化自信，深化对中国共产党的认同，同时自觉参与社会公益活动、保护自然生态文明。培育农民工的民主法治意识，可以使农民工摆脱臣民和私民意识，参与到立法过程中，这样就克服了立法者有限理性内利益分配不公，最大限度地稀释了各种层次的价值冲突和利益矛盾，使得立法结果更加公正，减少法律生效后的对抗性，从而为法律实施奠定良好的社会基础，增强农民工对法律的认知度和遵从度。培育农民工的公共参与意识，可以使农民工通过参与政治、经济、文化以及社会事务活动，积极地介入公共生活，将权利意识、公共责任意识和民主法治意识转化为积极的行动。总之，通过公民道德意识的培育促进农民工公民道德意识的成熟，使其不再只是国家资源分配的被动接受者，而且是国家治理的重要主体，这对于推动国家治理体系和治理能力现代化无疑具有重要意义。因此，推进国家治理体系和治理能力现代化也是培育农民工公民道德意识的重要目标之一。

---

① 习近平. 习近平谈治国理政：第 1 卷 [M]. 北京：外文出版社，2014：104.
② 李兰芬，欧文辉. 公民道德建设的"治理"转向 [J]. 苏州大学学报（哲学社会科学版），2014（6）：33–40.

6.2 新时代农民工公民道德意识培育的原则

公民道德意识培育原则是在开展公民道德意识培育实践活动中形成的，是确立公民道德意识培育的思想基础、主体关系、主要内容和方式方法的基本准则。本书论及的原则涉及农民工公民道德意识培育的指导思想、主体关系、内容选择、实施方法四个方面的基本要求。这四个方面既继承了思想政治教育原则基于方法论而讨论规律的突出特点，又突破了单纯方法论的局限性，从多个方面为其实践活动提供方向性、总体性的指导。

6.2.1 在思想基础上遵循主导性与多样性相结合原则

思想基础主导性是指农民工公民道德意识培育必须以马克思主义为指导。马克思主义是人类优秀思想文化的结晶，是中国共产党长期执政的旗帜和灵魂。从革命战争年代到社会主义建设初期再到改革开放时期，中国共产党创造性地丰富和发展了马克思主义，先后形成了毛泽东思想、邓小平理论、"三个代表"重要思想、科学发展观和习近平新时代中国特色社会主义思想。习近平新时代中国特色社会主义思想是马克思主义中国化的最新成果，是全党全国人民为实现中华民族伟大复兴而奋斗的行动指南，也是新时代公民道德建设的根本指引。党的十八大以来，以习近平同志为核心的党中央培根铸魂、正本清源，从宣传中华民族伟大复兴的中国梦、倡导社会主义核心价值观、传承中华优秀传统文化，到颁布新纲要，对公民道德建设做出一系列重要部署，创造性地提出一系列新思想新观点新论断，为公民道德建设指明了方向。当下，坚持思想基础主导性原则就是高举习近平新时代中国特色社会主义思想旗帜，坚持马克思主义道德观、新时代中国特色社会主义道德观，将新纲要的要求落实到农民工公民道德意识培育实践活动中。简言之，农民工公民道德意识培育必须按照担当民族复兴大任、建设社会主义现代化强国的要求，传播马克思主义的意识形态，加强社会主义核心价值体系和核心价值观教育，促进农民工与其他社会群体在理想信念、价值观念上紧密保持高度一致。进言之，就是要引导农民工树立起中国特色社会主义共同理想，形成新时代中国特色社会主义所要求的社会公德、职业道德、家庭美德和个人品德，不断提升道德素质，向全面发展的人迈进。

思想基础多样性是指农民工公民道德意识培育必须广泛吸收思想政治教育理论，并借鉴国外公民教育理论和文化融合理论等。在现代市场经济条件下，农民工的生产方式、生活方式和交往关系已经发生了一些变化，他们所接触的文化和思想更加多元化。同时，在信息化的网络时代，随着智能手机在农民工中较为广泛地使用，他们的思想观念也更为活跃。农民工进入城市后，城市社会文化现象、价值观念和行为表现在他们头脑中相互激荡，让他们感到无所适从。因此，农民工公民道德意识培育若以单一的思想为基础，很可能在面对上述挑战时就显得缺乏对比分析，没有说服力。在中国，我们党在长期的革命、建设和改革开放的实践中，高度重视思想政治教育工作和民主法治建设，形成了较为系统的理论和一系列行之有效的措施和办法，为农民工公民道德意识培育奠定了理论和实践基础。在国外，公民教育在长期的历史传承和发展中形成了自由主义、共和主义、社群主义等价值理念，为农民工理解和辨别公民道德意识的多样性提供了思想资源，并为其在比较中选择和认同马克思主义的公民道德意识提供了批判的靶子。同时，农民工公民道德意识培育的目的是农民工文化心理的市民化，国外学者关于移民的文化融合理论也是农民工公民道德意识培育可借鉴的思想资源。由此，农民工公民道德意识培育必须在马克思主义理论指导下，以思想政治教育和社会主义民主法治的理论和实践为基础，同时适当借鉴国外公民教育和移民文化融合等相关理论。

6.2.2　在交往关系上遵循主体性与公共性相结合原则

农民工公民道德意识培育的实践表现为政府、农民工、社会组织之间的社会交往活动，是学校教学主体交往关系的继续和延伸。教育理论的历史发展表明，教学主体交往关系以个人主体性为前提，但必须超越"唯我论"，走向主体间性和他者性。主体间性中主体与主体的关系实现了对主体性中主体与客体关系的超越，而他者性中他者的绝对差异性、"面对他者"的责任实现了对主体间的同一性和互惠性的超越。主体间性、他者性观念的构筑实现了人类社会之间和人类与自然界之间共在、共生、共享的公共性。从主体性到主体间性，从主体间性到他者性，是实现公共性不可缺少的环节①。由此，农民工公民道德意识培育过程中所塑造的主体间关系，同样需要发挥主体性、主体间性、他者性三种教学主体关系范式的共同作用，从主体性走向他者性，并以公共性作为最高目标。

农民工公民道德意识培育的主体性原则就是要将农民工作为主体，通过主体性原则实现其在培育过程中的支配性地位。首先，培育活动的组织者要根据农民工公民道德意识培育的需求、农民工自身认知特点进行培育活动，充分发挥其提升公民道德意识的自主性、能动性和超越性。其次，在培育过程中，作为活动的参与者的双方，即活动组织者和农民工，都要把对方看成具有情感和理性能力的人，在传授和接受公民基本知识和培育公民能力时注意交往双方的情感共通、心灵交换和彼此理解，以实现交往对象的主体间性的基本要求。最后，培育活动的组织者必须面对农民工生存困境的现实，切实回应其公民道德意识诉求，从而肩负起对作为他者的农民工的责任，充分体现对农民工的关怀与责任，以达到交往关系的他者性的要求。

农民工公民道德意识培育的公共性原则就是组织者基于农民工的主体性，超越其个人利益、局部利益和主体间的利益联合，彰显对农民工的伦理关怀和责任，建立组织者与农民工具有内在联结性的伦理共生体。这一共生体以承认组织者和农民工自身为存在前提，容忍并尊重农民工和组织者的个体差异，不排斥其中任何一个人。在公民道德意识培育过程中，组织者与农民工之间、农民工互相之间不断加强对话和交往，共同探讨农民工在城市生产与生活中遭遇的文化心理问题，在寻求农民工公民道德意识提升这一共同目标中增进彼此的团结。由此，个体之间在解决问题中，形成"我为人人、人人为我"的友善和互相关爱的环境，共生主体公共性得以形成。

6.2.3　在内容选择上遵循同一性与差异性相结合原则

内容选择的同一性是指因农民工和公民道德意识的独立性而要求有相对固定的内容。公民道德意识基于公民身份而确立，以其相对固定的内容体系而有别于其他的思想意识。因此，农民工公民道德意识在内容选择上首先必须立足于新纲要的要求，以培养堪当民族复兴大任的时代新人为目

---

① 冯建军. 从主体间性、他者性到公共性：兼论教育中的主体间关系 [J]. 南京社会科学，2016（9）：123-130.

标，以社会公德、职业道德、家庭美德和个人品德为着力点，既突出筑牢理想信念、培育和践行社会主义核心价值观、传承中华优秀传统美德、弘扬民族精神和时代精神等重点内容，又重视法治保障、网络空间、生态文明等方面内容。同时，农民工公民道德意识培育以农民工为对象，农民工以其生活环境的相似性、社会身份的特殊性、就业层次的低端性和市民化诉求的趋同性，内在地要求在对其进行公民道德意识培育时要考虑其群体性特征。因此，培育内容的确定必须结合农民工群体的认知特点、就业特点和诉求特点，切实关注农民工生存与发展面临的共同困境，特别是其在就业、子女入学、政治权利和社会保障等方面遭遇的问题。

内容选择的多样性是指因公民道德意识本身的丰富性和复杂性、农民工群体内部的分化而要求内容选择的非均等化。一方面，公民道德意识体现的领域较为广泛，教育的内容不可能是单一的，从公民具体的主体角色认知到国家认同意识，从外在的带有强制性的公民政治意识、法治意识到没有明显条款的公共道德意识，从只关注身边生态文明的公民道德意识到关注全球生态环境的世界公民道德意识，涵盖了社会政治、经济、生态和文化等各个领域。这就要求在农民工公民道德意识培育中对这些内容都要有所涉及，而不能以点代面，以偏概全。另一方面，以改革开放为分水岭，农民工内部大致划分为老一代农民工和新生代农民工两个群体，这两个群体呈现出较大的代际差异。同时，在两个群体内部同样存在着年龄、性别、文化程度、从业方式、就业心理、收入水平和婚姻状况等方面的差异，并且还在继续分化，多样性越来越明显。农民工群体内部的分化使其公民道德意识现状具有不同的特点，其公民道德意识诉求也有所不同。这就需要根据不同主体对象的不同特点，灵活性选择与其工作、生活相适应的公民道德意识内容，避免出现内容上的单一、遗漏或者倒挂现象。

6.2.4 在实施方法上遵循继承性与创新性相结合原则

农民工公民道德意识培育的实践性，决定了其实施不能采取单一方式，而要综合运用传统和现代方法、常规的和非常规的方法，在继承传统中实现创新发展。

实施方法继承性主要是采取显性教育方式，综合运用思想政治教育和公民教育中的一些常规方法。即是说，农民工公民道德意识培育以直白的、明确的、公开的方式，综合运用理论灌输方法、矛盾分析方法、利益激励方法、阶级分析方法、历史分析方法、群众工作方法、人文关怀方法、批评与自我批评方法等具体方法①，将公民道德意识的相关概念、内容、要求以及重要性等内容向农民工直接灌输，使他们能够快速了解公民道德意识的内容和要求，大致掌握公民相关知识。上文调查显示，农民工对于法律知识、城市社会公共规范等的不熟悉是导致其难以正确维护自身权益以及在城市生活中公共道德表现不合时宜的主要原因，因此采取显性教育方式和常规的方法，将相关知识以开展讲座的课堂讲授形式灌输给农民工，能够使他们快速理解公民身份知识、法律知识以及城市社会公共规范等。

实施方法创新性要求综合运用思想政治教育和公民教育在当下所采用的最新的办法和措施。一是采取隐性教育的方式。鉴于农民工集中培训时间少的现实，在农民工公民道德意识培育中可以采用隐性教育方式，在潜移默化中将公民道德意识的思想、道德、价值观等方面的内容内化为农民工自己思想意识的组成部分。如利用国庆、春节等重大节假日的现场活动、电视节目、网页信息、QQ、微博、微信等平台，采取不容易被发现的间接的、非直观的方式，将公民道德意识培育内容隐含在农民工的日常生活中。二是利用现代教育技术创新显性培育方式。在农民工公民道德意识培育活动中，借助职场电脑、车载传媒、智能手机、笔记本电脑等移动终端快速组合成即时的、高效的、互动的教学网络，采用微课、翻转课堂、慕课、移动课堂、网络教学、远程教学等现代教学形式和手段，让农民工自主选择适合自己的学习方式。在这些现代教学网络中，还可以开展模拟投票、头脑风暴、调查问卷、课堂讨论、互动答疑等教学活动来提升课堂的参与性，活跃课堂氛围，提高农民工公民道德意识培育的针对性和实效性。

6.3 新时代农民工公民道德意识培育的内容

英国资格与课程局（Qualifications and Curriculum Authority，QCA）发表的报告《学校中的公民教育与民主教学》（Education for Citizenship and

---

① 郭超. 论现代思想政治教育方法的偏向与守正 [J]. 马克思主义理论学科研究，2017 (5)：146-156.

the Teaching of Democracy in Schools, 1998），从三个方面论及了公民教育的内容，即社会与道德责任、政治素质和社区参与①。郭忠华指出，理想的现代公民应具备三个基本要素，一是具有品德高尚，二是对国家的情感投入、理性认知和政治参与，三是通过行动来表明其道德情操和政治智慧。他据此确立了公民教育内容的三个维度：德育、制度和能力②。

本书认为，农民工公民道德意识培育的主要内容是其目标的具体展现，在结构上要体现价值观教育、知识教育和行为技能培养的统一，体现道德认知与道德实践的有机结合。具体包括四个方面，即增长其公民知识、强化其国家认同意识、培育其公民精神和提升其公民能力。其中，公民知识是基础，国家认同与公民精神是动力，公民能力是外在表现，四者相辅相成，彼此成就。

6.3.1　丰富农民工的公民知识

公民知识是作为现代民主国家中的有资格和负责任的公民必须知晓的基本观念和信息，这些信息涉及与国家政治生活、社会公共生活相关的理想、信仰、经验、常识和技巧等相关内容。本书根据农民工整体文化水平、在基础教育阶段接受的公民教育情况、公民道德意识现状以及在城市生产与生活期间所受的公民文化熏陶情况，将农民工需要进一步深化和掌握的知识分为四类，即公民身份知识、社会公德知识、法律知识和公共参与知识。

6.3.1.1　公民身份知识

公民身份知识是关于公民与国家关系的知识，主要涉及国家政治体系知识和公民的权利与义务知识两方面的内容。国家政治体系的知识主要包括国家的历史、面积大小、地理位置、权力结构、宪法的特征；各种结构和角色，以及各类政治精英、向上的制定政策流的建议、向下的执行政策流的结构、个人及决策③。公民的权利和义务知识主要有三类，一是宪法中关于权利和义务的具体规定，即以选举权和被选举权、政治自由和监督

---

① QUALIFICATION AND CURRICULUM AUTHORITY. Education for Citizenship and the Teaching of Democracy in Schools [EB/OL]. http://www.qca.org.uk/downloads/6123_crick-report-1998.pdf, 2007-06-21: 17-18.

② 郭忠华. 我国公民教育的内涵与途径 [J]. 中国德育，2014 (1)：33-35.

③ 阿尔蒙德，维巴. 公民文化：五个国家的政治态度和民主制度 [M]. 张明澍，译. 北京：商务印书馆，2014：16.

权为主的政治性权利，以维护国家统一和民族团结、遵守宪法和法律、维护国家安全、荣誉和利益、服兵役和参加民兵组织为主的政治性义务。二是权利与义务的来源和相互关系，即权利的来源和界限、履行义务的必要性、权利和义务的相互关系。三是关于一切权力属于人民的意识。要使农民工懂得，我国的人民民主专政的国家性质决定了一切权力属于人民，人民通过选举自己的代表行使当家做主的权利，并通过多种途径和形式管理国家和社会事务。

农民工群体曾经接受的教育主要是基础阶段的教育，他们对于国家政治体系和公民权利的认知和理解极其有限。随着农民工在城市居留时间的延长，他们在城市民主化进程的浪潮中虽然已经主动地或被动地对权利和义务有所感知，但是他们的相关知识仍然是片面的。因此，农民工公民身份知识的建构也必须由零散转向系统、由片面转向全面。让农民工学习权利与义务方面的知识，就是要使其懂得作为国家成员应该享受哪些基本权利、履行哪些基本义务，认识到权利是公民的本质性规定，是其生存的必要条件；认识到农民工作为国家公民理应享受与城市户籍居民一样的平等就业权、政治参与权、社会保障权、教育和发展权以及基本公共服务权等，但是受城市经济承载力等约束，还需逐步创造条件让农民工真正享受到这些权利；认识到权利与义务是统一的，每位公民都有同等的权利和义务，公民在享受和争取权利的同时必须承担对国家、社会和他人的相应义务。

6.3.1.2　社会公德知识

社会公德是社会全体成员为维护社会公共生活的正常运行而共同遵守的最基本的行为准则，包括个体与个体之间、个体与群体之间、人类与自然之间三类关系，涉及的人数和领域众多，关系极其复杂。在现代社会，随着科学技术的飞速发展及相应成果的广泛运用，社会文明程度和人类生活质量不断提高，人们活动的社会公共空间日益扩展，人类道德视野亦更加广阔，社会公德知识的内容也越来越丰富。从表现形态和历史跨度来看，社会公德知识主要分为三类，一是抽象层面的知识，即社会公德存在的必要性和可能性，个人利益与国家利益、社会公共利益关系的普遍的道德原则。二是具体层面的公共道德知识，是以老纲要以及社会主义核心价值体系和核心价值观为引领的公共活动必须遵循的基本行为准则和以公共素养为主的城市文明礼仪等。三是扩展层面的知识，这又分为两个方面。

其一是主要表现为人与自然的伦理关系，即人在外层共建活动中应当遵守什么样的伦理规则问题，包括环境保护、生态知识、生态伦理等知识。其二是民族国家公民与亚国家公民、超国家公民、世界公民的伦理关系，即作为民族国家的公民与地域共同体公民和世界共同体公民的关系，包括国际交流、国际关系、国际和平、国际正义和国际责任等方面的知识。

从上文的调查中可以看出，农民工对第二层面的知识接触得更多一些，但很少了解第一层面和第三层面的知识。因此，农民工社会公德知识的建构既要结合农民工已有公共知识实际，又要充分关注当前整个世界人类公共生活发展的要求，重构和丰富农民工的现代公共道德观念。具体而言，农民工的社会公德知识教育就是要以社会主义核心价值观教育为核心，以城市公共生活和文明礼仪教育为重点，逐步改变或者优化农民工在乡村生活中的行为习惯和生活方式，树立环保意识、国际意识，养成遵守社会公共生活规则、自然秩序、人类共同生活规则的思维方式和生活习惯。

6.3.1.3 法律知识

法律知识是以宪法为核心的法律制度的框架体系，既包括法治精神方面，又包括法治实践方面。作为独立主体的社会成员，农民工在生产和生活实践中必须了解和掌握一些基本的法律知识，主要包括两个层面。一是实践层面，主要是具体法律法规所赋予公民的权利和义务、权利主张、权利维护和权利救济的程序等知识。具体而言，农民工要了解日常生活和工作中涉及的宪法、民法、民商法、行政法、经济法、刑法、诉讼与非诉讼程序法的相关内容，熟悉法律活动的基本方式和程序，掌握如何主张权利、行使权利和维护权利，重点把握劳动权益、劳动合同、劳动安全与劳动保护、社会保障与保险的知识，选举、游行、示威、监督的程序和办法，了解非正式利益诉求途径及其法律边界。二是抽象层面，主要是指关于法律至上、民主人权、公平正义等法治价值的知识，即法治思想、观念、文化方面的知识。农民工学习法律知识，就是要逐渐摆脱传统乡土文化的束缚，了解市场经济所崇尚的契约精神和理性思维，理解法律是契约精神的文字体现和实践保障。作为现代社会的公民，农民工要学习法律，学会用法律保护自己，遵守法律法规，主动维护法律的尊严，并形成与之相适应的观念和习惯。在日常工作和生活中，农民工要理性地处理市民化过程中所遇到的问题，养成法治思维，形成依法办事的习惯，同时要通过法律途径参与城市管理，以便在利益分配上获得话语权，为争取与城市户籍居民同等待遇而努力。

6.3.1.4 政治参与知识

政治参与是一个国家公民政治地位的体现。普通公民能否合法地通过各种途径和方式参与国家的政治生活，直接影响着政治体系能否正常运行，影响着政府能否掌握正确的运行规律和运行方式，民众的政治参与深度和广度还体现了公民在国家中的真实政治地位和作用，是一切权利来自人民、接受人民监督的最好阐释①。政治参与知识是关于公民合法、有序参与政治事务的目的、制度、范围、途径、方式和规则的知识。我国的政治参与制度包括人民代表大会制度、协商民主制度、基层群众民主自治、信访制度、公共听证制度等。公民政治参与的范围不局限于政治过程中的特定方面，而是涉及从国家宏观政策的制定与执行到微观基层事务的讨论与决定的整个政治过程的各个层面和环节。

农民工参与知识也主要分为两类。一类是理论层面的知识，包括参与权利的来源、公共参与的价值、主要制度、参与后果合法性与否的判断等。另一类是实践操作层面的知识，即政治参与的主要方式和基本规则，熟悉直接和间接参与活动的基本流程。直接参与就是农民工亲力亲为参与政治过程的行为，比如投票、选举、会议沟通、媒体投诉、示威、诉讼、政治接触、政治表达、游说、检举、信访和非制度化途径等。间接参与是农民工通过中间环节或中介载体去影响政治过程的行为，如通过他们选出的各级人大代表去参与政治事务，或者通过报纸、杂志、网络论坛、QQ、微博、微信等媒体发表意见来影响政府决策，或者通过理论宣传改变政府的执政理念等。农民工政治参与知识越丰富，其参与意识和参与能力就越强，其参与行为就会表现得越积极而理性。

6.3.2 强化农民工的国家认同意识

国家认同意识是公民在心理上认为自己是这个国家的成员，认可国家的意识形态，赞同国家的合理合法的政治行动。在行为倾向上，公民发自内心地愿意为国家的繁荣富强贡献自己的力量，同时在国家遭遇危难时，他愿意为其牺牲自己的利益甚至生命②。国家认同意识是政治国家合法性存在的心理基础，决定了公民对国家及这个国家的人民所采取的态度和对

---

① 王浦劬. 政治学基础 [M]. 北京：北京大学出版社，1995：207.
② 江宜桦. 华人世界的现代国家 [M]. 台北：商周出版社，2003：132.

这个国家所存在的价值观的认同和遵循。哈贝马斯认为，公民身份具有双重性，即国家对公民身份权利的确立和公民对民族文化的归属①。肖滨据此提出国家认同的两个维度，即基于公民政治—法律身份的赞同性认同和基于心理—文化身份的归属性认同②。江宜桦认为，国家认同包括族群认同、文化认同和制度认同三个方面。

上文调查显示，尽管农民工有较强的爱国意识，但这种爱国意识主要源自生于斯、长于斯的朴素文化心理，还处于感性的、模糊的状态，带有浓厚的民族情绪，甚至有些民粹主义色彩，与基于政治—法律身份的认同还有一定距离，与理性的国家认同要求仍然相去甚远。因此，对农民工的国家认同意识亟待进一步从理论上廓清和深化。本书以国家公民平等发展为基本视角，根据农民工公民道德意识现状，借鉴学者们的观点，主要从政治认同、文化认同和民族认同三个方面细化农民工的国家认同意识培育。

6.3.2.1 政治认同

政治认同是指政治共同体内部成员对政党、政治制度、政治文化在感情和意识上的肯定性的评价和归属感。公民政治认同是公民的政治社会化活动，表明公民对社会政治文化的承认，对政治价值观和政治发展目标的接纳和遵从。在这一活动中，公民把自己看成特定政党的成员或特定政党执政下的社会成员，追求该政党的政治信仰、参与其政治活动，并按照这个政党的规章制度，自觉地规范自己的行为。政治活动是人的最基本社会活动之一，高度的政治认同有助于构建良好的政治秩序和社会秩序。

在通常情况下，政治认同是指对主权和政权的认同。从具体层面来看，政治认同包括国家制度和政治体制认同、政府和政党认同；从抽象的层面来看，政治认同包括政治信仰和政治理想认同③。根据政治认同的一般要求，农民工的政治认同重点内容就是要认同中国共产党的政治信仰、认同中国特色社会主义的共同理想，拥护共产党的领导，坚持社会主义道路、理论、制度和文化，赞同和支持共产党治国理政的实践举措。鉴于农民工政治责任意识薄弱的现状，要强化农民工对中国共产党领导全国人民

---

① 哈贝马斯. 包容他者 [M]. 曹卫东，译. 上海：上海人民出版社，2002：133.

② 肖滨. 两种公民身份与国家认同的双元结构 [J]. 武汉大学学报，2010 (1)：76-83.

③ 冯建军. 公民身份的国家认同：时代挑战与教育应答 [J]. 社会科学战线，2012 (7)：202-211.

在新时代坚持和发展什么样的中国特色社会主义、怎样坚持和发展中国特色社会主义的认同，尤其是对十八大以来以习近平同志为核心的党中央治国理政新举措中关于全面从严治党、乡村振兴、农民工问题的解决方案和以人为本的新型城镇化思想的认同，增强农民工的政治自豪感和政治责任感。

6.3.2.2　文化认同

文化是指政治共同体用于识别自我及所属群体的特定物质载体和精神符号，"包括知识、信仰、艺术、道德、法律、习俗以及作为一个社会成员的人所习得的其他一切能力和习惯"①。文化既有历史传承，又经历了现代演绎，表现为物质技术、制度规范和精神观念等。群体文化认同是指个体对所属群体的文化认定。国家文化认同基于群体文化认同，是一国公民对所属政治共同体历史文化系统在观念上、心理上和行为上的认可、接纳和融入。文化认同通过对群体拥有的物质技术、制度规范和精神观念的确认，实现个体与群体在时间和空间上的物质链接与精神融合，可以在一定程度上满足公民的寻根意识，增强其归属感。

中华民族上下五千年的文明历史孕育了辉煌灿烂的优秀传统文化，中国共产党领导下的新民主主义革命、社会主义建设和改革开放的各个阶段创造的革命文化和社会主义先进文化一同构筑了新时代中国特色社会主义文化，共同影响着中国特色社会主义建设的伟大实践。由此，农民工的文化认同内容主要包括三个方面。一是马克思主义意识形态和社会主义核心价值观。马克思主义意识形态决定了我国先进文化的前进方向和发展道路，社会主义核心价值观是当代中国精神的集中体现，凝结着全体人民共同的价值追求，也是农民工首先要知悉的内容。二是历史传统文化价值，即中华民族在长期的共同生产与生活中凝结起来的价值观念与道德伦理，如儒家的仁、义、礼、智、信、忠、恕、孝、悌等。这些精神符号共同构成了中华文化之肌理，是民族认同的基础，也是农民工较为熟悉而且应当予以强化的传统文化核心内容。三是革命文化价值和社会主义先进文化价值，即在我国革命、建设和改革中创造的文化价值。如解放思想、实事求是的基本原则，如红船精神、长征精神、延安精神、西柏坡精神、雷锋精神、焦裕禄精神、红旗渠精神、"两弹一星"精神、航天精神、抗震救灾精神等。这些精神价值构筑了当代中国人民共同的精神财富，也是鼓舞农

---

① 泰勒. 原始文化 [M]. 蔡江浓，译. 杭州：浙江人民出版社，1988：1.

民工积极建设中国特色社会主义的精神力量。从上文的调查可以看出,农民工曾经长期生活在乡村或者群体内同质文化圈,他们相对更熟悉传统文化。因此,农民工文化认同的重点应当放在第一个方面和第三个方面。

6.3.2.3 民族认同

民族有两种表现形态,其一是在历史发展过程中自然形成的、由具有相同文化习俗的人所组成的集合体,其二是在现代社会产生的、由拥有共同的公民权利的人所组成的政治—法律共同体。前者是人类学意义上的具有前现代性质的种族,后者是政治学意义上的具有现代性的公民国家。这也就是哈贝马斯论及的民族的"两副面孔"①。民族认同就是生活在其中的社会成员对其所属民族的自觉归类。本书所指的农民工民族认同是这两个方面的结合,即对生活在我国版图之内的56个自然分布的种族所共同构成的,同时也是具有中国国籍的人们所组成的民族的认同。从整体意义上讲,就是对具有文化功能和政治—法律功能的中华民族的认同。

农民工民族认同的具体内容主要包括对民族精神、民族平等和民族团结三个方面的认同。民族精神是一个民族的灵魂,是一个民族在生存和发展过程中形成的民族心理、文化传统、思想情感、思维方式和行为方式的历史文化积淀和反映,它影响和规定着一个民族的思维方式和行为方式,在民族的历史发展中起着导向作用和凝聚作用。农民工民族认同的核心内容就是中华民族在长期的社会历史实践中形成的以爱国主义为核心的团结统一、爱好和平、勤劳勇敢、自强不息的民族精神。民族平等是指不同民族、种族之间不分大小、先进与落后,各民族在权利和地位上都是平等的。农民工要认识到民族不仅在法律和政治方面,而且在经济、文化、教育、语言文字、风俗习惯、宗教信仰等方面都享有平等的地位和权利。民族团结是指各民族之间应相互尊重,加强相互之间的了解、合作与沟通、团结与协作。根据农民工公民道德意识现状,农民工民族精神培育的重点要放在独立自主、勇于创新、开拓进取等方面,农民工民族平等意识培育的重点要放在理解民族平等的意义和具体办法上,农民工民族团结意识培育的重点要放在促进不同民族成员之间的交流、合作与沟通上。农民工要通过接受民族认同意识教育,逐渐走出狭隘的族群意识,在充分理解中华民族的民族精神、民族平等、民族团结要求的基础上,进一步理解世界各

---

① 哈贝马斯. 包容他者 [M]. 曹卫东, 译. 上海: 上海人民出版社, 2002: 135.

民族之间的平等关系，认识民粹主义的危害，树立世界各民族平等发展的思想意识。

6.3.3 培育农民工的公共精神

独立自由的公民在其生活的公共领域中以非利己的方式关心公共利益的态度及行为称为公共精神。公共精神随着公共交往的发展而产生，以公共领域所要求的基本道德价值为取向，表现为个体走出个人领域并积极参与公共生活，认同公共道德并以之作为行动导向。公共精神在关注个体的尊严和利益的同时，致力于维护社会的整体利益。公共精神的成长是社会进步的表现，也是公民超越自我与完善自我的基本要求。农民工虽然已经进入城市公共生活空间，但是他们的一些失落行为表明他们对公共理性还缺乏了解，对于公共规则和公共道德的认知还极其有限。因此，农民工公共精神的培育包括公共理性和公共关怀两个方面。

公共理性是公共精神的核心，是公民有效介入公共生活领域的前提条件。上文调查显示，农民工长期处于乡土文化的熏染之中，缺乏现代意义上的社会公共生活，臣民意识和顺民意识较浓厚，公共理性极其缺乏。从公共理性的视角来观察，部分农民工维权过程中的"体制外讨薪"现象、在公共场所"放肆与卑微"现象、公共文化实践活动的无所适从现象等，都是部分农民工缺乏公共理性的表现。培育农民工的公共理性，就是要让他们摆脱传统村民的安分、保守的思维习惯，形成反省和批判精神，敢于批判自己并表达自己的真实诉求，敢于以公开、合法的途径主张自己的权益。具体而言，就是要让他们在公共政治参与中敢于表达群体利益诉求，在公共文化参与活动中从自发情绪表达转向自觉的文化追求，不盲从外在的权威、不盲信现成的经典、不追随流行的偏见等，养成对已经出现的社会现象、事务、制度和观点进行检查、审视、辩论和求证的习惯。

公共精神的实践离不开公共关怀。公共精神要求公民具有公共关怀的意识和能力，表现为认同社会公共价值理念、愿意主动承担公共责任，具有主动关心、支持和参与公共生活、公共事务的能力。上文调查显示，农民工公共参与意识比较薄弱，有限的公共关怀主要停留在与自己切身利益相关的事情上。因此，培育农民工的公共关怀要注重两个层面的内容。一是在精神层面，以公共善为价值依归，让农民工摆脱私民意识的束缚，在社会生活中将公共关怀当成自己的人格情操和社会责任。二是在行为层面，以公共利益为行动导向，让农民工摆脱狭隘的个人利益的束缚。让农民工养成参与公民实践活动的习惯，密切关注公共生活场景中的人和事件，维护公共生活秩序并保持公共生活的有效运转，尽量将自己的个人利益纳入对公共利益的考量之中。

6.3.4　提升农民工的公民能力

公民能力是作为公民的个体所需要拥有的一系列能力，这些能力能够使其自觉服务于国家和社会公共利益，保持共同体的存续、稳定、自由与和谐，并最终确保共同体的强大和公民生活状态的合理性存在①。农民工的公民能力主要是指影响他们参与城市政治生活与社会公共生活的能力，能够承担城市对生活在其中的成员所要求的责任，能宽容不同的观点、与他人协作并善于协调各种社会关系等。胡贝图斯·布赫施泰因提出了三个层次的公民能力，即政治选择能力、政治程序的接受和利用能力、付诸行动的能力②。阿尔蒙德认为公民能力实际是政治影响力，他将其划分为公民影响和参与政府决策、参与行政的全国性和地方性的主观能力和客观能力③。石勇以现代化为目标，提出了效感能力、行动能力、道德能力、政治能力四种公民能力④。本书根据农民工公民道德意识现状及其四个分析维度，从参与能力、道德能力和理性能力三个方面分析农民工有待提升的公民能力。

参与能力是指公民在主动有序参与国家政治事务和社会公共事务时所具备的搜集资料、整理论点和论据、表达诉求、对话协商、沟通与合作、解决问题等方面的能力。提升农民工公民参与能力，就是要让农民工参与到各种形式的政治活动中，如写请愿书、直接与政府官员对话、对行政官员施加政治影响力、成立社团组织等方式，为维护自身和群体利益、为国家政治生活、为社会公共活动出谋献策等。培育农民工参与能力不仅是提高其公民能力的重要内容，也是社会主义民主在我国得以发展的重要手段。农民工公民能力的不断成熟，既是我国民主政治的基本要求，也是其

---

① 许继霖. 共和、社群与公民 [M]. 南京：江苏人民出版社，2004：74.
② 王浦劬. 民主、政治秩序与社会变革 [M]. 北京：中信出版社，2003：23.
③ 阿尔蒙德，维巴. 公民文化：五个国家的政治态度和民主制度 [M]. 张明澍，译. 北京：商务印书馆，2014：141-165.
④ 石勇. 现代化视域中的中国公民能力发展研究 [D]. 上海：华东师范大学，2008：65.

基本特征的现实展现。农民工通过直接或间接的政治参与活动，可以展现自己对公共政策和自身社会价值的认知，表达农民工群体对公共利益的诉求。同时，农民工只有坚持参与政治活动，政府的政治活动才能得到农民工群体更多的关注，公平正义才能得到更多的认同，农民工群体自身的利益才能真正得到保护。

道德能力是公民价值观和国家认同的体现，包括道德认知能力与道德选择能力。农民工的道德认知能力培育，就是要在日常社会公共生活中，让农民工对善恶、荣耻、美丑、是非等现象的价值进行认识、判断和评价。农民工的道德选择能力培育，就是根据社会道德原则和道德规范要求，在农民工已经形成的道德认知的基础上，培养其对社会公共生活中的道德关系和道德行为进行选择的能力。农民工的道德认知能力是其道德判断能力的基础，所以培养农民工正确的道德认知能力是第一步。当然，农民工的道德判断能力也恰恰可以反映其道德认知水平，所以也可以从道德判断能力所反馈的信息中发现其道德认知的基本情况，进而选择更适宜的道德认知能力培育措施。

理性能力是指农民工参与国家政治事务和社会公共事务所应具备的省思、批判能力，对权利和义务认知的平衡能力，以及对自己主观能力的客观评价能力。农民工的省思、批判能力培育，要求农民工从多方面获取信息，对一切重要知识、信息、信念坚持批判和审查的态度，敢于运用自己的理性进行判断，借助科学手段和求实精神检测现成的结论，并能将自己得出的结论大胆地公开展示。权利和义务认知的平衡能力培育，就是指农民工既要诉求和维护自身的合法权利，同时不忽视其应承担的义务。换言之，农民工应该意识到，既然他在政策及法律的制定中具有了参与权，那么他就更应该服从自己参与的结果，从而主动维护为社会公序良俗运行而形成的法规。农民工应具备的主观能力的客观评价能力表现为对自己参与政治和社会公共事务的能力持肯定性评价，有理性的认知与态度，并具有较强的政治效能感。同时，培育农民工的公共理性还要重视培养其公共理性能力。

7 新时代农民工公民道德意识培育的实践路径

农民工公民道德意识的培育实践是一个系统工程，需要国家、社会和农民工自身相互配合和促进，构建全方位的公民道德意识生成机制，形成上下路径畅通、内外环节链接、虚实载体结合的有机循环培育系统。在农民工公民道德意识培育过程中，国家可通过制定政策、完善制度与发展经济来发挥宏观体系构建的作用，互联网与其他媒体的整合则可以发挥营造公民文化氛围的作用，培训机构可借助教学渠道与实践平台、师资队伍建设与评价体系创建发挥示范带动与资源整合作用，企业可利用生产与管理活动、企业文化建设和职工关怀活动发挥激励与引导作用，社区可以通过组织农民工参与政治选举、社区治理和社区文化活动发挥管理与服务作用，农民工个体通过学习、实践与反思发挥自身的主体能动作用。

7.1 发挥国家的宏观体系构建作用

从世界各国的实践来看，公民道德意识培育活动的成功离不开国家的支持。在我国，党和政府从国家现代化发展的战略高度认识公民道德意识培育的重要性，并采取相应的组织管理手段，对农民工公民道德意识培育的实践至关重要。国家可以通过制定政策和调配资源，为农民工公民道德意识的培育提供政策导向、制度支持和物质基础，从宏观层面对农民工进行广泛的、持续的公民道德意识影响。

7.1.1 明确政策导向以协调各方力量

国家制定相关政策是农民工公民道德意识培育的前提条件和方向指

南。这体现了党对农民工工作的领导，体现了国家运用自身权威整合社会资源保证培育活动实施的决心，彰显了党和政府对农民工群众的关爱、对农民工问题的关切。同时，由于农民工相关政策的实施需要多个部门和组织机构的协同配合，党和国家必须通过制定政策来统筹协调它们之间的关系。当然，在制定政策的过程中，充分尊重农民工的意愿也是必然的要求。

一是制定政策。进入新时代以来，农民工工作领导小组及其办公室正式成立，国家层面已经为农民工公民道德意识培育的组织机构的建立提供了示范。从开展农民工工作督查、根治农民工工资拖欠问题、组织农民工有序返城，到评选优秀农民工、推进农民工市民化，农民工工作领导小组从多方面对农民工公民道德素质的提升提供了基础条件，为农民工公民道德意识培育政策的制定进行了先期探索。农民工公民道德意识培育政策要明确培育主题、组织机构和资金来源，并对培育内容、方式方法和效果评估等方面提出原则性的要求。农民工公民道德意识培育的专门机构要规范运作，明确职能职责。在人员的配备上，做到专业性与兼业性相结合。既要有专门从事日常管理的工作人员，又要考虑从高校、政府部门和社会组织中聘请兼职人员，以此保证农民工公民道德意识培育活动的有序、持续开展，并节省人力和资金。在资金匹配上，做到专门性与依附性相匹配。首先应考虑将农民工公民道德意识培育工作经费列入年度预算，确保工作经费及时到位，同时还要将农民工职业技能培训列入相应经费支持项目。在农民工公民道德意识培育内容和方法选择上，做到原则性与灵活性相结合。在遵循上文所论及的同一性与差异性相结合的原则、继承性与创新性相结合的原则的基础上，综合运用思想政治教育和公民教育相关内容和方法。在评估机制上，做到评估与被评估对象双向互动。相关部门和组织机构要将工作中的典型、经验进行总结，及时报送到上级部门以待检查和评估。同时，政府相关部门要对机构设置、人员配备、资金使用和培育效果进行定期检查和评价。

二是加强统筹管理。统筹管理的目的就是要避免上文所论及的政府在农民工公民道德意识培训中既是规划者、管理者，又是执行者、分配者的情况，以及部门之间因统计口径和调研方式的差异而得出不同的数据和情况分析结论的现象。相关部门应转变管理方式，从担任实际操作的"划桨者"向提供大政方针的"掌舵者"转变，从多头管理向统筹治理迈进。其一，统筹部门。要打破涉及农民工问题的各部门界限，形成有效的培训体系，提高培训资源和资金的使用效率。与农民工公民道德意识培训归口的管理部门应摸清现有的培训情况，如项目资源、培训机构等，盘活存量，整合资源，合理布局，制订统一的培训计划，扩大培育规模，降低成本，促进发展。其二，统筹区域。中央政府要根据农民工总体情况和地区分布情况，制订规划、完善政策、建立标准，将任务分配到各区域。地方政府根据本区域经济发展趋势、公民文化发展情况和农民工及其公民道德意识状况，制订本地培育计划和实施办法。其三，统筹各类社会组织。建立专业培训机构与企业、社区协同联动机制，前者主要承担农民工公民基础知识培训，后两者负责提供公民技能培训、实践和展示场地。在政府的统筹规划和资金支持下，有资历的培训机构与有场地、有需求的企业、社区共同创建培训示范基地，联合培训农民工，形成协作效应。

三是充分尊重农民工的意见。农民工公民道德意识培训的对象是农民工，因此国家在制定政策与实施的过程中，必须充分考虑农民工的参与权、监督权。鉴于此前农民工培训将农民工当成政策制定的客体而非主体的现象，国家在农民工公民道德意识的培育政策制定和调整中要充分关注农民工自身的感受，了解他们的真正需求，并让他们参与其中，提出他们自己的意见和建议。同时，在相关政策的实施过程中，让农民工充分行使监督权，让他们参与到对政策执行的监督与政策效果的评价之中。

7.1.2 改革相关制度以提供平等机会

一般而言，制度是社会变迁的内生产物，在不同的社会条件下，制度会产生相应变化。优良的制度设计会促进经济与社会的发展，产生良好的制度绩效。因此，国家相关制度的完善是农民工公民道德意识培育规范化运行的基础。目前，束缚农民工公民道德意识成熟的制度性障碍主要是二元分割的城乡户籍制度及依附其上的社会保障制度、选举制度两个方面。在过去相当长一段时间里，户籍制度及依附其上的各种政策、法律、法规等强化了农民工和城市户籍居民之间的身份差异和一系列不公平待遇，导致二者在就业、社会保障和社会福利待遇等方面的巨大差异，并使农民工很少有政治参与的机会。因此，培育农民工的公民道德意识，就必须进一步深化已经开始的户籍制度改革、社会保障制度改革和选举制度改革。

一是加快户籍制度改革。户籍制度改革首先应消除社会对农民工的歧视，明确农民工的平等社会成员身份。全面深化户籍制度改革，不是单纯地改变农民工的户口性质，即是说不是简单地消除农业户口与非农业户口字面上的差异，而是要消除附着于户籍之上的社会保障和社会福利的不平等，让农民工真正感受到自身和其他社会群体并没有社会身份上的差别。唯有如此，农民工在平等身份基础上建立起来的公民道德意识才会持久和富有生命力。户籍制度改革还要放宽户口迁移条件，引导有意愿和有能力的农民工在城市落户。党的十八大以来，党中央明确了以人为核心的新型城镇化道路，其主要目的就是要解决农民工的城市户籍问题，引导农民工就近迁入城镇。农民工在城市是否长期居留、是否有稳定的工作和收入等应成为其户口迁入城镇的主要条件，而不能主要以学历、房产或者其他大额固定投资为基本条件。同时，不同区域城市落户政策要因地制宜适当调整，引导农民工合理、合法、有序地迁移户口。

二是深化社会保障制度改革。虽然我国的户籍制度改革已经开始进行，但农民工与城市户籍居民在就业、教育、医疗、养老等方面的待遇差别仍然较大。在这种情况之下，农民工的各项权利仍然难以得到保障，导致他们难以主张自己的权利，也就更难履行自己的义务。因此，社会保障制度改革势在必行。其一，建立全覆盖的社会保障体系。加快社保体系全国联网进程，打破城乡、区域和行业之间的区隔，形成全国统一的个人社保账户。其中，应特别注意将高流动性的农民工纳入社会保障体系，实现其在城市和农村之间、地区和地区之间社会保障关系的转移和接续。其二，健全农民工社会保障内容。根据经济发展水平状况，让长期在城市工作和生活的农民工逐步实现与城市户籍居民养老保险、医疗保险、失业保险、工伤保险和生育保险同步。同时，逐渐将农民工的住房保障纳入社会保障体系，尽可能以提供贷款、廉租房、经济适用房等方式帮助农民工，使其在城市居有定所。其三，提高农民工的参保率。政府应当加强对企业的监督，杜绝企业的不良用工行为，督促企业按照规定为农民工缴纳强制性社会保险。政府还可以提供社会保险补贴，减轻企业和农民工的负担。其四，建立面向农民工的社会救济制度。对于那些初到城市的"农民工二代"和失业的农民工，政府可以联系或提供一些职位，以解他们燃眉之急，增强他们的城市认同感和归属感。

三是完善农民工政治参与制度。政治参与是现代民主政治的必然要求和重要标志，要推进我国民主政治现代化，就需要动员社会各阶层广泛地参与政治活动。农民工作为产业工人的重要组成部分，其政治权利能否实现将直接影响我国工农联盟基础稳固与否。如果数量庞大的农民工不能有效地参与到政治生活中来，社会主义民主就不是绝大多数人的民主，社会主义民主政治的基础就会动摇。尽管在全国两会、党的全国代表大会上都出现了农民工的身影，但是相较于社会其他群体的占比和农民工在社会总劳动力中的占比，农民工代表的比例是渺小的。完善农民工政治参与制度，可以从三个方面入手。其一，改革选举与被选举登记模式。上文已经表明，在户籍制度束缚和远距离频繁流动的情况下，农民工大都难以行使选举权与被选举权，他们的政治生活常常处于"真空地带"。只有改变选举与被选举登记模式，农民工才可能真实地参与政治生活和社会管理，享有与城市户籍居民平等的政治权利。鉴于农民工大规模频繁流动给选民登记工作造成的困难，可以考虑由常设的机构来承担这项工作。常设机构通过互联网进行选民登记、资格审查，并根据人数划分选区、确定代表名额、公布选民名单，实现农民工选举全国联网。同时，农民工要主动到选举机构去办理登记手续、领取选民证，以此实现自己的选举权与被选举权。其二，扩展政治参与机会。从目前各级人大会、党代会中农民工代表的人数来看，农民工代表的占比远低于其在总人口中的占比。而且，目前的少许农民工代表名额是从现有的工农代表名额中划分出来的，工农代表名额总量并没有增加。有鉴于此，各级人大会、党代会要分配专门的农民工代表名额，让农民工有更多的参政议政机会。只有更多的农民工参与到政治生活中，农民工群体才能更深刻地认知、理解与认同我国的政治制度和党的治国理政思想，才能认识到自己的地位与使命，主动承担在社会发展中应尽的社会责任，并逐渐形成成熟的政治意识。其三，推行差额选举。等额或者形式上的差额选举，缺少竞争机制，不能体现平等性和公平性，会挫伤参与者的积极性。如果农民工选不出能代表和维护自己利益的代言人，他们的积极性就会受到影响，其政治效能感就会随之降低。因此，农民工代表的选任也要实行差额选举，允许农民工自己或者代表农民工群体利益的候选人参加选举，提高农民工政治参与的积极性，以此增强其参与意识。

7.1.3 发展市场经济以夯实物质基础

国家发展市场经济是农民工公民道德意识培育的基础条件和必然要求。从西方公民道德意识发展的历史过程来看，凡是公民文化活跃的地域，无论是古希腊的雅典、文艺复兴时期的意大利，还是近现代的欧美国家，往往都是经济繁荣之地，有雄厚的经济基础为公民政治活动提供保障。因此，农民工公民道德意识培育不是建立在虚无精神上的自娱自乐，而是物质充裕基础上的文化发展。在当下，发展市场经济不仅能为农民工公民道德意识培育提供物质保障和资金支持，还能为其提供文化支援。

一是国家通过发展市场经济为农民工公民道德意识发育提供物质保障。社会发展历史表明，在物质生活极端匮乏的情况下，高度的民主政治产生的可能性较小，人们的社会公共事务参与度也较低，其公民道德意识也相应较为薄弱。在社会主义市场经济条件下，经济因素仍然是农民工在城市立足的首要条件。当下，农民工公民道德意识薄弱的首要原因在于物质贫困，农民工将大量的时间和精力投入到维持生计的物质生产活动中去，严重影响了其公民道德意识的形成。因此，必须发展社会主义市场经济，保持经济持续增长的活力，既为国家建设和发展积累更多的财富，又为农民工提供更多的就业条件和机会，提高包括农民工在内的全体社会成员的物质和文化生活水平。同时，在破除城乡二元结构的基础上加快城市化进程，合理调整收入分配关系，适时调整最低工资标准以及社会最低生活保障标准，建立并逐步健全劳动密集型行业低收入劳动者的工资增长机制和支付保障机制，进而为其公民道德意识的培育奠定坚实的物质基础。农民工有了更高的收入和更稳定的社会保障，他们就会有更多的时间和精力参与政治和社会公共生活。

二是国家通过发展市场经济为农民工公民道德意识培育直接提供资金支持。进入 21 世纪以来，我国的经济实力显著增强，人民的生活水平明显提高。党的十八大以来，习近平总书记多次强调，发展成果要由人民共享。在党中央的领导下，我国政府大力推进共享发展，不断回应人民的心愿期盼，不断使改革发展成果更多更公平地惠及全体人民。这也为农民工公民道德意识培育提供了新的契机。多渠道筹集农民工公民道德意识培育资金也是市场经济发展成果惠及农民工的表现之一。国家可通过发展市场经济、积累社会财富，直接为农民工公民道德意识培育提供资助，这也是最直接、最有效、最能够让农民工受益终生的资助方式。同时，国家还可以通过创造适宜的市场经济环境，增强各企业和各类实体的经济实力，进而发动企业和其他社会团体为农民工公民道德意识培育提供资金支持。另外，国家还可以在培训机构设立农民工公民道德意识学习奖学金，提高农民工学习积极性并降低其接受教育的成本。

三是国家通过发展市场经济为农民工公民道德意识的发展提供文化土壤。市场经济以市场作为配置资源的基本方式，以经济自由运行为机制，以公民平等参与经济过程为主要特征，奠定了公民道德意识形成的体制基础。在市场经济中，依照法律规定，市场主体在交换的过程中必须订立契约，并自由、平等、诚信地进行市场活动，履行权利和承担责任，由此提出了公民道德意识产生的主体要求。市场经济促进了人与人的交往、法律制度的完善和市场道德的发展，孕育了现代公民文化并推动其不断丰富和发展。因此，健康发展的市场经济有利于促进作为市场主体之个人的公民道德意识的发展和成熟。我国的市场经济是伴随着改革开放而建立和发展起来的，出现的时间还比较短，在发展过程中出现的成长性问题是导致我国公民道德意识发育不成熟的重要原因。在二元管理体制下，农民工在我国市场体系中处于弱势地位，是其公民道德意识较其他社会群体更不成熟的重要原因。因此，农民工现代公民道德意识培育离不开健康市场经济孕育的公民文化的发展。这就要求国家要通过建立和完善市场经济体制，让农民工平等地参与市场活动，使他们逐步克服其人情、等级、特权等传统观念和小富即安、因循守旧的传统思想，学会公正地处理个人利益与他人利益、公共利益的关系，学会承担公共责任和维护自身的合法权利，以此激发农民工的主体意识、参与意识、法治意识、自由意识、平等意识、诚信意识、宽容意识、协作意识等，从而不断地提升其公民道德意识。

7.1.4 树立道德榜样以加强示范带动

新纲要明确要求，精心选树时代楷模、道德模范等先进典型，运用多种形式宣传各行各业先进人物，让不同行业、不同群体都能学有榜样、行有示范。相对而言，农民工群体因其文化层次不高而更易于接纳生动鲜活的正面引导。因此，在国家层面推出道德榜样是农民工道德意识培育行之有效的方式之一。

一是树立农民工在职业领域的道德榜样。近年来，农民工中出现了一大批先进道德典型，其中一部分是全国两会和党的全国代表大会上的农民工代表。这些农民工代表之所以被选出来，是因为他们不仅有过硬的职业技能和良好的职业道德，而且有较强的政治参与和社会公共生活参与能力。例如，十一届全国人大代表胡小燕既以制陶能手、销售和管理骨干而在农民工中脱颖而出，又以吃苦耐劳的拼搏精神和乐于服务农民工群体而得到大家的信任。2018 年，胡小燕作为"改革开放中涌现的优秀农民工代表"，被党中央、国务院授予"改革先锋"称号。因此，大力宣传这些代表的先进事迹，开展宣讲报告、座谈交流、技能竞赛等相关活动，不仅可以帮助农民工树立职业荣誉感和自信心，熟悉群体利益诉求方式和通道，而且可以大力弘扬劳动精神、劳模精神、工匠精神，引导人们立足岗位，不懈奋斗，始终保持昂扬向上、奋发有为的精神状态。

二是树立农民工在公共生活领域中的道德榜样。如前文所述，一些农民工在公共场所表现出来的"放肆"行为，虽然不排除个别农民工的有意为之，但更多的是缺少农民工群体自身的示范带动。因此，在群众性精神文明创建活动中，首先要在社会总体层面引导农民工在公共参与中践行主流价值、提高精神境界，并从中评选出公民道德模范。同时，要专门引导农民工聚焦日常生活"关键小节"，组织农民工开展文明出行、文明交通、文明居住、文明就餐等主题实践活动，并从中评选出"排队守秩序""有序停单车""垃圾分类"等遵守公共生活秩序的先进典型，引导农民工讲文明话、办文明事、做文明人。此外，要建立农民工公民道德关爱的激励保障作用，利用"道德信贷""道德银行""道德绿卡"等道德模范关爱礼遇机制，引导农民工树立"德者有得、好人好报"的价值导向。

三是树立农民工社区生活的道德榜样。虽然农民工的生活场所并不完全固定，但仍然有一定的区域聚居性。由于农民工经济条件有限，他们主要集中居住在三类地方，即工厂及周边居住区、"城中村"、城乡接合部。这些地方房屋集中、房租廉价，而且也逐渐形成了富有特色的农民工文化。正如北京皮村的"工友之家"建立之后，附近农民工及其子女都有了文化娱乐和学习的场所，这里也出现了一批道德高尚的农民工。因此，可以考虑在农民工集中居住的社区推荐评选"优秀新工友""优秀新居民"等公民道德先进典型，并在全国范围内宣传报道，引导农民工见贤思齐、择善而从。在评选中，既要自下而上推荐，又要从上到下考察，采取社区推荐、社会评荐、个人自荐相结合，实现多层面的推选全覆盖。

7.2 发挥互联网加媒体的公民文化营造作用

基于互联网技术的大众传媒是公众感受公民道德最广泛、最及时的渠道，是营造公民文化的重要平台。大众传媒不仅可以帮助农民工快速、及时、广泛地了解政治和社会公共生活的各种信息，而且可以畅通监督渠道，形成自由讨论、平等参与、民主和谐的良好社会氛围，为农民工提供建言献策的交流机会。目前，农民工手机使用率为98%，他们大都会利用手机在互联网上进行生产、生活和娱乐等活动①。农民工通过互联网上的交流与互动，可以凸显自我价值和社会责任意识，提升对政治事件和社会公共问题的思考和判断能力，其权利与义务意识、民主法治意识和公共参与意识就会随之逐渐增强。如果利用基于互联网技术的媒体融合发展的历史机遇，那么可以从三个维度营造农民工公民道德意识生成的文化氛围。

7.2.1 借助主流媒体以明确公民文化导向

主流媒体是由政府控制的，影响力大、起主导作用、能够代表或左右舆论的媒体。一般而言，从中央到地方的各级党委机关报、广播电台和电视台，以及作为其延伸的有政治影响力的大报大台都属于主流媒体②。主流媒体是一个国家充当旗帜和喉舌的大型的、层级化的组织机构，它所宣传的思想观点往往成为一个民族国家意识形态层面的评判标准和价值尺度，在公民文化舆论传播中占据着制高点。

习近平总书记指出，必须借助互联网，使主流媒体具有强大传播力、引导力、影响力、公信力，使全体人民在理想信念、价值理念、道德观念上紧紧团结在一起，让正能量更强劲、主旋律更高昂③。因此，各级政府要充分利用基于互联网技术的主流媒体，赢得公民文化舆论造势的主动权，让其覆盖到社会生活的各个方位，扩大其影响力。特别要利用《中国日报》《人民日报》《光明日报》《红旗文稿》《南方周末》《参考消息》《环

---

① 张秋枫. 农民工移动互联网使用行为调查研究 [J]. 改革与开放, 2017 (10)：74-76.
② 周胜林. 论主流媒体 [J]. 新闻界, 2001 (6)：11-12.
③ 习近平. 加快推动媒体融合发展, 构建全媒体传播格局 [J]. 思想政治工作研究, 2019 (4)：11-13.

球时报》以及新华社、CRI 国际在线、中国政府网、新浪网、搜狐网等报刊、网络平台和中央人民广播电台、中央电视台的广播、影视节目，开设专栏、专题活动进行公民道德意识培育。在这些平台上，通过春节联欢晚会、国庆节、建党节、国家宪法日、国际消费者权益日、世界水日等活动，运用社论、短视频、电视节目、综艺节目等手段，用农民工喜闻乐见的方式宣传社会主义核心价值观、党的治国理政方略和农民工政策、国家的民主法治运行情况、环境保护等，让农民工认知和理解国家对公民的关怀和要求，增强农民工的国家认同、公民道德和公共责任意识，鼓励他们积极参与社会政治和公共生活，提升其正确地维护个人权益的能力。

7.2.2　介入大众媒体以传播优良的公民文化

本书所指的大众媒体主要是指相对于主流媒体而言的非主流媒体，即在信息传播过程中处于职业传播者和民众个体之间的媒介体。大众媒体包括由政府组织和社会组织控制和影响的出版物、广播影视节目、社交平台、书刊和互联网自身等。它们是传播公民文化的重要平台，也是进行公民道德意识教育的有效途径。特别是以社交媒体为中心的新媒体的快速发展，为公民文化的传播提供了新的探索形式。当主流媒体因其资源的有限性而局限了民众的参与行动，或者人们对传统主流媒体的舆论导向功能产生怀疑时，他们往往会寻找新的媒介形式来获取自己的政治参与权利。社交媒体的运用拓宽了社会成员获取政治和社会公共生活信息的渠道，降低了其政治参与和社会参与的成本，使这些活动能通过网络深入社会成员生活的每个角落，极大地激发了他们的参与热情，提高了其参与率。因此，要充分利用以社交平台为中心的大众传媒营造公民文化氛围。

各级政府和非政府组织要借助这些平台，将农民工关心的子女入学、就业服务、参政议政、权益保障、医疗卫生、养老保险等问题发布到网络上。农民工既可以作为受众了解这些信息，也可以就这些问题发表意见，形成意见表达与情感宣泄平台，以此培养农民工的政治情感，增强政治和社会责任感，形成政治认同。同时，还可以通过这些媒体进行公民文化宣传，塑造优秀的公民形象，弘扬高尚的公民道德品格，倡导新时代的中国公民精神，让农民工在潜移默化中产生对国家的认同，自觉维护公共生活秩序，遵循公共道德和社会法治要求，积极参与公共生活。具体而言，可利用各类文艺汇演、农民工春晚等电视节目开展国家认同教育，利用"感动中国人物""道德模范人物""时代先锋"等电视评选活动进行公共道德教育，利用法治在线、农民工维权网站等网络平台开展法治教育等。

7.2.3　关注自媒体以校正不良公民行为倾向

自媒体又被称为"公民媒体"，是私人化、平民化、普泛化、自主化的公民个体借助现代化、电子化的手段，对特定的或不特定的个人或多数人传递各类规范或不规范信息的新兴媒体，具有即时性、互动性和便捷性等传播特点①。与传统媒体相比较，自媒体意见表达更加自由、丰富、隐蔽。自媒体的出现，迅速拓展了社会大众获取信息、自由表达意见和分享经验的渠道和范围，使人们的生活方式更加多元化。目前农民工利用得较多的自媒体平台主要有微信、微博、抖音、博客、贴吧、论坛等，这些平台既可能传播正面的公民文化，也可能传播负面的公民文化。长期的负面传播可能出现自媒体传播思维异化，呈现碎片化信息误导受众的事实传播，刺激性结论制造对立的观点传播，以绝对化思维贩卖焦虑而引发舆论的现象②。在这种思维方式之下传播的过激或不当言论，容易对社会公众造成错误舆论导向，甚至侵犯国家、社会以及他人的合法权益。

国家、社会组织、农民工群体和个体都要自觉地介入自媒体，对公民文化的传播和监管承担应有的责任。一方面，要充分利用自媒体的吸引力，鼓励农民工与社会组织、政府一道传递优良的公民文化，引导农民工养成健康文明上网的习惯，积极遵守道德规范和法律制度，以道德自我约束成为网络社会的道德引领者，以社会利益为目标帮助权益相关人维护合理合法诉求，以此形成农民工公民道德意识培育合力，让农民工公民道德意识培育跟上时代的步伐；另一方面，要通过制定自媒体道德规范和专项立法、谨慎司法、行业自律、统一监管等方式，对自媒体意见表达进行法律规范，划清其表达边界，并利用现代信息技术监测自媒体的公民信息传播状况，驱除那些故意煽动公众、恶意炒作的自媒体人，防止和打击不良公民文化的传播。

---

① 中国人民解放军总政治部宣传部. 网络新词语选编［M］. 修订本. 北京：解放军出版社，2013：208.

② 陈江江. 自媒体时代传播思维的异化与净化［J］. 传媒，2019（8）：67-69.

7.3 发挥培训机构的示范带动与资源整合作用

培训机构是农民工公民道德意识培育的专门性组织，包括农业农村部、人力资源和社会保障部等相关部门内设的农民工培训学校（中心）、高等院校和职业院校承办的农民工培训学校、专门性的农民工培训学校、企业联办的培训学校和其他培训学校等。因此，培训机构的课堂教学与实践教学是农民工公民道德意识培育的主要渠道和重要平台。培训机构涉及的各级各类院校要在政府统一组织之下，建立从课程设置到教学方式、评价方式的培育模式，并以此引领企业、社区的农民工公民道德意识培育活动。

7.3.1 开发农民工公民道德意识课程模块

农民工公民课程内容要紧密结合农民工的知识基础和认知特点，突出政治性、公共性、实践性和应用性，注重农民工公民品格养成教育和公民能力培养。培训机构可以参照国际劳动组织开发的 MES（modules of employable skill，就业能力模块）课程模式将这些内容进行组合，提供适合于不同学历层次和理解能力的农民工自主选择的学习材料，最大限度地发挥其学习的主动性和积极性，并节省其学习时间和费用。课程模块要体现农民工培训的"短、平、快"特点，即在短时间内，采用与其认知水平相适应的方式，授之以必要的公民知识和公民技能，提升其公民素质。

根据农民工公民道德意识培育目标和内容，课程模块可设置五个，即政治常识与政治参与模块、法律知识模块、公共道德模块、城市公共生活模块和人际交往模块。在具体操作过程中，可以进一步细化课程模块，确定必修课与选修课的比例，或者根据不同农民工知识积淀和能力差异，按比例设置基础课程、中级课程和高级课程。这既能充分保证公民道德意识培育的全覆盖，又能让农民工根据自己的实际情况选择需要学习的课程。同时，课程设置要特别注重实践能力的培养，要适当提高实践课程的比例，让农民工现场感受公民与臣民、私民思维方式与行为方式的差异，并让其在参与实践活动中提升公民能力。

7.3.2 创新农民工公民道德意识培育方式

农民工公民道德意识培育只有根据农民工的认知特点，有针对性地选择有效的教育方式，才能收到良好的效果。

第一，采用启发式教学，增强理论教学的可接受性。农民工公民道德意识培育属于成人继续教育，应当遵循成人教育的基本规律，充分体现人文关怀，尽量避免"填鸭"式理论知识教学。在课堂教学中可以用专题式、研讨式、案例式等教学方式，采取讲授法、课堂讨论法、案例分析法、头脑风暴法、辩论法、角色扮演法、小组合作法等具体方法，活跃课堂气氛，调动农民工参与的积极性。根据农民工的整体文化水平不高、理解能力有所局限的特征，课堂教学中应尽量使用通俗易懂的语言，以农民工喜闻乐见的方式表达。另外，鉴于大多数农民工曾经生活在相对闭塞的乡村环境、在人际交往中往往不够主动的情况，教师在课堂教学中就要灵活运用主体性、主体间性、他者性和公共性理论，尽量创造轻松的氛围，让农民工与教师、农民工与农民工之间相互理解、相互学习。教学组织形式除了传统课堂教学外，还可以通过演讲、报告、讲座的形式进行，而这又可以用农民工现身说法的方式进行。农民工的交往范围十分有限，他们的观点和行为方式较容易受到群体内部尤其是朋辈的影响。因此，在公民道德意识培育课程中，可组织一些乐于参与公共事务的农民工举办个人先进事迹报告会、公共责任辩论会、维权策略分享会等。

第二，依托相关项目平台，增强实践教学的实效性。培训机构的农民工培训一般是在接受政府或企业委托的相关项目中进行的，因此农民工的公民道德意识培育同样要结合项目运行进行。农民工培训的项目主要有四大类，即职业技能、安全常识、法治常识和城市生活常识。后三种类型本身就包括了公民道德意识内容，可以直接纳入爱国、法治、公共规则等内容，而前一种类型则需要将公民道德意识内容巧妙地穿插在其各个具体环节中，让农民工在潜移默化中养成团结协作、民主法治和主动参与等意识。同时，培训机构还可以带领农民工参加一些政治实践活动，如通过参观天安门升旗仪式、红色文化基地、历史遗迹等活动树立理想信念，增强其爱国主义意识，又如通过参与社区活动，做"义工"，参加庭审会、公审会、听证会，参与官方网站上的民意调查等活动，增强其民主法治意识、参与意识。

第三，运用新媒体教学，增强互动性。农民工劳动时间较长、强度较大，利用业余时间学习的机会不多。他们需要短、平、快的学习形式，而互联网的高速发展正好适应了这一需求，培育手段也随之多样化和便捷化。培训机构利用网络教学可采取两种形式。一是远程网络教育方式，即借助农民工继续教育等相关平台，在农民工较多的区域建立远程教学学习点，让农民工集中在一个地方进行远程学习，从而避免面授的时间和物质条件局限。农民工利用培训机构设置的网络资源，通过短小的视频课程和网络作业，即可获得该门课程的学分。二是开发灵活多样的网络课程。随着智能手机在青年农民工中的普及和微信等自媒体平台的广泛使用，可以开设面向青年农民工的公民道德意识培育微课堂，将一些课程分解成数次几分钟的微课，农民工就可利用零碎时间在手机上学习。但开设这些课程之前要注重实际调研，结束后要及时搜集整理教育对象的评价和建议，并总结得失成败以便进一步完善培训方式。

7.3.3 建设农民工公民道德意识培育师资队伍

从总体来看，全国范围内的农民工培训师资数量比较充足，其专业结构、年龄结构、职称结构和学历结构呈现出多样化的特征。但是，上文已经指出，由于各培训机构性质不同，隶属的主管部门不同，其培训的目标、要求、规模和内容也有差异，单一培训机构的师资难以满足农民工公民道德意识培育工作的要求。因此，各培训机构联合起来建立全国范围内或者一定地域范围内的、以兼职教师为主的、师资类别有所区分的师资库是很有必要的。这样，既有利于解决单个培训机构经济实力有限、师资配备不足的困境，又有利于整合培训师资，满足不同层次的培训需求。

在师资类别上，可建立普通师资类型、名师类型和特殊类型。普通类师资主要由各职业院校和企业的公民道德意识培育相关专业教师组成，名师类师资主要由大型国企培训名师、全国知名专家学者组成，特殊类师资主要根据特别培训任务由专业教师组成。在师资流动上，既可以采取长期聘任制，也可以采取短期任用或临时借用的形式，允许不同类型的师资在不同所有制培训机构之间有序流动。在师资培育上，既要定期举行综合性的培训，又要进行专门性的培训，满足不同师资成长与发展需求。

7.3.4 创建农民工社会主义公民核心素养评价体系

农民工公民核心素养是指农民工应具备的能够适应城市公共生活、应对个人终生发展和社会发展不可或缺的基本素质，是农民工的公民知识、技能、情感、态度、价值观等多方面要求的综合表现。建立以评价指标和考评办法为基本内容的农民工公民素养评价体系，既可以测评农民工公民道德意识状况，又可以作为量化农民工学习成效的依据。

农民工公民核心素养评价指标可以参照上文农民工公民道德意识考察的四个维度，用权利意识、公共责任意识、民主法治意识和公共参与意识作为一级指标，并据此构建16项二级指标，继而对二级指标进行描述。农民工公民核心素养评价指标既要体现国家意识形态要求，又要遵循农民工身心发展和公民文化心理发展规律，指标具体内容之间要相辅相成，互为一体。农民工公民核心素养评价指标可在国务院农民工工作领导小组指导下由各类培训机构组织相关专业研究人员进行开发和研究，并以此作为农民工公民道德意识考评的工具。

农民工公民道德意识考评就是对农民工参与公民道德意识培训的跟踪、汇总和证明，并以此作为其公民素质提升和具备公民能力的资格证明。首先，建立学习档案。档案以农民工的身份证号作为区分标志，将他们参加相关培训与参与政治、社会实践活动的情况记录于其上，作为其具备公民能力的依据，一人一证，全国通用。其次，建立学分银行。农民工流动频率较高，他们难以长期在固定地点和时间参加公民道德意识培育，因此，培训机构可建立农民工公民道德意识学习的学分银行，实行全国范围内异地互认学分制度。同时，农民工若在参加各种形势与政策知识、法律知识、公民知识大赛等活动中获奖，都可以获得相应的学分。最后，实行弹性学制。农民工工作时间较长，投入到学习上的时间有限，因此有必要采取弹性学制。农民工在不同地方不同时间获得的学分长期有效，修满规定的学分，达到要求，就可换取公民能力资格证书。在户籍制度及相关改革还未完成的情况下，这种资格证明可以作为其在城市落户和参与企业、城市社区选举与被选举活动的资质参考。

7.4　发挥企业的生产激励与文化引导作用

现代的经营管理和科学技术机构具有改变人的特殊能力，可以使人在心理、态度、价值观和行为上从较传统的一端逐渐转变到较现代化的一端①。在这些机构中，企业是近代文明中工业形态的缩影，不仅是一个追求利润的组织，也是公共利益的参与者；不仅是农民工从业活动的主要场所，也是培养农民工现代公民道德意识的重要平台。企业是农民工在城市生存的重要组织依托，企业的生产与管理活动、企业文化建设、企业的职工关怀活动都会对农民工公民道德意识的成熟产生重要的影响。

7.4.1　结合企业生产与管理活动

一是结合企业生产活动进行公民道德意识培育。生产是企业的主要活动，企业在生产活动中间接地进行公民道德意识培育则成为首要选择。利用企业生产活动进行公民道德意识培育要注意两点。其一，要结合行业特点进行。农民工就业主要集中于三类企业：建筑业、制造业和服务业，这些行业各有特点，对农民工的公民道德意识培育会产生不同的影响。在建筑行业和大规模流水线制造企业，生产的流程化组织形式和规范严格的管理制度本身就对农民工提出了规则、纪律、责任、团结、协作等多方面的要求。在服务业，企业有关生态环保、垃圾分类、规范操作等要求，对农民工承担公共责任、依规依法从业等方面有积极的影响。因此，在生产活动中进行公民道德意识培育，既能促进生产，使企业和农民工都有所收获，又能潜移默化地改造农民工的思想和行为，让农民工从内心自觉认同现代生产组织方式对自身的改造，因而能收到事半功倍的效果。其二，要结合岗位激励进行。岗位激励不仅是农民工积极从业的动力，而且是农民工公民道德意识培育的题中之义。例如，企业结合农民工的生产活动，开展评选"遵纪守法示范岗""尽职守责示范岗""团队合作先进岗""诚信示范岗"等活动，可以培育农民工的遵纪守法意识，团结协作意识，诚实守信、爱岗敬业意识，遵守职业行为准则和社会公共道德的意识等。

---

① 阿历克斯·英格尔斯. 人的现代化：心理·思想·态度·行为 [M]. 殷陆君，译. 成都：四川人民出版社，1985：10.

二是结合企业的生产管理活动进行农民工公民道德意识培育。企业生产管理活动是企业借助相关规章制度、组织纪律等约束、协调员工的生产行为，养成良好的职业习惯的手段。利用企业生产管理活动进行公民道德意识培育，主要通过完善信息公开制度、畅通农民工意见表达渠道进行。企业可通过公开生产目标、计划、步骤、过程、业绩状况，保障农民工的知情权，通过建立工会、职工代表大会、班组代表会等组织机构和职工QQ群、微信群等信息平台，完善农民工民主参与和利益诉求渠道。通过以上两种方式，广泛发挥民主，建立健全企业规章制度和民主管理、民主决策和民主监督机制，提高职工对企业生产管理活动的理解、关注和支持。这样，既可以使管理者及时、准确、全面地掌握企业生产活动中的问题，及时了解农民工的公民道德意识状况，又能使农民工充分发挥主体作用，增强权利与义务意识，自觉认同企业及其公民道德意识培育目标，并自觉调整公民行为，不断提升公民道德意识。

7.4.2 融入企业文化建设活动

企业文化包含企业价值观念、企业精神、企业制度、企业产品等多方面的内涵。企业文化是企业的灵魂，是推动企业发展的不竭动力，能对企业的生产活动和员工的思想意识产生深刻的影响。那些有着优秀企业文化的企业，往往都会遵守市场经济规则、有社会责任感，在内部也能发扬民主、关心职工的生活和思想状况，对农民工公民道德意识的形成会产生正面的积极影响。因此，企业加强企业文化建设，培育具有自身特色的企业文化，既有利于树立良好的企业形象，增强企业的凝聚力，又有利于提高农民工的公民文化素质。

利用企业文化活动进行公民道德意识培育，可从两方面进行。其一，进行公民道德意识专题培训，建立显性培育机制。企业通过与专门的教育培训机构合作等方式，举办公民知识讲座、公民能力提升实践或以短期微信授课 App 等形式，为农民工提供时事政策、权益保护、民主法治、职业道德、公共道德知识等方面的教育。其二，融入企业文化活动之中，建立隐性培育机制。企业管理者要充分发挥企业文化所具有的导向、凝聚和激励作用，围绕企业的文化建设目标，全面开展系统的企业文化建设工程，用积极向上的企业精神和企业价值观激励农民工，使他们形成与企业文化要求一致的公民道德意识。在具体操作上，可以通过典型事例、文明创建、文明书屋等活动进行。典型事例就是通过典型故事教育引导员工，通过农民工践行与公民道德意识相关的企业精神来提炼公民文化理念。文明创建就是通过开展文明工厂、文明窗口和文明员工活动，激励农民工树立文明新风范。文明书屋就是建立职工图书阅览室，引导农民工进行自主学习，提高他们的公民文化素养。

7.4.3　走进企业职工关怀活动

职工关怀就是企业针对农民工在企业和城市生活中面临的主要问题，利用企业自身的物质和精神力量引导、帮助和支持农民工，使他们逐渐适应城市的公共生活。企业关怀不仅可以帮助农民工缓解城市生活的焦虑，而且有助于其尽快融入城市生活，为实现其市民化打下基础。在实践层面，企业农民工关怀可以从对农民工的生活关怀、思想关怀和权益保护三个方面进行。

在物质生活方面，企业可以通过建设农民工宿舍、食堂、休闲和购物场所等，解决农民工生活中面临的基本需求，为其公民道德意识的成熟提供物质基础。同时，企业管理者要深入了解职工收入、涨薪、升职和福利待遇等方面的需求和困难，根据情况给予适当的帮助和解决。在解决农民工实际问题的同时，适时抓住时机进行公民道德意识教育，也就是要通过解决农民工的生活问题来解决其思想问题，引导他们树立正确的权利与义务观，将对企业的热爱转化为公共责任意识，将在企业的参与延伸到公共参与之中。在精神生活方面，企业可以组织农民工开展文化学习和娱乐活动。如建立阅览室、影视中心、开展职工文化活动等，为有文艺特长的农民工创造展示的机会，丰富农民工的业余文化生活。针对个别农民工来到陌生的环境，相对缺乏精神依托，可能走极端的情况，企业可以对他们进行心理疏导，帮助他们缓解压力，让他们更多地融入集体生活和社会公共生活之中。针对农民工经常遇到的维权问题，企业首先要自觉保护农民工权益，同时要利用工会组织协助农民工维权。工会是农民工利益的代表，工会可以农民工代表的身份，就劳动关系中的矛盾与雇主或其他利益相关方进行交涉，在诸如工资待遇、劳动保护和人格尊严等方面维护农民工的权益。农民工可以在参加工会并依靠工会维护自身合法权益的过程中，逐渐提升自己的公民道德意识。

7.5 发挥社区的日常生活管理与服务作用

改革开放以后，我国宪法明确了社区作为我国政治运行和社会治理的基层社会组织的地位。社区是与政府密切相连的城市基层群众性自治组织，是国家与社会的对接口，也是普通社会成员日常生活世界的缩影。20世纪90年代以来，随着社会主义市场经济体制的不断完善，原来由单位承担的社会管理、服务与保障的功能逐渐转交社区。社区的功能随之不断地提升，工作面不断扩展，工作内容更加丰富多样，从微观的层面担当起了造就大社会的重任，成了功能比较齐全的"小社会"。随着农民工进入城市社区生活，社区服务对象相应扩展到农民工。社区既是农民工日常活动的物理场域，也是其实现由传统村民意识向现代城市市民意识转换的文化场域。农民工进入社区以后，在一定程度上打破了城乡界限，城市户籍居民和农民工共同的居住环境能潜移默化地影响农民工的生活方式和思维习惯，社区培育农民工公民道德意识能起到事半功倍的效果。但同时，应当看到，城市社区中居民的血缘和地缘相分离、生产与生活区域相分离，与农民工原有的社会关系网络与生存状态呈现出较大的差异。因此，社区应充分发挥自身优势，从多方面促进农民工与社区的交流互动，使农民工在参与社区活动的过程中产生认同感和归属感并提高现代公民综合素质。社区的农民工公民道德意识培育可结合社区选举、社区治理和社区文化活动进行。

7.5.1 组织农民工参与政治选举活动

政治选举是公民在现有的制度框架内进行的政治参与活动的重要形式，它以其合法性、合理性、实践性的突出特点而成为培育公民道德意识最直接最便捷的途径。我国农民工的政治选举活动落到实处，必须依托社区组织。一方面是因为社区对辖区内的居民情况较为熟悉，对户籍人口和常住人口的分布情况较为了解，便于将农民工纳入登记范围进行人口登记；另一方面是因为社区在较长期的社会治理中，已经形成了一整套工作方法，它们对农民工参与选举活动的引导、说服和教育更为行之有效。

社区积极推动农民工参与政治选举活动，首先，社区要利用选举登记制度对农民工参与政治选举的身份进行确认，根据农民工居住期限、社区贡献、公民素质及其居留意愿确定其政治选举资格。其次，社区要按相关规定组织农民工参与所在社区的政治选举活动，让农民工熟悉政治选举活动的基本要求、程序和参与的方式方法。最后，社区要在选举活动结束之后，组织农民工进行分析总结，让农民工感知自己平等的公民身份，愿意承担公共责任，并知晓公民的权利和义务。社区组织农民工参与政治选举活动不仅能使农民工更主动地、更有效地融入城市政治生活，而且还能进一步促进政府职能转变、提升城市的软实力，提高包括农民工在内的所有社区成员的公民道德意识。

7.5.2 组织农民工参与社区治理活动

社区是社会治理的基础细胞，实现多元共治、推动城市治理能力现代化，必然要求提高社区治理水平，必然要求社区成员提升公民道德意识。现代社区打破了计划经济时代社会成员工作单位主导下的单一主体管理模式，社区居民委员会、小区业主委员会和其他社会组织都可以参与到社区中来，形成多元共治的局面。农民工大量进入城市社区，他们也必将成为社区治理的主体，利用社区治理活动培育农民工公民道德意识也就成为必然选择。农民工参与社区治理是其试图影响社区公共生活的体现，是其公民权利得以实现的重要途径之一，也是防止公共权力被滥用的重要手段。

社区应充分发挥其基层优势，对农民工由"管理"转变为"服务"，充分发挥他们参与社区治理的主动性和积极性。社区可遵行"自我管理、自我教育、自我服务"的方针，让农民工参与到社区治理活动。具体而言，就是让一些高素质、有担当的年轻农民工参与社区治安维护、环境保护、居民纠纷调解等活动。农民工通过参与这些活动，能够增进自身与社区户籍居民的互动与交往，切身感受到城市公共生活与农村生活的巨大差异，感知社会公共生活的必要性和重要性。农民工通过参与社区活动，逐渐熟悉公民的权利和义务，了解权利维护和主张的基本程序，并培养他们的独立自主、自由、民主、平等、协作等公共生活观念，形成恰当的公共生活行为习惯。

7.5.3 组织农民工参与主题教育和文化活动

一方面，社区可以根据公民道德意识培育要求，面向农民工开展专门性的主题教育和宣传活动，如政策解读、普法教育活动，社会公德教育活动，环境保护教育活动等。这些主题教育内容都要精心设计，不拘泥于单一的形式，但要考虑不同年龄层次和文化程度的农民工的不同需求。其中，普法活动就是对国家公民普及法律常识，是增强农民工民主法治意识的重要措施。社区可邀请相关专家举办法律知识讲座，向农民工提供政策与法律知识咨询、法律援助，满足他们表达和维护权益的诉求，强化他们的知法、守法、用法和护法意识。如针对近年来出现的大量非法借贷案件，可以开展预防金融诈骗的宣传讲座，增强农民工金融安全和风险防范意识，提醒他们远离各类非法金融活动，养成法治思维和习惯。针对个别农民工在社区公共场所大声喧哗、破坏公共设施的现象，社区可开展"热爱社区、树立文明新风"活动，让农民工养成社会公德习惯。针对个别农民工乱扔垃圾、破坏环境的现象，社区可开展环境保护知识竞赛活动，让农民工在活动中认知环境保护的重要性和环境保护的办法。

另一方面，社区可以利用现有资源，借助各类社区文化活动潜移默化地提升农民工的公民道德意识。社区中的文化馆、图书馆、科技馆、电影院、博物馆、体育馆等机构都蕴含着多种公民教育力量，因而社区管理者可借助这些多元化的教育力量举办多种类型的文化活动，增强农民工的归属感与幸福感。社区通过精神文明创建与社区文艺演出、体育竞技、科学知识普及活动，以及评选道德文明楷模、最美家庭、孝亲敬老典型、社区服务积极分子等活动，让农民工参与共建社区并共享社区发展成果，培养其科学文明健康的生活方式。农民工在参与这些社区活动的过程中，既发挥了自己的特长、增强了信心，又传递了社会正能量，增进了他们与城市户籍居民的了解和信任。由此，他们逐渐体会到从外地人身份到主人身份转变的喜悦，其自我认同、社区认同和城市认同也随之不断增强，其社区参与意识就会进一步增强。

7.6 发挥农民工的自我教育作用

自我源于动物本能基质，是人类人格中通过知觉与外部世界发生联系的方面，是人们意识到的和能意识到的知觉活动和运动冲动的总和。由自我衍生的自我意识不但成为人们与外部联系的纽带，而且构成人们认识世界的基础、个体人生态度和价值观的核心。自我意识的形成源于自我教育，自我教育就是个体通过认识、调控和改造，提高和完善自我素质、使自身变得更完美的一种活动，即"根据一定的教育要求进行自我修养、自我行为管理"的过程①。于农民工而言，农民工的自我教育在其公民道德意识的形成中发挥着决定性作用，其重要的目的之一就是形成农民工自觉的公民道德意识和道德行为。因此，农民工公民道德意识的提升，不仅需要借助国家和社会外在力量的干预，还必须依靠农民工的自我公民道德意识教育。本书主要从农民工的自我学习、实践和反思三个方面探讨其自我公民道德意识教育。

7.6.1 系统学习公民文化知识

农民工普遍受教育程度不高，接受公民道德教育的时间不长，因此有必要通过继续学习来丰富自己的公民文化素养。在学习准备阶段，农民工要结合自身融入城市文明体系的需求激发学习动机，主动把握来自政府、企业、社区和其他社会组织提供的各种学习机会，确立恰当的学习目标，明确学习内容，制订学习计划，并督促自己严格执行。

在学习方式选择上，农民工学习公民道德可以采取两种方式。其一是直接学习，即参加专门的公民道德意识培训和自学，学习公民道德相关知识，了解公民权利与义务、国家相关制度和法律知识体系，理解法律和公共参与对于个体和社会的意义，提高自身对国家、社会、公民之间关系的认知，增强自身的公民道德意识。其二是间接学习，即通过主流新闻媒体关注国家和社会大事，了解新时代公民道德建设新要求，熟悉关涉农民工权益保护、公共服务、社会保障方面的政策，提高国家认同意识和政治敏锐性，丰富法律知识和社会公德知识，提升自我保护和维权能力，并掌握融入城市公共生活的规则和要求。

在内容与方法选择上，既要学习和利用传统，又要善于推陈出新。农民工要了解自己公民道德知识把握的弱项，突出问题导向，以解决自己面临的权益保护、政治参与、文化参与等问题或任务为线索。在学习过程中，既要参照传统的学习模式，又要借助互联网平台，选择适合自己的学习方法；既要结合已有的知识经验学习新的知识经验，同时又要尽量避免

---

① 陈万柏，张耀灿. 思想政治教育学原理 [M]. 北京：高等教育出版社，2015：225.

思维定式对新的知识体系和思维方式的干扰。在新媒体时代，人们运用各种手段传播各种公民道德信息。因此，农民工还要特别注意提高自己的信息识别、筛选和判断能力，避免被个别非主流媒体的歪曲报道误导。

7.6.2 主动参与公民实践活动

实践出真知。公民道德实践是公民道德意识的来源。在应试教育影响下，大多数农民工可能在求学阶段背诵过相关的知识点，但他们的公民道德实践能力仍然有限。因此，农民工自我公民道德意识培育不是单纯的知识学习与心性修养，还需要农民工主动地参与政治与社会公共生活，在实践中运用所学知识获得公民能力并检验自己的认识正确与否。

农民工公民道德实践活动的公共空间主要是工作场所和社会公共场所。由此，农民工要主动参与到企业、社区、社会公共生活中，如参加工会和行业协会，参与社区选举和治理，争当各级人民代表大会、党代会代表，通过参政议政、参与社区自治、各类群众性文化活动和公益活动来认知和理解公民活动的意义，并提升自己的职业道德和社会公德。在家庭生活中，农民工既要继承和弘扬中华优秀传统道德文明，又要发扬新时代道德风尚，营造良好的家庭氛围，践行新时代家庭美德。

农民工只有在自主参与公民实践活动的过程中，才能真正认识到村民文化或农民工同质文化与城市公民文化之间的差异，才能意识到自己的思想意识和行为表现与新时代好公民要求之间的距离。人大代表康厚明、刘雪萍参加了人大会之后才会发现自己不会写议案，才知道自己参政议政的知识与能力不足；范雨素成名之后并未马上答应成为签约作家，而是选择接受继续教育。农民工只有真正参与了公共政治、文化和社会公共实践活动，才能以国家政治生活规则、社会公共生活规则、市民文明公约等为参照，积极地、主动地对自身观念与行为进行转换与调适，从而达到理想的公民思想状态、形成恰当的公民行为方式。

7.6.3 反思自我的公民认知与实践

反思是个体事后思考自己的行为，思考自己与他人、与世界的关系，进而获得更完整认知的重要手段。农民工在自我公民道德意识培育过程中，除了自我学习、自我实践之外，还应对自己的行为进行反思。反思自己在公民认知和实践活动中的言行、得失，提高自己的自觉性、主动性和自制力。农民工的反思可采取两种方式，即自我评价和自我总结。

自我评价就是农民工从自身出发，以自我为评价客体，以满足自身成长需要和国家现代化发展要求为标准来评价自身的公民认知与行动。例如，农民工在为自己群体发声的文学创作中，不能局限于控诉式地表达群体的艰辛或自发式的情绪宣泄，而应当客观地评价自己创作的目的和内容是否与国家现代化的步伐保持一致、是否有助于农民工问题的有效解决、是否有利于推动农民工群体真正向新产业工人转型。在评价过程中，当自身的公民行为有利于满足自身的公民需要，并能符合社会发展要求时，农民工就应当赋予其肯定性的评价，否则就赋予其否定性的评价。进而，农民工在促进或发扬与肯定性评价相对应的意识和行为、抑制或阻碍与否定性评价相对应的意识和行为的过程中，不断使自己公民道德意识的塑造处于自觉的控制之中。

自我总结就是农民工从理性的角度对自己和自己所在群体的公民观念和公民行为进行多方位的深刻的总结。农民工在充分了解自身的公民特征的基础上，对照国家和社会对公民的要求，在学习和行动的每一个阶段和每一个环节对自身的观念和行为进行全面的分析和反馈。正如最早的农民工代表胡小燕对自己的总结和要求：既然当过全国人大代表，就一生都有责任为农民工代言。北京皮村"工友之家"负责人之一的沈女士，在志愿服务于皮村农民工子女教育和身心健康工作中，深入思考农民工发展的历史与现实，致力于为农民工成长为新工人和新市民而贡献自己的力量。新一代农民工代表邹彬，深入思考自己的成长经历和在世界职业技能竞赛中的得失，多次提交有关农民工的职业技能培训、推进农民工向新产业工人转变的议案。由此可见，无论农民工从事什么职业，无论他们参加哪些类型的公民实践活动，他们都要思考自己进行公民生活活动的价值，总结这些活动的经验与教训，这样才能真正提升自身的公民道德意识。

8 结束语

改革开放以来，随着大量的农民工进入城市就业，我国的工人群体已经发生了巨大的变化。《国务院关于解决农民工问题的若干意见》明确了农民工的政治地位和社会贡献，赋予了其产业工人的社会身份，肯定了其所发挥的劳动大军作用，也由此对农民工的公民素质提出了更高的要求。从纵向来看，农民工的文化程度不断提高，其公民素质也有所提升。但是，从横向来看，农民工群体与知识分子、企业事业单位管理人员和新兴产业从业人员等其他工人群体相比，其整体文化素质特别是其公民道德素质仍然较低。本书研究的出发点在于对农民工公民素质与国家政治生活和城市公共生活对其要求不匹配这一现实的关切，重点分析农民工如何从传统村民向现代城市公民转化所面临的文化心理调适问题，落脚点在于通过培育农民工的公民道德意识，提升其与建设现代化强国相适应的公民素质。

从农民工的发展历程来看，在不同的历史阶段，农民工的公民道德意识及需求也呈现出阶段性特征。在第一阶段，农民工最典型的特征是亦工亦农，离土不离乡，以乡镇企业作为其就业的主要场所，并以农民作为其社会身份的基本定位。此时，他们的公民道德意识相当模糊。在第二阶段，农民工最典型的特征是大规模流动，离土又离乡。虽然农民工的生存方式仍然表现为亦工亦农并以农民作为其社会身份的基本定位，但其务工的时间远远超出了其务农的时间。在与城市居民的初步对比中，他们开始怀疑自身的公民身份，其公民道德意识已经有所增强，却充满了种种困惑。在第三阶段，农民工在城市生活的经济基础已经比较牢固，其居留的时间相应较长，主动或被动参与城市公共生活的机会更多，受城市文化熏染的程度更深。在现代城市文明的影响下，农民工尤其是新生代农民工已经不再像以前一样隐忍，他们的社会行为表现出群体性、松散性、及时性、冲击性甚至破坏性，他们要求共享经济发展的成果、维护自身的合法权益、参与城市政治活动与公共生活，享有与城市户籍人口一样的公民权利和待遇。然而，在现实中，他们却常常感受到自己的文化素养、思维方式、行为方式与城市户籍居民的巨大差异。相较于城市户籍居民，他们更缺乏权益维护、政治参与、社会公共生活参与的知识、能力和公共道德意识，而这正是农民工公民文化弱质的基本表现。在当下，随着国家农民工政策的调整，大量农民工在城市长期工作与生活并成为新产业工人和新市民已经是必然的趋势和结果。由此，城市文化生活对农民工的公民道德意识提出了更高的要求，农民工在城市文化生活的熏染下也产生了公民道德意识提升的强烈诉求。

从现状调查来看，农民工公民道德意识总体比较薄弱，其公民道德意识的各个维度之间存在一些差异。同时，农民工群体内部的分化也使其公民道德意识现状及其需求相应地呈现出多元化特点。农民工公民道德意识薄弱的原因是多方面的，既有传统臣民文化和村民文化的影响，又有农民工现实实践有限的束缚。就传统文化而言，儒学中的消极成分，如愚忠愚孝、纲常名教、等级制度、父子相隐等，造成了许多民众根深蒂固的臣民意识，而这种臣民意识与公民道德意识背道而驰。从农民工公民实践活动来看，部分农民工已经尝试运用法律武器维护自己的权利、通过参加人大会和党代会等途径参政议政、通过文学创作和艺术表演等形式进行文化实践活动，而且已经进入城市日常公共生活，但是他们的这些实践活动仍然受到多种束缚。从国家主导下的农民工培训实践来看，职业技能培训的中心地位决定了农民工公民道德意识培育的附属地位，农民工公民道德意识培育的政策导向、相关理论、实践策略都有待改进。

本书从理论上分析了农民工公民道德意识培育的目标、原则和内容，较为系统地建立了公民道德意识培育的基本框架。同时，本书还从宏观、中观、微观层面探讨了国家、网络媒体、社会组织和农民工自身的公民道德意识培育的实践路径。就其覆盖范围而言，这一路径从宏观、中观和微观三个层面观照了国家、社会组织和农民工自身在农民工公民道德意识培育中的措施和方法。就其政治传播方向而言，这一路径不仅观照了政府和农民工所分别对应的输出和输入两个方向系统，而且还借助培训机构、企业和社区等社会组织，实现了输出和输入两个系统的对接、调适和转换。

由于笔者的理论水平、时间和精力有限，研究的深度和广度还有拓展的空间。本书提出的农民工公民道德意识培育的目标、原则、内容和实践路径还处于探索阶段。农民工公民道德意识培育所设定的国家、社会、个体目标是否过于宏观或者理想化，确定的相关原则能否在思想政治教育原则已有框架内更具创新性，选择的内容能否跳出公民教育的常规范式等，这些问题都需要进一步深入研究，也需要将其真正运用到实践中加以检验。这也是笔者后续研究的出发点。

农民工的文化心理现代化是中国人从传统向现代转型的一个缩影。现代化一直在路上，当下的现代化于未来而言，它终将成为历史，成为传统。由此，现代化所推动的急剧变化无疑会使人们产生文化焦虑，任何人都无可逃避地陷入其中。这实际上是整个中国社会，乃至人类社会曾经面临、正在面临、将来仍然会面临的考验。在当下，提升农民工公民道德意识、缓解其文化焦虑是特定群体现代化转型的方案，为人的现代化研究提供了一种思路。广而推之，人的现代化转型是一个历久弥新的课题。

参考文献

一、经典著作

[1] 马克思，恩格斯. 马克思恩格斯文集：第 1~10 卷 [M]. 北京：人民出版社，2009.

[2] 马克思，恩格斯. 马克思恩格斯选集：第 1~4 卷 [M]. 北京：人民出版社，2012.

[3] 马克思，恩格斯. 马克思恩格斯选集：第 1~4 卷 [M]. 北京：人民出版社，1995.

[4] 马克思，恩格斯. 马克思恩格斯全集：第 3 卷 [M]. 北京：人民出版社，2005.

[5] 马克思，恩格斯. 马克思恩格斯全集：第 1 卷 [M]. 北京：人民出版社，2001.

[6] 马克思，恩格斯. 马克思恩格斯全集：第 1 卷 [M]. 北京：人民出版社，1956.

[7] 马克思，恩格斯. 马克思恩格斯全集：第 2 卷 [M]. 北京：人民出版社，1957.

[8] 列宁. 列宁全集：第 3 卷 [M]. 北京：人民出版社，1959.

[9] 毛泽东. 毛泽东文集：第 7 卷 [M]. 北京：人民出版社，1999.

[10] 邓小平. 邓小平文选：第 1~2 卷 [M]. 北京：人民出版社，1994.

[11] 邓小平. 邓小平文选：第 3 卷 [M]. 北京：人民出版社，1993.

[12] 习近平. 习近平谈治国理政：第 1 卷 [M]. 北京：人民出版社，2018.

［13］习近平. 习近平谈治国理政：第 2 卷［M］. 北京：人民出版社，2017.

［14］习近平. 习近平谈治国理政：第 3 卷［M］. 北京：外文出版社，2020.

［15］习近平. 习近平谈治国理政：第 4 卷［M］. 北京：外文出版社，2022.

二、中文著作

［1］费孝通. 乡土中国［M］. 上海：上海世纪出版集团，2013.

［2］费孝通. 费孝通文集：第 8 卷［M］. 北京：群言出版社，1999.

［3］陈弱水. 公共意识与中国文化［M］. 北京：新星出版社，2006.

［4］陆学艺. 三农论：当代中国农业、农村、农民研究［M］. 北京：社会科学文献出版社，2002.

［5］李强. 农民工与社会分层［M］. 北京：社会科学文献出版社，2004.

［6］刘怀廉. 中国农民工问题［M］. 北京：人民出版社，2005.

［7］国务院研究室课题组，中国农民工调研报告［M］. 北京：中国言实出版社，2006.

［8］韩长赋. 中国农民工的发展与终结［M］. 北京：中国人民大学出版社，2007.

［9］刘小年. 中国农民工政策研究［M］. 长沙：湖南人民出版社，2007.

［10］刘传江，徐建玲. 中国农民工市民化进程研究［M］. 北京：人民出版社，2008.

［11］黄进. 价值冲突与精神皈依：社会转型期新生代农民工价值观研究［M］. 南京：南京师范大学出版社，2010.

［12］王伦刚. 中国农民非正式的利益抗争：基于讨薪现象的法社会学分析［M］. 北京：法律出版社，2011.

［13］黄丽云. 新生代农民工市民化中的价值观［M］. 北京：社会科学文献出版社，2012.

［14］国务院农民工办课题组. 中国农民工发展研究［M］. 北京：中国劳动社会保障出版社，2013.

［15］潘泽泉. 国家调整农民工社会政策研究［M］. 北京：中国人民大学出版社，2013.

［16］韩俊. 新型城镇化与农民工市民化［M］. 北京：中国工人出版社，2014.

［17］金维刚，石秀印. 中国农民工政策研究［M］. 北京：社会科学文献出版社，2016.

［18］赵宝柱. 新生代农民工培训：意愿与行动［M］. 北京：中国社会科学出版社，2016.

［19］张领. 流动的共同体：新生代农民工、村庄发展与变迁［M］. 北京：中国社会科学文献出版社，2016.

［20］王春雷. 中国农民工研究（1984—2014）［M］. 武汉：湖北教育出版社，2017.

［21］金喜在. 中国农民工市民化的路径与政策研究［M］. 北京：科学出版社，2017.

［22］廖金香. 新生代农民工公民道德意识教育研究［M］. 北京：经济管理出版社，2018.

［23］石书臣. 现代思想政治教育主导性研究［M］. 上海：学林出版社，2004.

［24］王礼湛. 思想政治教育学［M］. 杭州：浙江大学出版社，2004.

［25］张耀灿. 思想政治教育学前沿［M］. 北京：人民出版社，2006.

［26］陈万柏，张耀灿. 思想政治教育学原理［M］. 北京：高等教育出版社，2007.

［27］戴志伟. 社区思想政治工作新论［M］. 北京：中国社会出版社，2008.

［28］雷骥. 现代思想政治教育的人性基础研究［M］. 北京：人民出版社，2008.

［29］郑永廷. 思想政治教育方法论［M］. 北京：高等教育出版社，2010.

［30］项久雨. 思想政治教育价值论［M］. 北京：中国社会科学出版社，2010.

［31］陈秉公. 思想政治教育学原理［M］. 北京：高等教育出版社，2010.

［32］王学俭. 新媒体与高校思想政治教育［M］. 北京：人民出版社，2012.

［33］白显良. 隐性思想政治教育基本理论研究［M］. 北京：人民出版社，2013.

［34］黄稻，刘海亮. 公民道德意识［M］. 沈阳：辽宁大学出版社，1987.

［35］张秀雄. 公民教育的理论与实践［M］. 台北：台北师大书苑公司，1998.

［36］蓝维等. 公民教育：理论、历史与实践探索［M］. 北京：人民出版社，2007.

［37］严洁等. 公民文化与和谐社会调查数据报告［M］. 北京：社会科学文献出版社，2008.

［38］王小飞. 比较公民教育［M］. 北京：中国社会科学出版社，2008.

［39］梁金霞. 中国德育向公民教育转型研究［M］. 北京：知识产权出版社，2009.

［40］沈明明，等. 中国公民意识调查数据报告（2008）［M］. 北京：社会科学文献出版社，2009.

［41］李长伟. 古典传统与公民教育［M］. 北京：教育科学出版社，2010.

［42］江国华. 宪法与公民教育与中国宪政的未来［M］. 武汉：武汉大学出版社，2010.

［43］檀传宝. 公民教育引论：国际经验、历史变迁与中国公民教育的选择［M］. 北京：人民出版社，2011.

［44］王金辉. 企业公民教育研究［M］. 北京：经济管理出版社，2011.

［45］何齐宗，等. 青少年公民意识教育研究［M］. 北京：中国社会科学出版社，2011.

［46］章秀英. 公民意识评价与培育机制［M］. 北京：中国社会科学出版社，2012.

［47］唐克军，蔡迎旗. 美国学校公民教育［M］. 北京：中国社会科学出版社，2012.

［48］刘志山. 港澳台公民教育比较研究［M］. 北京：中国社会科学出版社，2012.

［49］李奎. 自我公民教育研究［M］. 北京：北京理工大学出版社，2012.

［50］刘丹. 全球化时代的认同问题与公民教育研究：基于公民身份的视角［M］. 北京：北京师范大学出版社，2013.

［51］刘铁芳. 公共生活与公民教育学校公民教育的哲学探究［M］. 北京：教育科学出版社，2013.

［52］郭忠华. 中国公民身份：历史发展与当代实践［M］. 上海：上海人民出版社，2014.

［53］冯建军. 公民身份认同与学校公民教育［M］. 北京：人民出版社，2014.

［54］伍华军，周叶中. 我国公民道德意识及其培植研究［M］. 武汉：武汉大学出版社，2014.

［55］蒋硕亮. 中国公民教育与廉洁文化建设［M］. 北京：北京大学出版社，2014.

［56］叶飞. 公共交往与公民教育［M］. 北京：人民出版社，2014.

［57］张夫伟，张红艳. 公民道德意识与学校生活建构［M］. 北京：中国社会科学出版社，2015.

［58］姜元涛. 世界公民教育思想研究［M］. 北京：科学出版社，2015.

［59］肖滨，郭忠华. 公民身份研究：第1卷［M］. 上海：上海人民出版社，2015.

［60］郭忠华. 公民身份核心问题［M］. 北京：中央编译出版社，2016.

［61］林火旺. 正义与公民［M］. 长春：吉林出版集团有限责任公司，2015.

［62］傅慧芳. 公民道德意识的时代性与本土化［M］. 北京：社会科学文献出版社，2018.

［63］丛日云. 西方政治文化传统［M］. 长春：吉林出版集团有限责任公司，2007.

［64］唐士其. 西方政治思想史［M］. 北京：北京大学出版社，2008.

［65］谭安奎. 公共理性［M］. 杭州：浙江大学出版社，2011.

［66］李佃来. 公共领域与生活世界［M］. 北京：人民出版社，2006.

三、外文译著

［1］亚里士多德. 政治学［M］. 吴寿彭，译. 北京：商务印书馆，1965.

［2］修昔底德. 伯罗奔尼撒战争史［M］. 徐松岩，译. 北京：商务印书馆，1960.

［3］西塞罗. 西塞罗三论［M］. 徐奕春，译. 北京：商务印书馆，1998.

［4］柏拉图. 理想国［M］. 谢祖钧，译. 北京：中央编译出版社，2013.

［5］马基雅维利. 君主论·李维史论［M］. 潘汉典，译. 长春：吉林出版集团有限责任公司，2011.

［6］罗尔斯. 政治自由主义［M］. 万俊人，译. 南京：译林出版社，2000.

［7］雅诺斯基. 公民与文明社会［M］. 柯雄，译. 沈阳：辽宁教育出版社，2000.

［8］雷森伯格. 西方公民身份传统：从柏拉图至卢梭［M］. 郭台辉，译. 长春：吉林出版集团有限责任公司，2009.

［9］阿伦特. 人的境况［M］. 王寅丽，译. 上海：上海世纪出版社，2005.

［10］阿伦特. 论革命［M］. 陈周旺，译. 南京：译林出版社，2007.

［11］希特. 何谓公民身份［M］. 郭忠华，译. 长春：吉林出版集团有限责任公司，2007.

［12］黑格尔. 法哲学原理［M］. 范扬，张企泰，译. 北京：商务印书馆，1960.

［13］霍布斯. 论公民［M］. 应星，等译. 贵阳：贵州人民出版社，2003.

［14］罗尔斯. 正义论［M］. 何怀宏，等译. 北京：中国社会科学出版社，1988.

[15] 洛克. 政府论 [M]. 杨思派, 译. 北京: 中国社会科学出版社, 2009.

[16] 金里卡. 当代政治哲学 [M]. 刘莘, 译. 上海: 上海三联书店, 2003.

[17] 泰勒. 自我的根源: 现代认同的形成 [M]. 韩震, 等译. 南京: 译林出版社, 2012.

[18] 梅因. 古代法 [M]. 沈景一, 译. 北京: 商务印书馆, 1959.

[19] 韦伯. 新教伦理与资本主义精神 [M]. 彭强, 黄晓京, 译. 西安: 陕西师范大学出版社, 2002.

[20] 卢梭. 社会契约论 [M]. 何兆武, 译. 北京: 商务印书馆, 1994.

[21] 帕特南. 使民主运转起来 [M]. 王列, 赖海榕, 译. 北京: 中国人民大学出版社, 2015.

[22] 阿尔蒙德, 维巴. 公民文化: 五个国家的政治态度和民主制度 [M]. 张明澍, 译. 北京: 商务印书馆, 2014.

[23] 阿历克斯·英格尔斯. 人的现代化: 心理·思想·态度·行为 [M]. 殷陆君, 译. 成都: 四川人民出版社, 1985.

[24] 吉登斯. 现代性的后果 [M]. 田禾, 译. 南京: 译林出版社, 2011.

[25] 希特. 公民身份: 世界史、政治学与教育学中的公民理想 [M]. 郭台辉, 余慧元, 译. 长春: 吉林出版集团有限责任公司, 2010.

[26] 博耶, 等. 公民共和主义 [M]. 应奇, 等译. 北京: 东方出版社, 2006.

[27] 墨菲. 政治的回归 [M]. 王恒, 臧佩洪, 译. 南京: 江苏人民出版社, 2001.

[28] 金里卡. 多元文化的公民身份: 一种自由主义的少数群体权利理论 [M]. 马莉, 张昌耀, 译. 北京: 中央民族大学出版社, 2009.

[29] 阿历克斯·英格尔斯, 史密斯. 从传统人到现代人: 六个发展中国家的个人变化 [M]. 顾昕, 译. 北京: 中国人民大学出版社, 1992.

[30] 舒德森. 好公民: 美国公共生活史 [M]. 郑一卉, 译. 北京: 北京大学出版社, 2014.

[31] 岭井明子. 全球化时代的公民教育 [M]. 姜英敏, 译. 广州:

广东教育出版社，2012.

[32] 苏黛瑞. 在城市中争取公民权 ［M］. 王春光，单丽卿，译. 杭州：浙江人民出版社，2009.

[33] 瑞雪·墨非. 农民工改变中国农村 ［M］. 黄涛，王静，译. 杭州：浙江人民出版社，2009.

[34] 马歇尔，等. 公民身份与阶级社会 ［M］. 郭忠华，等编译. 南京：江苏人民出版社，2008.

[35] 联合国教科文组织. 教育：财富蕴藏其中 ［M］. 联合国教科文组织中文科，译. 北京：教育科学出版社，1996.

[36] 联合国教科文组织. 学会生存 ［M］. 联合国教科文组织中文科，译. 北京：教育科学出版社，1996.

[37] 许纪霖. 共和、社群与公民 ［M］. 南京：江苏人民出版社，2004.

[38] 郭台辉，余慧元. 历史中的公民概念 ［M］. 天津：天津人民出版社，2013.

四、中文论文

[1] 李培林. 再析新时期利益格局变动中的若干热点问题 ［J］. 社会学研究，1995（5）：24-34.

[2] 郑功成，黄黎若莲. 中国农民工问题：理论判断与政策思路 ［J］. 中国人民大学学报，2006（6）：2-13.

[3] 中国农民工战略问题研究课题组. 中国农民工现状及其发展趋势总报告 ［J］. 改革，2009（2）：5-27.

[4] 宁夏，叶敬忠. 改革开放以来的农民工流动：一个政治经济学的国内研究综述 ［J］. 政治经济学评论，2016（1）：43-62.

[5] 姜作培. 城市化进程中农民市民化问题 ［J］. 国家行政学院学报，2003（4）：36-39.

[6] 郑杭生. 农民市民化：当代中国社会学的重要研究主题 ［J］. 甘肃社会科学，2005（4）：4-8.

[7] 刘传江. 中国农民工市民化研究 ［J］. 理论月刊，2006（10）：5-12.

[8] 缪青. 农民市民化要重视城市文明教育和公民教育 ［J］. 经济社会体制比较，2009（3）：111-115.

［9］李强. 关注转型时期的农民工问题（之三）户籍分层与农民工的社会地位［J］. 中国党政干部论坛, 2002（8）：16-19.

［10］王春光. 农村流动人口的"半城市化"问题研究［J］. 社会学研究, 2006（5）：107-122.

［11］陈丰. 从"虚城市化"到市民化：农民工城市化的现实路径［J］. 社会科学, 2007（2）：110-120.

［12］刘小年. 农民工市民化的共时性研究：理论模式、实践经验与政策思考［J］. 中国农村观察, 2017（3）：27-41.

［13］朱力. 群体性偏见与歧视：农民工与市民的摩擦性互动［J］. 江海学刊, 2001（6）：48-53.

［14］田凯. 关于农民工的城市适应性的调查分析与思考［J］. 社会科学研究, 1995（5）：90-95.

［15］朱亚宾. 公民道德发展基本规律研究［J］. 井冈山大学学报（社会科学版）, 2015（5）：28-35.

［16］李萍. 公民日常行为是考察公民道德的基石［J］. 道德与文明, 2005（2）：25-29.

［17］杨明. 新时期我国公民道德发展的四个转向［J］. 唯识, 2014（5）：27-31.

［18］王萍英. 关于加强公民道德建设的几点思考［J］. 中央社会主义学院学报, 2012（6）：117-121.

［19］檀传宝. 努力加强公民道德的教育［J］. 人民教育, 2011（24）：2-4.

［20］曾建平, 代峰. 公民道德建设与核心价值认同［J］. 道德与文明, 2010（6）：96-100.

［21］王维国. 新时代加强公民道德建设的战略思考［J］. 思想理论教育, 2019（12）：47-53.

［22］龙静云, 吴涛. 多元主体共建：新时代公民道德建设的重要路径［J］. 中州学刊, 2020（11）：92-99.

［23］王习胜, 杨晓帆. 现代城市文明语境中的公民道德建设探要［J］. 道德与文明, 2020（6）：117-123.

［24］王晓丽, 徐鑫钰. 基于科技发展的我国公民道德建设模式的演变历程［J］. 道德与文明, 2022（3）：67-75.

[25] 徐旖.“一带一路”背景下农民工城市公德素养的建设 [J]. 黑河学院学报，2019（7）：70-71.

[26] 王桂芳. 农民工公民意识现状分析及对策研究 [J]. 中共山西省委党校学报，2008（2）：81-83.

[27] 汪勇，郭文亮. 公民意识诘难青年农民工及其培养刍议 [J]. 大连理工大学学报（社会科学版），2009（1）：78-80.

[28] 杨莉芸. 公民意识：农民工市民化的内在驱动力 [J]. 求索，2012（5）：199-201.

[29] 谭利. 青年农民工公民意识的培育与塑造 [J]. 广东青年干部学院学报，2008（3）：12-15.

[30] 王敏. 场域：惯习论视阈下农民工公民教育研究 [J]. 成人教育，2015（8）：30-32.

[31] 熊易寒. 新生代农民工与公民权政治的兴起 [J]. 开放时代，2012（11）：90-104.

[32] 杨莉芸. 突破与创新：构建农民工城市政治参与的长效机制 [J]. 求实，2013（9）：56-61.

[33] 秦阿琳，徐永祥. 农民工权利意识的生产与再生产：一个社会组织化的视角 [J]. 华东理工大学学报（社会科学版），2014（5）：38-45.

[34] 王丽英. 提升河北省农民工法律意识的路径探析 [J]. 河北学刊，2012（9）：164-166.

[35] 董理. 新时期农民工法律意识问题探究 [J]. 农业经济，2015（8）：91-92.

[36] 康永琴. 浅析新生代农民工法律意识的缺失与构建 [J]. 农业经济，2015（11）：84-85.

[37] 宋博纳. 我国农民工法律意识提升问题研究 [J]. 农业经济，2015（11）：86-87.

[38] 薛维然，杨康. 中国新生代农民工法律意识影响因素研究 [J]. 农业经济，2015（11）：82-83.

[39] 许启贤. 论开展“公民道德”的教育和研究 [J]. 道德与文明，2001（1）：19-22.

[40] 杨明. 当代中国公民道德发展的历史与逻辑 [J]. 道德与文明，2014（2）：5-9.

［41］张芳山，涂宪华. 公民与修辞：兼论昆廷·斯金纳的公民理论［J］. 福建论坛（人文社会科学版），2011（4）：73-78.

［42］马小泉. 公民自治：一个百年未尽的话题［J］. 学术研究，2003（10）：99-103.

［43］窦炎国. 关于公民道德建设的几个问题［J］. 道德与文明，2008（4）：76-80.

［44］刘波，赵浩. 现代文明背景下的公民道德发展［J］. 东南大学学报（哲学社会科学版），2014（1）：40-43.

［45］汪洁. 六十年回眸：新中国公民道德建设的历史演进［J］. 唐都学刊，2014（3）：20-26.

［46］朱宁宁. 全国革命纪念馆跃升至1 600余家［N］. 法治日报，2023-01-10（7）.

［47］赵珊. 红色旅游热动中国［N］. 人民日报（海外版），2021-06-18（12）.

［48］孙莹. 北京市民公共行为文明指数首次迈上90分高位［N］. 北京日报，2022-09-13（1）.

［49］齐管. 煤矿掘进的新用工形式：对平顶山矿使用农村副业队承包井下工程的调查［J］. 劳动工作，1981（6）：24-25.

［50］庄启东，张晓川，李建立. 关于贵州省盘江、水城矿务局使用农民工的调查报告［J］. 宏观经济研究，1982（1）：22-27.

［51］费孝通. 小城镇，大问题［J］. 社会学通讯，1983（4）：1-22.

［52］张雨林. 县属镇中的"农民工"：江苏省吴江县的调查［J］. 社会学通讯，1984（1）：12-19.

［53］张敦福. 城市相对贫困问题中的特殊群体：城市农民工［J］. 人口研究，1998（3）：50-53.

［54］盛朗. 中国流动人口迅速增长的原因及变化趋势［J］. 中国人口科学，1990（6）：43-46.

［55］李延明. 要热情支持农民工商业专业户［J］. 农业经济问题，1983（1）：63.

［56］葛象贤，屈维英. 民工潮探源（上）［J］. 瞭望，1989（44）：16-18.

［57］"外来农民工"课题组. 珠江三角洲外来农民工状况［J］. 中国社会科学，1995（4）：92-104.

［58］韩俊，汪志洪. "十二五"时期解决农民工问题的总体思路研究［J］. 经济要参，2010（36）：1-12.

［59］严于龙，李小云. 农民工对经济增长贡献及成果分享的定量测量［J］. 统计研究，2007（1）：22-26.

［60］蔡昉. 城市化与农民工的贡献：后危机时期中国经济增长潜力的思考［J］. 中国人口科学，2010（1）：2-10.

［61］韩兆洲，戈龙. 农民工对中国经济增长贡献与成果分享的统计分析［J］. 统计与决策，2015（4）：100-103.

［62］李旭辉，等. 中国农村劳动力转移对经济增长的贡献［J］. 财贸研究，2018（4）：46-56.

［63］清华大学社会学系课题组. 困境与行动：新生代农民工与"农民工生产体制"的碰撞［J］. 清华社会学评论，2013（1）：46-131.

［64］侯为民. 城镇化进程中农民工的多维贫困问题分析［J］. 河北经贸大学学报，2015（3）：99-105.

［65］吴业苗. 农民工市民化的观念障碍与调适［J］. 理论与改革，2008（1）：49-53.

［66］石书臣. 思想政治教育的本质规定及其把握［J］. 马克思主义与现实，2009（1）：175-178.

［67］骆郁廷. 思想政治教育的本质在于思想掌握群众［J］. 马克思主义研究，2012（9）：128-137.

［68］刘书林. 论思想政治教育的本质［J］. 思想理论教育导刊，2012（10）：38-44.

［69］金林南. 思想政治教育本质研究的前提性问题［J］. 思想理论教育，2017（5）：43-48.

［70］卢景昆. 思想政治教育本质研究的前提省思［J］. 探索，2014（1）：131-135.

［71］田心铭. 简论思想政治教育的目的、培养目标和教育内容［J］. 思想理论教育导刊，2011（6）：88-97.

［72］于学成. 交往实践活动与思想政治教育目的观的价值审思［J］. 思想理论教育，2014（11）：20-24.

［73］倪洪章. 论思想政治教育的目的性［J］. 学校党建与思想教育，2012（1）：8-10.

［74］林聪. 我国社会主义思想政治教育目的的四维理解视域［J］. 思想政治教育研究, 2016 (3): 28-33.

［75］张耀灿, 曹清燕. 论马克思主义人学视野中思想政治教育的目的［J］. 马克思主义与现实, 2007 (6): 169-171.

［76］冯开甫. 高校思想政治教育原则新论［J］. 西南师范大学学报 (人文社会科学版), 2005 (2): 60-62.

［77］黄瑞雄. 对思想政治教育原则及其贯彻方法的新思考［J］. 广西教育学院学报, 2012 (6): 88-91.

［78］李兰. 个性发展视域下思想政治教育原则创新研究［J］. 山东社会科学, 2016 (12): 188-192.

［79］闫艳. 交往视域下思想政治教育原则新探［J］. 求实, 2013 (1): 84-86.

［80］刘新庚, 等. 思想政治教育方法演进发展的规律性探索［J］. 中南大学学报 (社会科学版), 2014 (4): 237-243.

［81］余斌. 试论思想政治教育的目的、本质、原则和方法［J］. 中国高等教育, 2011 (7): 33-35.

［82］王学俭, 刘坷. 融入日常生活: 思想政治教育的微观建构［J］. 思想教育研究, 2015 (2): 18-22.

［83］张善根, 李峰. 法治视野下公民公共参与意识的多因素分析: 基于上海数据的实证研究［J］. 北方法学, 2015 (2): 105-112.

［84］史向军. 共享发展理念下新生代农民工政治认同研究［J］. 学术论坛, 2016 (10): 35-39.

［85］徐勇. 把农民工纳入有序政治参与中来［J］. 农村工作通讯, 2010 (2): 45.

［86］周永坤. 中国宪法中"人民"概念的变迁与宪法实施［J］. 甘肃社会科学, 2017 (3): 138-144.

［87］张燕, 石毅. 农民工维权成本调查: 讨薪成本至少是收益的三倍［N］. 京华时报, 2005-06-21 (2).

［88］王伦刚. 农民工的非正式利益抗争及其运行机制: 基于"太太讨薪队的故事"的分析［J］. 天府新论, 2009 (5): 66-70.

［89］徐昕. 为权利而自杀: 转型中国农民工的"以死抗争"［J］. 中国制度变迁的案例研究, 2008 (1): 255-305.

［90］石智雷，朱明宝. 农民工社会保护与市民化研究［J］. 农业经济问题，2017（11）：77-89.

［91］石智雷，施念. 城市化进程中的社会保护不平等：农民工、外来市民和本地市民的比较分析［J］. 经济社会体制比较，2019（2）：56-68.

［92］杨云彦，石智雷. 中国农村地区的家庭禀赋与外出务工劳动力回流［J］. 人口研究，2012（4）：3-17.

［93］韩俊，等. 农民工培训实态及"十二五"时期的政策建议［J］. 改革，2010（9）：74-85.

［94］王金艳."雨露计划"扶贫培训探析［J］. 理论学刊，2015（8）：79-85.

［95］梁栩凌. 缺位或越位：农民工培训中的政府角色研究［J］. 经济问题，2014（9）：72-76.

［96］教育部办公厅. 教育部办公厅关于2009年教育系统农村劳动力转移培训情况和2010年工作计划的通报［J］. 中国职业技术教育，2010（10）：50-54.

［97］张旭东. 地方本科院校参与青年农民工培训存在的问题及对策［J］. 中国成人教育，2012（21）：93-95.

［98］国务院办公厅关于进一步做好农民工培训工作的指导意见［J］. 中国劳动，2010（2）：58-60.

［99］王文涛，张文聪. 基于农民工培训的阳光工程存在的问题与对策［J］. 中国集体经济，2010（18）：162-164.

［100］孙天华. 新型城镇化进程中新生代农民工教育培训的社会支持体系研究［J］. 职业技术教育，2017（28）：56-61.

［101］傅慧芳. 中国公民意识的本土特质［J］. 东南学术，2012（5）：13-21.

［102］高兆明. 民主与政治秩序建构［J］. 探索与争鸣，2015（2）：43-48.

［103］李兰芬，欧文辉. 公民道德建设的"治理"转向［J］. 苏州大学学报（哲学社会科学版），2014（6）：33-40.

［104］冯建军. 从主体间性、他者性到公共性：兼论教育中的主体间关系［J］. 南京社会科学，2016（9）：123-130.

［105］郭超. 论现代思想政治教育方法的偏向与守正［J］. 马克思主

义理论学科研究, 2017 (5): 146-156.

[106] 郭忠华. 我国公民教育的内涵与途径 [J]. 中国德育, 2014 (1): 33-35.

[107] 肖滨. 两种公民身份与国家认同的双元结构 [J]. 武汉大学学报, 2010 (1): 76-83.

[108] 冯建军. 公民身份的国家认同: 时代挑战与教育应答 [J]. 社会科学战线, 2012 (7): 202-211.

[109] 张秋枫. 农民工移动互联网使用行为调查研究 [J]. 改革与开放, 2017 (10): 74-76.

[110] 周胜林. 论主流媒体 [J]. 新闻界, 2001 (6): 11-12.

[111] 陈江江. 自媒体时代传播思维的异化与净化 [J]. 传媒, 2019 (8): 67-69.

[112] 欧阳力胜. 新型城镇化进程中农民工市民化研究 [D]. 北京: 财政部财政科学研究所, 2013.

[113] 卢海阳. 农民工的城市融入及对经济行为的影响 [D]. 杭州: 浙江大学, 2014.

[114] 韩玉梅. 新生代农民工市民化问题研究 [D]. 哈尔滨: 东北农业大学, 2012.

[115] 王文岚. 社会科课程中的公民教育研究 [D]. 西安: 西北师范大学, 2004.

[116] 李薇. 构建社会主义和谐社会中的公民教育 [D]. 上海: 复旦大学, 2005.

[117] 冯留建. 中国改革开放进程中的公民道德意识发展研究 [D]. 北京: 北京师范大学, 2009.

[118] 马瑞萍. 当代中国公民道德意识培育研究 [D]. 北京: 中国人民大学, 2009.

[119] 朱彩霞. 当代中国公民道德意识问题研究: 从自由主义与社群主义的争论谈起 [D]. 济南: 山东大学, 2010.

[120] 曲丽涛. 当代中国公民道德意识发育问题研究 [D]. 济南: 山东大学, 2011.

[121] 童华胜. 现代化视域下中国公民道德意识教育研究 [D]. 成都: 西南交通大学, 2012.

[122] 蓝楠. 思想政治教育视野下公民道德意识教育研究 [D]. 武汉：中国地质大学，2012.

[123] 程德慧. 当代学校公民道德意识教育研究 [D]. 上海：华东师范大学，2012.

[124] 李升元. 法治实践的公民道德意识教育价值研究 [D]. 长春：东北师范大学，2012.

[125] 余玉花. 当代中国学校公民道德意识教育研究 [D]. 上海：华东师范大学，2012.

[126] 年勇. 公共理性视域中的公民道德意识研究 [D]. 上海：复旦大学，2013.

[127] 黄艳娥. 当代大学生公民道德意识教育研究 [D]. 武汉：华中师范大学，2013.

[128] 王敏捷. 社会主义协商民主背景下的公民道德意识培育 [D]. 上海：上海大学，2014.

[129] 汪倩倩. 思想政治教育视域下公民道德意识教育研究 [D]. 苏州：苏州大学，2014.

[130] 夏丹波. 公民法治意识之生成 [D]. 北京：中共中央党校，2015.

五、外文文献

[1] H BARON. The Crisis of the Early Italian Renaissance [M]. Princeton：Princeton University Press，1966.

[2] NALINI MOHABIR, YANPENG JIANG, RENFENG MA. Chinese floating migrants：Rural−urban migrant laborers' intentions to stay or return [J]. Habitat International，2017，60（3）：101−110.

[3] GUSTAV RANIS, JOHN C H FEI. A Theory of Economic Development [J]. American Economic Review，1961，51（4）：533−565.

[4] JOHN R HARRIS, MICHAEL P TODARO. Migration，Unemployment and Development：A Two−Sector Analysis [J]. The American Economic Review，1970，60（1）：126−142.

[5] ROBERT EZRA PARK. Human Migration and the Marginal Man [J]. American Journal of Sociology，1928，33（6）：881.

［6］CORDON MILTON. Assimilation in American Life ［M］. New York：Oxford University Press, 1964.

［7］GOLDSCHEIDE C, ALAN S ZUCKCRMAN. The Transformation of Jews ［M］. Chicago：The University of Chicago Press, 1984.

［8］DAVID KERR. Citizenship Education：An International Comparison Across Sixteen Countries ［J］. International Journal of Social Education, 2002, 17 (1)：1-15.

［9］UGUR SEN. Social Capital and Trust：The Relationship Between Social Capital Factors and Trust in the Police in the United States ［M］. Proquest：Umi Dissertation Publishing, 2001.

［10］ELISABETH HANSOT. Hearing Voices：Rhetoric, Imitation, and Civic Competence ［J］. Journal of Education, 2004, 85 (2)：27-46.

六、电子文献.

［1］中国政府网. 国务院关于解决农民工问题的若干意见 ［EB/OL］. http://www.gov.cn/jrzg/2006-03/27/content_237644.htm.

［2］中国政府网. 国务院关于进一步做好为农民工服务工作的意见 ［EB/OL］. http://www.gov.cn/zhengce/content/2014-09/30/content_9105.htm.

［3］中国政府网. 中共中央. 国务院印发《国家新型城镇化规划 (2014—2020 年)》［EB/OL］. http://www.gov.cn/gongbao/content/2014/content_2644805.htm.

［4］国家统计局. 2018 年农民工监测调查报告 ［EB/OL］. http://www.stats.gov.cn/tjsj/zxfb/201904/t20190429_1662268.html.

［5］国家统计局. 中华人民共和国 2022 年国民经济和社会发展统计公报 ［EB/OL］. https://www.gov.cn/xinwen/2023-02/28/content_5743623.htm.

附录

公民道德意识现状调查问卷

亲爱的朋友：

您好！我是西南财经大学马克思主义学院博士生吴俊蓉。为了解我国公民的公民道德意识现状，我想了解您对公民与国家、社会和其他公民关系的看法，以此为国家制定相关政策提出建议。本次调查仅做内部研究之用，不记姓名，答案也没有对错。除了研究人员之外，没有人会看到您的答案，请不要顾虑。感谢您在百忙之中填写这份问卷！

第一部分

填写说明：以下是关于您个人情况的调查，请把相应的选项填在题前括号内。

（　　）1. 性别：　　A. 男　　　　　B. 女

（　　）2. 学历：　　A. 小学　　　B. 初中　　　　C. 中专/高中

D. 大学及以上

（　　）3. 年龄：　　A. 20 岁以下　　B. 20~29 岁　　C. 30~39 岁

D. 40~49 岁　　E. 50 岁及以上

（　　）4. 在城市生活时间：A. 不到 1 年　B. 1~4 年　C. 5~9 年

D. 10~19 年　　E. 20 年及以上

（　　）5. 月收入水平：A. 1 500 元以下　B. 1 500~3 000 元

C. 3 001~5 000 元　　D. 5 000 元以上

（　　）6. 政治面貌：A. 群众　　B. 共青团员　　C. 中共党员

D. 民主党派

（　　）7. 婚姻状况：A. 未婚　B. 已婚　C. 离异　D. 丧偶　E. 同居

（　　）8. 从业领域：　A. 制造业　B. 建筑业　C. 服务业
D. 批发和零售业　E. 其他

第二部分

第9~32题为单选题：请选择一个您觉得最合适的答案，将其填在题前括号内。

（　　）9. 您是否同意"只要不违法，到哪里赚钱是我的自由"？
A. 不同意　　B. 不太同意　　C. 说不清楚　　D. 比较同意
E. 非常同意

（　　）10. 您是否同意"农民工和城市居民一样有同等的发言权"？
A. 不同意　　B. 不太同意　　C. 说不清楚　　D. 比较同意
E. 非常同意

（　　）11. 您是否同意"政府的权力产生于人民"？
A. 不同意　　B. 不太同意　　C. 说不清楚　　D. 比较同意
E. 非常同意

（　　）12. 您是否同意没有城市户口的农民工孩子有权在城里公办学校上学？
A. 不同意　　B. 不太同意　　C. 说不清楚　　D. 比较同意
E. 非常同意

（　　）13. 您了解全国人民代表大会上的农民工代表吗？
A. 不了解　　B. 不太了解　　C. 有些了解　　D. 比较了解
E. 非常了解

（　　）14. 您是否关心政府事务的新闻报道？
A. 不关心　B. 不太关心　　C. 一般　D. 比较关心　E. 非常关心

（　　）15. 我国的国际地位越来越高，您为中国感到自豪吗？
A. 不自豪　B. 不太自豪　　C. 一般　D. 比较自豪　E. 非常自豪

（　　）16. 您了解社会公益活动吗？
A. 不了解　B. 不太了解　C. 有些了解　D. 比较了解　E. 非常了解

（　　）17. 当公共利益和您个人利益发生矛盾时，您认为应该怎样做？
A. 只考虑个人利益，个人利益不可侵犯
B. 先考虑个人利益，再考虑公共利益

C. 先考虑公共利益，再考虑个人利益

D. 只考虑公共利益，公共利益最重要

E. 具体情况具体处理

（　　）18. 您了解垃圾分类吗？

A. 不了解　　B. 不太了解　　C. 有些了解　　D. 比较了解　　E. 非常了解

（　　）19. 您是否同意"人人应当遵守法律"？

A. 不同意　　　B. 不太同意　　　C. 有些同意　　　D. 比较同意

E. 非常同意

（　　）20. 您是否同意"如果没人没车，即使红灯亮了，也可以过马路"？

A. 非常同意　　B. 比较同意　　C. 有些同意　　D. 不太同意　　E. 不同意

（　　）21. 在与老板或工作单位签订劳动合同时，您会认真阅读合同吗？

A. 认真看，并且会提出自己的要求

B. 简单看看关于薪金和待遇的条款，但不会提要求

C. 不看，就是看了也没用　　　D. 我们根本就没签合同　　　E. 其他

（　　）22. 于欢的母亲因欠钱未还，讨债人当着于欢的面百般侮辱他的母亲，于欢一怒之下杀死了讨债人。山东省高级人民法院二审判决酌情从轻处理于欢，您认为法院的做法是否合理？

A. 不合理　　B. 不太合理　　　C. 有些合理　　　D. 比较合理

E. 非常合理

（　　）23. 当您正在大街上行走时，突然听到有人在喊"抓小偷"，这时您会怎么做？

A. 二话不说，抓到就打

B. 赶紧走开，不是自己的事情不管

C. 拨打"110"，让警察去管吧，这是警察的事情

D. 先打"110"报警，然后在警察到来之前一直跟踪小偷

E. 其他

（　　）24. 您是否同意"大多数人决定的事，不应该因少数人的利益而改变"？

A. 不同意　　　B. 不太同意　　　C. 有些同意　　　D. 比较同意

E. 非常同意

（　　）25. 在大家讨论问题时，如果遇到与您的观点不同的人，您会怎么办？

A. 与他绝交　B. 与他争论，改变他的看法　C. 不争论，随他去

D. 求同存异　E. 其他

（　　）26. 您认为农民工的团结合作精神怎么样？

A. 非常弱　B. 比较弱　C. 一般　D. 比较强　E. 非常强

（　　）27. 如果您上班的单位要成立职工代表大会，大家推选您当代表，您愿意吗？

A. 不愿意　B. 不太愿意　C. 无所谓　D. 比较愿意　E. 非常愿意

（　　）28. 如果您被政府邀请去讨论农民工养老、医疗、保险等问题，您会参加吗？

A. 不会　B. 不太可能会　C. 可能会也可能不会　D. 很可能会

E. 一定会

（　　）29. 如果符合条件，您会参加竞选，争当人大代表吗？

A. 不会　B. 不太可能会　C. 可能会也可能不会　D. 很可能会

E. 一定会

（　　）30. 您是否愿意参加社区或单位的群众文化活动？

A. 不愿意　B. 不太愿意　C. 无所谓　D. 比较愿意　E. 非常愿意

（　　）31. 当您生活的小区或社区有人发生冲突时，您是否愿意参与调解？

A. 不愿意　B. 不太愿意　C. 无所谓　D. 比较愿意　E. 非常愿意

第 32~35 题为多选题：请选择您认为合适的答案（一般不超过五项）。

（　　）32. 您最希望政府在下列哪些方面为农民工提供帮助？

A. 劳动就业　　B. 廉租（住）房　C. 子女入学　D. 养老保险

E. 医疗保险　　F. 监督用人单位履行劳动合同

G. 职业技能培训　H. 民主权利　　I. 法律援助　J. 其他

（　　）33. 如果您没有拿到应得的工资，您一般会采取什么样的方式讨要工资？

A. 用武力手段逼老板付钱　B. 托熟人向老板讨要　C. 找信访部门

D. 用一些引人注意的方式（如堵路、拉横幅等）　E. 找媒体曝光

F. 找劳动调解委员会或向法院起诉　　G. 其他

（   ）34. 您参加过以下哪些类型的公益活动？

A. 没参加过任何公益活动　　B. 给老弱病残孕让座

C. 爱心捐助类　　　　　　　D. 无偿献血

E. 治安维护、文明监督　　　F. 慰问福利院等

G. 志愿者服务　　　　　　　H. 其他

（   ）35. 您参加过哪类社会公共组织或活动？

A. 老乡会　B. 同学会　　C. 工会　D. 小区业主委员会

E. 行业协会、技术协会等　F. 佛教、基督教等教会

G. 体育或娱乐组织　　H. 其他　　I. 没参加过任何社会组织

我们的访问至此结束，谢谢您的支持！！

后记

从事一项研究，对于问题的把握是基础。在选题过程中，笔者一直在努力思考如何结合思想政治教育专业要求，在众多的社会现象和已有研究中确立自己的研究方向和主题。

笔者的导师长期从事思想政治教育教学工作，对公民相关问题有较深入的思考，对公民教育前沿问题有敏锐的把握。因此，在导师的关怀、鼓励和指导下，笔者确立了公民教育这一研究方向。公民教育是一个宏大的课题，笔者试图从最基础的理论研究入手。当笔者把历时一年多准备的研究提纲交到专家们手上时，他们建议最好确立一个具体的研究对象，比如将公民教育问题聚焦到农民工身上，这样更有利于将问题落到实处。在导师的指导下，笔者参阅了大量的农民工和公民教育研究文献，最终确立了从思想政治教育的视角研究农民工公民道德意识培育这一主题。

在写作过程中，导师付出了大量的心血，他的博学、耐心和宽容让笔者在研究的道路上少了许多障碍。笔者的研究基础较差，一遇到问题就请教导师，他不论多忙都会详细全面地回答笔者的问题。当笔者和他的观点不一致时，他总是深入浅出、不厌其烦地详实地阐释自己的观点，同时耐心听取笔者的看法，充分尊重笔者的意见，培育笔者的主动研究能力。每当笔者交给导师一份稿子，导师返回给笔者的"花脸稿"往往是笔者原稿的数倍。让笔者最为感动的是，在2019年的大年初一，导师将他对笔者博士毕业论文的详细修改意见发过来。刹时，笔者的眼泪忍不住流下来。五年的求学生涯，导师给笔者回复问题和博士毕业论文修改意见的字数已经有10余万字。导师用他的言行和文字诠释了恩重如山的内涵，笔者将终生铭记。

回望来时路，是否初心依旧？怯怯难语！

20多年前，笔者还在乡村小学任教，领着一群懵懂的孩子，或在教室里识文断字，或上山采一捧野菊，或下河抓几尾小鱼，生活快乐而又充实。然而，在每一个黄昏时分，当笔者坐在山顶的石头与荒草之间，眺望绵延不绝的山丘，听着电台里传来的种种遥远而陌生的信息时，只觉得生活孤独而又渺茫。怀着对生命的困惑与对真理的向往，笔者跌跌撞撞地走出了乡间小道。

跨入硕士生之门时，笔者已到而立之年，追求真理之路却刚刚开始。笔者常常站在图书馆的书架前一本接一本地翻阅，渴望"尝"遍人间智慧，其实所看到的不过是沧海一粟。笔者偶然间读到宗白华的《美学散步》、李泽厚的《美学三书》和葛兆光的《中国思想史》，并由此延伸了解到了一点中国哲学，接触到了少许西方哲学，它们构成了笔者认知世界的工具。硕士学业结束后，生活中的挫折和失意让笔者决定养一个孩子以缓解内心的焦虑。不幸的是，母亲因照顾笔者而失去了生命。笔者终生也无法原谅自己。在痛苦和悔恨中，笔者决定继续叩击真理之门。

跨入博士生之门时，笔者已届不惑之年，探寻未知之旅却远未结束。笔者虽已握有认知世界的工具，却依然在黑夜里摸索。在段江波老师指导我们阅读《理解媒介：论人的延伸》时，笔者突然触摸到来自未知世界的一束光，蓦然发现，老师们已然打开了一扇又一扇窗，他们照亮了笔者前行的路！学业之路是快乐的，也是辛苦的。在刚性的学术要求和复杂的学术生态里，学业过程与结果的工具性目的性价值杂乱地交织在一起，令笔者一度彷徨不已。导师说，读博的过程也是修行的过程，笔者由此慢慢复归平静。

五年的博士学业生涯是漫长的，也是短暂的。一路走来，给予笔者帮助和支持的人太多太多……

感谢农民工兄弟姐妹们！在车水马龙的集市上，在风吹日晒的街道上，在拥挤嘈杂的餐馆里，在方寸之间的门卫室里，在机器轰鸣的车间里，在闷热、潮湿、简陋工棚的昏暗灯光下，他们在繁忙劳累的夹缝间，握笔为笔者做调查问卷，接受笔者的咨询。每当笔者想要放弃的时候，他们忙碌的身影和坚毅的表情都会鼓励笔者继续前行。

感谢笔者的导师曾获教授！从博士毕业论文选题、开题到写作，大到定题立意、小至斟字酌句，曾老师悉心地指导、严格地要求、严谨地示范，让笔者懂得做学问当有高山仰止之敬畏、博采众长之谦逊、如履薄冰之谨慎和厚积薄发之耐力。曾老师不仅以其宏廓寥远的思想引领笔者在理论的海洋里纵横驰骋，更以其怀瑾握瑜的品格敦促笔者在人生旅途中恪守道义。感谢笔者的师母！她的温婉、优雅与善良，抚慰了笔者一度焦躁的心灵。

感谢西南财经大学给予笔者求学的机会！感谢西南财经大学马克思主义学院的老师们！感谢唐晓勇院长在百忙之中给予笔者学业上的帮助！感谢韩源老师、吴玉平老师、段江波老师、刘世强老师、陈宗权老师、俞国斌老师、邓天雄老师、刘芳老师、龚松柏老师、谭亚莉老师、李春梅老师、张小波老师、都兰军老师、胡军方老师、严俊老师、任志江老师、鲁长安老师……每一位老师都是一个广博而精彩的世界！感谢他们给予笔者深刻的思想启迪！感谢杨奇才老师、何加明老师、郭洋生老师、杨成钢老师、王征老师、王磊老师、李晓老师、秦艺萍老师、郭岩伟老师、魏星老师给予的支持和帮助！

感谢校外专家和校外评审专家们！感谢四川大学的黄金辉教授和电子科技大学的吴满意教授、王让新教授，西南交通大学的刘占祥教授在博士毕业论文开题、写作和答辩过程中提出的宝贵意见！感谢中山大学的肖滨教授、郭忠华教授，四川农业大学的傅新红教授，西华师范大学的龚平教授、李培湘教授、任仲平教授、李佳孝教授！感谢他们对公民身份、公民道德意识、农民工、基层群众自治和问卷统计等相关问题提出的真知灼见！

感谢四川金泰集团陈忠标先生、深圳亿通光电科技有限公司任春廷先生、中国子系统工程第二建设有限公司武智强先生、武汉中泽建安集团有限公司刘国民先生、南充潆华工业区戈晓琳先生……感谢他们对笔者调查访谈的支持和帮助！感谢笔者的同窗李敏、颜军、张莉、龚雄亭、张欢、黄齐、武丽丽、梁建华、刘帅、张建东、李姗姗、叶长安……感谢笔者的领导、同事和挚友王超、唐维林、陈红、夏金艳、孙淑卿、张莉、胡艾敏、欧青……感谢他们的帮助和鼓励！

感谢笔者的家人！感谢笔者的姐姐吴俊艳和妹妹吴静无怨无悔的付出，感谢笔者的爱人岳雷波和女儿岳灵的鞭策和陪伴。

感谢生笔者育笔者的父母！感谢他们以生命诠释的关爱！愿他们在天堂共享春华秋实，幸福安康！

吴俊蓉
2023 年 9 月